《海洋小百科全书》荣获"第五届全国优秀科普作品奖"

海洋 小百科 全书

主　编　关庆利
副主编　丁玉柱　彭　垣

海洋军事

韩　庆　李本江　高　峰　李振冲　编著

中山大学出版社
·广州·

版权所有　翻印必究

图书在版编目(CIP)数据

海洋军事/韩庆,李本江,高峰,李振冲编著.—广州:中山大学出版社,2012.1

(海洋小百科全书/关庆利主编)

ISBN 978-7-306-03555-4

Ⅰ.①海… Ⅱ.①韩… ②李… ③高… ④李… Ⅲ.①海军－世界－普及读物 Ⅳ.①E153-49

中国版本图书馆 CIP 数据核字(2009)第 221935 号

出 版 人：	徐　劲
策划编辑：	蔡浩然
责任编辑：	蔡浩然
装帧设计：	杨桂荣　曾　斌
责任校对：	王睿
责任技编：	何雅涛
出版发行：	中山大学出版社
电　　话：	编辑部 020－84111996，84113349
	发行部 020－84111998，84111981，84111160
地　　址：	广州市新港西路 135 号
邮　　编：	510275　　　传　真：020－84036565
网　　址：	http://www.zsup.com.cn　E-mail：zdcbs@mail.sysu.edu.cn
印 刷 者：	佛山市浩文彩色印刷有限公司
规　　格：	880mm×1230mm　1/32　9.5 印张　200 千字　4 插页
版次印次：	2012 年 1 月第 1 版
	2014 年 4 月第 4 次印刷
定　　价：	18.90 元

如发现本书因印装质量影响阅读,请与出版社发行部联系调换

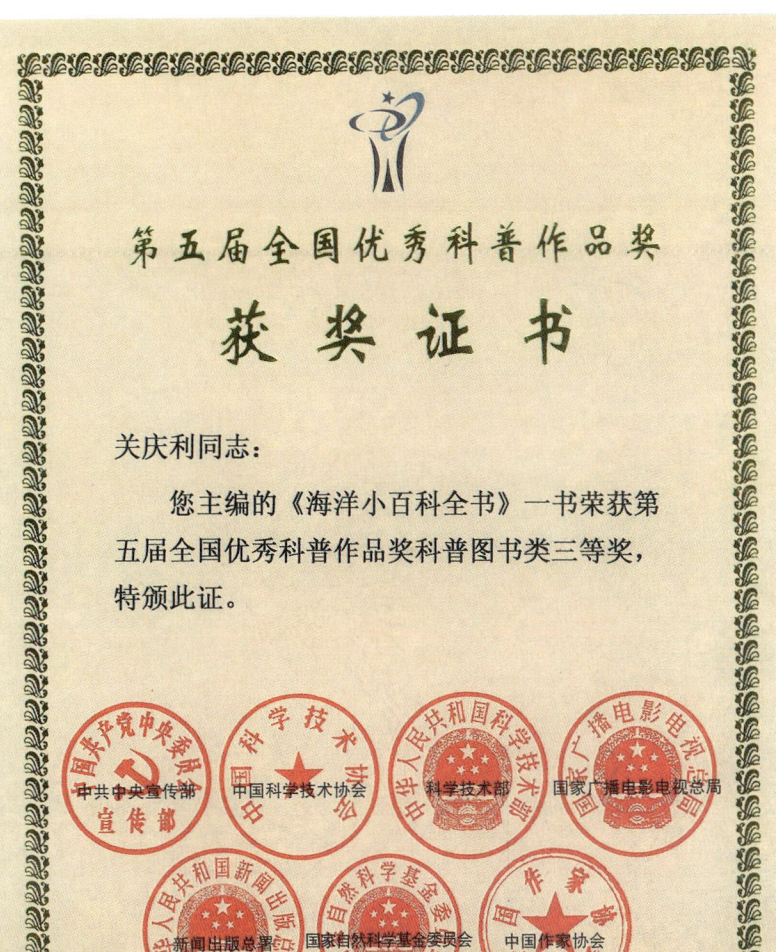

　　《海洋小百科全书》于2002年5月出版，2003年9月被中国共产党中央委员会宣传部、中国科学技术协会、中华人民共和国科学技术部、国家广播电影电视总局、中华人民共和国新闻出版总署、国家自然科学基金委员会、中国作家协会联合授予"第五届全国优秀科普作品奖科普图书类三等奖"。本书于2007年10月修订再版，现再次修订，由中山大学出版社出版。

海洋军事

▲ 胡锦涛主席青岛海军阅兵

◀ 军舰码头检阅

◀ 发射舰舰导弹

▲ 潜艇编队

▲ 泰国海军欢迎我出访舰艇

▲ 我海军常规潜艇基洛级

▲ 中国海军在升海军旗

▲ 法国"火烈鸟"级巡逻艇

军舰上彩旗飘扬 ▲

海洋军事

我海军在香港 ▲

▲ 扬我军威

◀ 钢铁战士麦贤得

英国未来航母的双舰桥设计 ▲

▲ 美国"蓝岭"号两栖指挥舰

◀ 水下发射导弹

▼ 法国"戴高乐"航母上的E2C预警机

序言

　　海洋是人类的母亲,也是人类千万年来取之不尽、用之不竭的巨大资源宝库。在人类赖以生存的蓝色星球——地球上,蔚蓝色的海洋占有约71%的总面积。

　　雄踞在这颗蓝色星球的东方、浩瀚无垠的太平洋西岸上的中华人民共和国,不仅拥有960万平方千米的陆地国土,而且还拥有300万平方千米的海洋国土,有着1.8万千米绵延曲折的海岸线。在这浩瀚的蓝色国土上,珍珠般地镶嵌着大大小小6500多个美丽而富饶的岛屿。

　　勤劳勇敢的中华民族,在古代就凭着自己卓越的智慧和创造力,伐木成舟,劈波斩浪,牵星观月,远渡重洋,以举世瞩目的海洋文明跻身于世界航海强国的民族之林。

　　21世纪是海洋的世纪,21世纪的主人翁就是今天的青少年朋友。他们不仅是我国的未来和希望,而且必定是21世纪振兴经济和提升海洋科技的主力军。海洋将是青少年朋友报效祖国、振兴中华民族大显身手的辉煌舞台。只有帮助青少年及早地以科学的眼光认识世界的发展,科学地把握未来,早日加入到海洋开发建设的队伍中来,才能更好地发展我国的海洋经济,捍卫我国的海洋权益。未来是海洋的时代,只有让广大的青少年了解海洋、接近海洋、认识海洋,才能把握海洋、开发海洋、利用海洋和捍卫海洋权益,为祖国的海洋开发建设作贡献,为中华民族的子孙后代造福。为了提高中华民族的海洋文化素质,再铸中华民族海洋文明的辉煌,使我国成为21世纪的海洋强国,有识之士必须从现在做起,从青少年抓起,全面培养我国青少年的海洋意识,普及海洋科学知识,提高海洋科技技能,增强蓝色国土观念和捍卫海洋权益的责任感、使命感。从这个意义上说,在人类进入21世纪的伟大时代,在全球开始创造海洋经济的伟大时刻,在世界日益关注海洋权益的今天,出版这套经过缜密修订的全面、系统、科学地介绍海洋知识的《海洋小百科全书》,无疑是奉献给我国青少年朋友的一份珍贵礼物,是激发青少年的海洋兴趣、增长海洋知识、普及海洋文化、宣传海洋文明、提高海洋素质、促进海洋教育所做的一件功在当代、利在千秋的非常具有实践成就和指导意义的工作。

绚丽多姿的海洋召唤着青少年朋友们去探索和揭秘,无穷无尽的海洋宝藏等待着有志于海洋事业的青少年朋友们去开发和利用。这套图文并茂、深入浅出的《海洋小百科全书》,必将以丰富的知识性、深刻的思想性和高雅的趣味性,成为青少年朋友在蓝色海洋里成长、成才的良师益友。

祝愿青少年朋友读完这套书后能够早日成为大海的骄子,为把祖国建设成伟大的海洋经济强国和海洋科技强国贡献自己宝贵的青春和智慧。

国家海洋局局长:孙志辉

2010年4月6日

海洋军事

目 录

一、海军兵力纵横

1. 海军的主要任务是什么? ……………………………(2)
2. 海军是由哪些兵力组成的? …………………………(2)
3. 海军水面舰艇的组成和作用是什么? ………………(3)
4. 海军航空兵的作用是什么? …………………………(4)
5. 潜艇部队的任务是什么? ……………………………(5)
6. 海军岸防兵是什么样的兵种? ………………………(6)
7. 海军陆战队是干什么的? ……………………………(7)
8. 海军的实力水平是不是可以用大型军舰多少来衡量?
   …………………………………………………………(7)
9. 军舰上有哪些官兵? …………………………………(8)
10. 中国人民海军是怎样创建的? ………………………(9)
11. 中国人民海军各兵种是何时组建的? ………………(10)
12. 我国最早的海防建设情况是怎样的? ………………(11)
13. 什么是中苏海军"六四"协定? ……………………(11)
14. 毛泽东主席为什么说"一万年也要把核潜艇搞出来"?
    …………………………………………………………(13)
15. 为什么我国不能永远没有航母? ……………………(14)
16. 中国近代海军的摇篮在哪里? ………………………(15)
17. 你了解中国早期的海军学校吗? ……………………(15)
18. 近代中国海军的贵族学校是哪一所? ………………(16)
19. 北洋旅顺海军学堂是怎样被迫关闭的? ……………(17)

20. 北洋水师最大的战舰是哪一艘? ……………………(18)
21. 为什么说北洋水师舰队是用白银堆起来的? ………(19)
22. 中国的舟师和水师指的是什么? ……………………(20)
23. 东北海军是怎么回事? ………………………………(20)
24. 北洋海军是怎样建立的? ……………………………(21)
25. 巡洋舰队和长江舰队的组成情况如何? ……………(22)
26. 中华民国海军是何时成立的? ………………………(23)
27. 为什么美国海军号称世界第一? ……………………(23)
28. 你知道美国海军的编制情况吗? ……………………(24)
29. 美国海军大西洋舰队和太平洋舰队各辖有多少舰队?
    …………………………………………………………(25)
30. 你了解美国海军太平洋舰队吗? ……………………(25)
31. 你了解美国海军第五舰队吗? ………………………(26)
32. 美国海军第七舰队是干什么的? ……………………(27)
33. 美国为什么要恢复海军第三舰队? …………………(28)
34. 美国海军部长为什么是文官? ………………………(29)
35. 美国海军有哪几艘旗舰? ……………………………(30)
36. 为什么美国要拥有那么多两栖军舰? ………………(31)
37. 美海军为什么不再建造护卫舰? ……………………(31)
38. 美国为什么要建全核动力海军? ……………………(32)
39. 美国的海军特种部队是用来干什么的? ……………(33)
40. 美国太平洋舰队海军陆战队为什么会升格? ………(34)
41. 美国海军21世纪的战略和使命是什么? ……………(34)
42. 美国第四舰队为什么实行"软实力"战? ……………(35)
43. 美国海军后勤补给是怎样进行的? …………………(36)
44. 俄罗斯海军的力量如何? ……………………………(36)
45. 当今俄罗斯的海上核力量如何? ……………………(38)
46. 俄罗斯海军的现状如何? ……………………………(38)
47. 俄罗斯重整海军有哪些计划? ………………………(39)

48. 俄罗斯海军用什么行动来表示重返世界大洋？ … (40)
49. 俄罗斯最大的舰队是哪一个？ … (41)
50. 俄罗斯海军航空兵有什么特色？ … (42)
51. 俄罗斯的"海上雄鹰"指的是哪个兵种？ … (42)
52. 为什么称俄罗斯海军陆战队为"黑云"？ … (43)
53. 俄罗斯海军的后勤补给是什么水平？ … (44)
54. 你了解黑海舰队的历史吗？ … (44)
55. 俄罗斯为什么对13国在黑海军演反感？ … (45)
56. 英国还是海上强国吗？ … (46)
57. 为什么英国海军说自己是世界上最好的？ … (47)
58. 英国海军有没有女水兵？ … (48)
59. 英国海军后勤补给的情况如何？ … (49)
60. 法国为什么要建造"戴高乐"号航空母舰？ … (49)
61. 法国海军航空兵有什么特色？ … (50)
62. 法国海军陆战队的状况如何？ … (51)
63. 法国海军在新世纪有何打算？ … (52)
64. 意大利海军平时和战时归哪里指挥？ … (53)
65. 当前日本海军的实力如何？ … (53)
66. 为什么说日本海上战略由防御型向进攻型转变？
    ……………………………………………… (54)
67. 日本海上自卫队的装备怎么样？ … (55)
68. "八·八"舰队的含义是什么？ … (55)
69. 为什么"大隅"号备受世人关注？ … (57)
70. 日本的海上保安厅是干什么的？ … (57)
71. 日本海上自卫队的发展目标是什么？ … (58)
72. 日本为什么要实施"新反恐特别措施法"？ … (59)
73. 印度为什么要建造亚洲第一水下舰队？ … (59)
74. 朝鲜海军的现状怎样？ … (60)
75. 什么是韩国"大洋海军"发展战略？ … (61)

76. 南非海军为什么被称为"好望角之师"？……………(61)
77. 新加坡海军现在的实力如何？………………………(62)
78. 泰国皇家海军有什么特色？…………………………(62)
79. 泰国是怎样圆了航空母舰梦的？……………………(63)
80. 越南海军的现状如何？………………………………(64)
81. 你了解越南海军的建设计划吗？……………………(64)
82. 加拿大海军有什么特色？……………………………(65)
83. 澳大利亚的海军实力在亚太地区属第几位？………(65)
84. 你知道印度尼西亚海军的近况吗？…………………(66)
85. 以色列海军有什么特点？……………………………(67)
86. 世界上有多少国家和地区建有海军？………………(68)
87. 你知道世界上现有多少核潜艇？……………………(68)
88. 金融风暴对亚太潜艇"热"有影响吗？………………(68)
89. 美国为什么要建157特遣部队？……………………(69)
90. 埃塞俄比亚为什么解散了海军？……………………(70)
91. 美国飞行员史密斯是被谁打下来的？………………(71)
92. 你知道高效的冰岛海军吗？…………………………(72)
93. 海军陆战队的历史有多长？…………………………(72)
94. "海豚"号为什么会惊动四邻？………………………(73)
95. 谁是"伊比利亚半岛的硬汉"？………………………(73)
96. 你了解日本的海上自卫队地方舰队吗？……………(74)
97. 为什么说美国海军在走回头路？……………………(75)
98. 埃及海军有什么样的等级制度？……………………(76)
99. 马来西亚海军为何多"胡子兵"？……………………(76)
100. "赫姆维恩"是什么？…………………………………(77)
101. 比利时海军的情况如何？……………………………(77)
102. 20世纪还有驶帆的军舰吗？…………………………(78)
103. 航空母舰为什么要编队行动？………………………(79)
104. 航空母舰上为什么要有预警飞机？…………………(80)

105. 为什么说核潜艇与核威慑密切相关? ……………………(81)
106. 德国统一后海军的状况如何? ……………………………(82)
107. 买一艘航空母舰要花多少钱? ……………………………(82)
108. 航空母舰上有哪十大部门? ………………………………(83)
109. 航空母舰上最大的部门是哪一个? ………………………(84)
110. 舰载机联队是干什么的? …………………………………(85)
111. 英国是怎样选拔潜艇军官的? ……………………………(86)
112. "不列颠奇旅"指的是英国哪支部队? ……………………(87)
113. 哪个国家是航空母舰的开拓者? …………………………(88)
114. 航空母舰上为什么要有直升机? …………………………(88)
115. 前苏联海军为什么要装备"雅克-38"战斗机? …………(89)
116. 苏比克基地的美国海军到哪里去了? ……………………(90)
117. 俄罗斯海军在20世纪末又出现了什么新兵种? ………(91)
118. 为什么称乌克兰海军为"黑海新军"? ……………………(91)
119. 什么是第二海军? …………………………………………(92)
120. 为什么说"海狼"刚服役就落伍了? ………………………(92)
121. 美国为什么要发展探海潜艇? ……………………………(93)
122. 美国的海岸警卫队是干什么的? …………………………(94)
123. 瑞典有个隐身舰队吗? ……………………………………(95)
124. 俄罗斯航天保障舰队的秘密是怎样揭开的? ……………(96)
125. 俄罗斯"蛙人"的军事任务是什么? ………………………(96)
126. 海军航空兵飞行员要经过哪些培训? ……………………(97)
127. 美国为什么要建立海军陆战队大学? ……………………(98)
128. 伊拉克还有海军吗? ………………………………………(99)
129. 世界上有"管"航空母舰的条约吗? ………………………(99)
130. 冷战后潜艇为什么成了宠儿? ……………………………(100)

二、海军礼仪风采

131. 什么是海军礼仪？ ……………………………（102）
132. 中国人民海军的第一支仪仗队是何时组建成立的？
 ……………………………………………………（103）
133. 舰艇在海上如何敬礼？ ………………………（103）
134. 你知道海军礼炮的由来吗？ …………………（104）
135. 海军在哪些场合可以鸣放礼炮？ ……………（104）
136. 中国舰艇迎送首长的礼仪有哪些？ …………（105）
137. 海军在什么情况下需要分区列队？ …………（106）
138. 军舰上为什么要悬挂国旗？ …………………（106）
139. 海军有特殊的军旗吗？ ………………………（107）
140. 什么是舰首旗？ ………………………………（107）
141. 军舰上升降海军旗有哪些规定？ ……………（108）
142. 什么是满灯和满旗？ …………………………（109）
143. 鸣放海军礼炮有哪些规定？ …………………（110）
144. 什么是海葬和撒骨灰仪式？ …………………（110）
145. 哪种礼炮是英国海军舰艇独有的？ …………（111）
146. 法国海军对鸣放礼炮有什么规定？ …………（112）
147. 美国海军礼仪有哪些特殊之处？ ……………（112）
148. 美国随舰陆战队员有什么特殊使命？ ………（113）
149. 美国海军舰艇旗杆上有什么奥秘？ …………（114）
150. 英国海军对悬挂女王旗有什么规定？ ………（115）
151. 美国海军舰艇行进间有哪些礼节？ …………（115）
152. "手势"和"呼叫"也是美国海军礼仪的内容吗？ …（116）
153. 美国海军舰艇对后甲板的礼仪有什么要求？ …（116）

154. 美国海军对奏国歌有哪些礼仪? ………………… (117)
155. 美国舰艇在经过哪两个纪念碑时有特殊的礼仪?
   ………………………………………………… (117)
156. 军舰到达被访问国时的礼节有哪些? …………… (118)
157. 中国海军旗是如何演变的? ……………………… (119)
158. 英国海军对海军军旗的悬挂有何规定? ………… (120)
159. 军舰上为什么要挂出很多旗? …………………… (120)
160. 日本海军旗是怎样"复活"的? ………………… (121)
161. 你知道我国最早海军军服的式样吗? …………… (122)
162. 新中国海军成立时舰艇是怎样命名的? ………… (123)
163. 我国的第一批"雷击舰"是怎样命名的? ……… (123)
164. 哪一国的潜艇是用"鱼"命名的? ……………… (124)
165. 泰国航空母舰名字中为什么有"国王"和911? … (125)
166. 美国军舰为什么有"苏利文兄弟"号? ………… (126)
167. 美国航空母舰命名为什么会"名人不名"? …… (126)
168. 日本海军的舰艇是如何命名的? ………………… (127)
169. 美国军舰的舰名为何显得很乱? ………………… (128)
170. 俄罗斯海军潜艇命名有何特点? ………………… (129)
171. 新中国海军舰艇何时首次出访? ………………… (130)
172. 1997年我国舰艇访问美洲开创了哪些历史之最?
   ………………………………………………… (131)
173. 我国海军舰艇出访最多的城市是哪一座? ……… (132)
174. 来访最小的军舰是哪一艘? ……………………… (132)
175. 你知道第一个来访编队与"双胞胎"的佳话吗? … (133)
176. 哪国海军一次来访舰艇最多? …………………… (133)
177. 哪国海军来中国访问次数最多? ………………… (134)
178. 荷兰海军访华的两艘舰名是什么含义? ………… (134)
179. 来中国访问的最大军舰是哪一艘? ……………… (135)

180. 你知道我国舰艇访问美国掀起的"中国热"吗?
 ………………………………………………………………(135)
181. 俄罗斯海军近年开展了哪些军事外交? ………(136)
182. 你知道有军中"花枪队"吗? ……………………(137)
183. 航空母舰上何时进行人体排字? ………………(137)
184. 海军阅兵是怎样进行的? ………………………(138)
185. 英国军舰前的 HMS 是什么意思? ……………(139)
186. 美国"军人节"是哪一天? ………………………(140)
187. 俄、中、美三国海军是何时举行联合检阅的? …(140)
188. 退役后的军舰命运如何? ………………………(141)
189. 军舰下水有什么仪式? …………………………(142)
190. 纽约市的"舰队周"是在什么时候? ……………(143)
191. 为什么加拿大军舰上到处是"枫叶"? …………(144)
192. 船钟是干什么用的? ……………………………(144)
193. 俄罗斯海军是怎样过 300 周年纪念日的? ……(145)

三、海军名人传奇

194. 谁是中国人民海军的第一任司令员? …………(148)
195. 谁是华东军区海军第一任司令员? ……………(149)
196. 历经中国三代海军的将军是哪一位? …………(150)
197. 你了解东海舰队副司令员林遵吗? ……………(151)
198. 谁被誉为人民海军的"钢铁战士"? ……………(151)
199. 毛主席为什么对王昆印象深? …………………(152)
200. 敢与国民党炮舰作战的国民党兵的伙夫是谁? …(153)
201. 指挥垃圾尾湾海战的指挥员是谁? ……………(154)
202. 首创 18000 米以上高空击落敌机战例的是谁? …(154)

203. 你知道我国海军中的名舰"父子兵"吗？ ……… (155)
204. 我国海军航空兵有哪些辉煌战绩？ ……… (156)
205. 你知道中国的第一代女水兵吗？ ……… (157)
206. 陈绍宽有哪些传奇的经历？ ……… (157)
207. 我国海军是如何首次收复西沙的？ ……… (158)
208. "西沙王"的称号是怎样来的？ ……… (159)
209. 帆船可以打退军舰吗？ ……… (160)
210. 中国最早的海军留学生有哪些人？ ……… (161)
211. 你知道"抗日战争"中鱼雷艇对日本军舰的攻击吗？
     ……… (162)
212. "黄安"舰是如何在青岛起义的？ ……… (163)
213. 你知道中国水兵在日本长崎的一桩血案吗？ … (163)
214. 美国第七舰队到烟台目的何在？ ……… (165)
215. 萨师俊舰长是怎样为国捐躯的？ ……… (166)
216. 我国的破冰船是如何诞生的？ ……… (167)
217. 程璧光为什么遭暗杀？ ……… (167)
218. 林则徐是如何打败英国舰队的？ ……… (168)
219. 戚继光有什么海军新战法？ ……… (169)
220. 你了解海军名将刘步蟾吗？ ……… (169)
221. 你知道施琅其人吗？ ……… (171)
222. 谁是"振威将军"？ ……… (171)
223. "黄海之战"逃将方伯谦的下场如何？ ……… (172)
224. 抗英名将关天培驻守虎门有哪些建树？ ……… (173)
225. 你知道清末海军将领邓世昌的业绩吗？ ……… (173)
226. 蒋介石为什么要杀害"中山"舰舰长李之龙？ … (174)
227. "重庆"号是如何起义的？ ……… (175)
228. "重庆"号起义后的情况如何？ ……… (175)
229. 江防舰队是如何起义的？ ……… (176)
230. 为什么称"笆斗山江面起义"是南京江面上的壮举？

9

.... (177)
231. "长治"号是如何起义的? .... (178)
232. 保姆出身的美国海军女将军是谁? .... (178)
233. 美国海军史上的第一位女中将是谁? .... (179)
234. 侵华战争中最先被击毙的日本海军将领是谁? ...... (180)
235. "中山"舰有哪些重要的历史? .... (180)
236. "中山"舰是怎样被打捞出水的? .... (182)
237. "逸仙"舰有哪些轶事? .... (183)
238. 是谁泄露了山本五十六的动向? .... (183)
239. 到底是谁击落了山本五十六的座机? .... (184)
240. 你听说过纳尔逊这个人吗? .... (185)
241. 为什么米切尔在死后十年才获勋章? .... (186)
242. 伍德沃德是个什么样的人? .... (187)
243. 谁被尼米兹称为"将军中的将军"? .... (188)
244. 你了解前苏联海军司令戈尔什科夫吗? .... (188)
245. "日德兰海战"英方的总指挥是谁? .... (189)
246. "海豹"潜艇艇长为什么受审? .... (190)
247. 美国海军作战部长为何饮弹自杀? .... (191)
248. 是谁最早提出了潜艇电力推进方案? .... (192)
249. 为什么称黎可维是美国核潜艇之父? .... (193)
250. "海权论"的创立者是谁? .... (194)
251. "狼群战术"的创始人是谁? .... (194)
252. 飞机能俘虏潜艇吗? .... (196)
253. 美国女兵是何时踏上军舰的? .... (196)
254. 美国海军的五星上将有哪几位? .... (197)
255. 为什么称"狼"号潜艇是"将军的摇篮"? .... (198)
256. 为什么称乌沙科夫是俄罗斯海军军魂? .... (198)
257. 谁被誉为美国的"海上斗士"? .... (199)
258. 法国军舰上有女兵吗? .... (200)

259. 为什么说罗斯福总统差一点葬身鱼腹？ ……… (201)
260. 美国海军何时曾向海盗称臣？ ……… (202)
261. "列克星敦"号航空母舰有哪些辉煌的战绩？ … (203)

四、海军趣闻轶事

262. 鲁迅有什么样的海军生涯？ ……… (205)
263. 谁是由打兵舰打成了海军司令员？ ……… (205)
264. 你听说过飞机用扳手打潜艇的事吗？ ……… (206)
265. 油船被13枚鱼雷击中却不沉的秘密是什么？ … (207)
266. "明斯克"号航空母舰有什么奇特的命运？ ……… (208)
267. 灾难连连的"夏伦荷斯托"号战列舰最终命运如何？
 ……………………………………………… (208)
268. 被炸沉在珍珠港的战列舰最终命运如何？ ……… (209)
269. 鱼也能骗人吗？ ……………………………… (210)
270. 潜艇有火攻的手段吗？ ……………………… (210)
271. 法国水兵帽上为什么有个红绒球？ ……… (211)
272. 为什么水兵服带披肩、裤子又肥大？ ……… (212)
273. 海魂衫是如何诞生的？ ……………… (213)
274. 美国军舰上的官兵为什么没有"将军肚"？ ……… (213)
275. 英国首相丘吉尔与德军鱼雷有什么不解之缘？ …… (214)
276. 打出去的鱼雷为什么又返回来？ ……… (215)
277. 太平洋战争第一枪是在哪里打响的？ ……… (215)
278. 一枚鱼雷能航行多长时间？ ……… (216)
279. 第二次世界大战中法国海军的舰队命运如何？ …… (217)
280. 坦克能打沉潜艇吗？ ……………… (217)
281. 航空母舰甲板上人员的衣服为什么五颜六色？ …… (218)

282. 航空母舰上的数千人是如何用餐的? ………… (219)
283. 美国海军是怎样禁烟的? ………… (219)
284. 美国"国舰"为什么会沉没? ………… (220)
285. 是谁阻止了哈尔西的一次进攻? ………… (221)
286. 纳尔逊对伤残金的幽默说明了什么? ………… (222)
287. 你了解航空母舰上的士兵生活吗? ………… (222)
288. 美国水兵一日三餐吃什么? ………… (223)
289. 美国海军有几种特殊旗帜? ………… (223)
290. 水兵服上有什么趣味故事? ………… (225)
291. 你知道法国海军着装的特点吗? ………… (225)
292. 在美国军舰上有中国产品吗? ………… (226)
293. "基洛夫"级巡洋舰为什么一艘一个模样? ………… (226)
294. 俄罗斯有多少"莫斯科"号舰艇? ………… (227)
295. 德国海军"企鹅"号的下场如何? ………… (228)
296. 埃及海军官兵的宗教信仰如何? ………… (229)
297. 第二次世界大战时中国军队是如何击退法国军舰的?
 ………… (230)
298. 兰里岛的日军部队是被鳄鱼吃了吗? ………… (231)
299. 军舰为什么要"涂脂抹粉"? ………… (231)
300. 军舰上为什么不准喝酒? ………… (232)
301. 有用黄金作压舱铁的事吗? ………… (233)
302. 卡住远航潜艇脖子的装备是什么? ………… (234)
303. 女兵在军舰上工作轻松吗? ………… (235)
304. 你了解南非海军的生活吗? ………… (236)
305. 海军陆战队员为什么要抹成"大花脸"? ………… (237)
306. 骑兵与军舰作战谁能赢? ………… (238)
307. 美国曾导演过"珍珠港演习"吗? ………… (239)
308. 旅游地图能变成军事情报吗? ………… (239)
309. 纳粹德国海军为什么没有航空母舰? ………… (240)

310. "墨尔本"号航空母舰为什么被称为"丧门星"？ …… (241)
311. 你了解中国人民海军首次远洋护航历程吗？ … (242)
312. "跃进"号沉没之谜是如何解开的？ ………… (243)
313. 我国的维和部队是如何到达柬埔寨的？ …… (244)
314. 南沙岛群上有哪些"礁趣"？ ………………… (245)
315. 你了解我国直升机大洋收"星"的事吗？ …… (246)
316. 运载火箭的仪器舱捞起时有哪些国家的舰船在场？
…………………………………………………… (247)
317. "阿思本舰队"为什么只存在了5个月？ …… (248)
318. 你知道清朝的军舰曾经威震拉美等国吗？ … (249)
319. 船舶在海上遇险时可发哪些求救信号？ …… (250)
320. "接"字号军舰的含义是什么？ ……………… (251)
321. 军舰为什么怕进水更怕失火？ ……………… (252)
322. 水雷在水里怕风吗？ ………………………… (252)
323. 自杀飞机的战果为什么不如鱼雷？ ………… (253)
324. 军舰是如何对付自杀飞机的？ ……………… (254)
325. "马岛战争"中英军使用激光武器了吗？ …… (255)
326. 在"马岛战争"中英军用过拖网渔船扫雷吗？ … (255)
327. 现在有编有女兵和载有商人的军舰吗？ …… (256)
328. 美国海军是如何选拔核潜艇艇长的？ ……… (256)
329. 你了解美国海军学员的学习生活吗？ ……… (257)
330. 美国海军人员为什么可以在"家门口"服役？ … (258)
331. 潜艇最初是用什么造的？ …………………… (259)
332. 中国最早的潜艇是什么时候建造的？ ……… (259)
333. "海龟"号潜艇的首战是怎样的？ …………… (260)
334. 潜艇为什么不能使用蒸汽机和汽油机作推进动力？
…………………………………………………… (261)
335. 当今潜艇设计有哪两大流派？ ……………… (262)
336. 潜艇能打飞机吗？ …………………………… (263)

337. "二战"后第一次常规潜艇战是哪一次？……………(264)
338. 潜艇可以攻击陆上目标吗？………………………(265)
339. 能建造出像袋鼠那样的核潜艇吗？………………(265)
340. 美国正在研制的仿生潜艇是哪一艘？……………(266)
341. 什么是超导潜艇？…………………………………(267)
342. 潜艇也能无人驾驶吗？……………………………(267)
343. 能乘坐潜艇到水下观光吗？………………………(268)
344. 世界上航速最高、下潜深度最深的潜艇是哪一艘？
　　　…………………………………………………………(269)
345. 最早参加海战的潜艇有哪些？……………………(269)
346. 有私人潜艇陈列馆吗？……………………………(270)
347. 潜艇在水下对人体有什么影响？…………………(270)
348. 在水下可以直接从潜艇里出来吗？………………(271)
349. 潜艇在水下发生破损怎么办？……………………(272)
350. 潜艇在水下失火怎么办？…………………………(272)
351. 潜艇在水下是如何定位的？………………………(273)
352. 潜艇在水下会不会翻转？…………………………(274)
353. 潜艇在水下也颠簸摇晃吗？………………………(275)
354. 世界上第一艘航空母舰是哪一艘？………………(275)
355. 世界上第一艘核动力航空母舰是哪一艘？………(276)
356. 世界上最大的常规动力航空母舰是哪一艘？……(276)
357. 目前世界上最小的航空母舰是哪一艘？…………(276)
358. 世界上最"牛"的航空母舰是哪一艘？……………(276)
359. 世界上最短命的航空母舰是哪一艘？……………(277)
360. 美国的第一艘航空母舰是哪一艘？………………(277)
361. 英国的第一艘航空母舰是哪一艘？………………(278)

编后记……………………………………………………(279)
《海洋小百科全书》分类目录……………………………(280)

海洋军事

海军兵力纵横

1. 海军的主要任务是什么？

说到海军，你一定会想到海上的军舰、飞机和潜艇，但这还不算全面，海军是一个具有在海上防卫和进攻作战能力的军种，水面舰艇部队、潜艇部队、海军航空兵、海军岸防兵和海军陆战队都是海军的兵种。海军的主要任务是：以核潜艇或战略轰炸机对敌重要陆上目标实施战略核突击；消灭海上和基地内的敌海军兵力；破坏敌方海上交通线和保护自己的海上交通线；支援陆军部队在陆战地区作战；遣送登陆兵登陆和进行反登陆；运送部队和物资器材以及撤退伤病员等。

2. 海军是由哪些兵力组成的？

海军是以舰队为主体，主要在海洋领域作战的军种，是国家军队的重要组成部分。使命是贯彻执行国家军事战略及海军战略，保卫国家领海主权，维护国家海洋权益，遏制和抵御来自海上的侵略。

潜艇、水面舰艇、飞机协同作战

20世纪以后,世界海军已发展成为由水面舰艇部队、潜艇部队、海军航空兵、海军陆战队和海军岸防兵以及专业勤务保障部队等多兵种组成的合成军种。并由过去的单一的水面舰船发展成为今天的水面战斗舰艇、潜艇、勤务舰船、海军飞机及导弹核武器等多种兵力。作战活动范围也从过去的水上发展到水面、水下、空中等多维空间。现代海军已具有从海上对敌方陆上纵深目标实施打击的能力,又可以独立地进行海上战争,如第一、二次世界大战时的几次大海战、"马岛战争"中的英国海军的海上攻防作战。海军还可与其他军种协同在海军领域进行攻防作战,如第二次世界大战时太平洋中的攻岛作战和在欧洲战场的诺曼底登陆作战等。

3. 海军水面舰艇的组成和作用是什么?

水面舰艇是现代海军兵力中类型最多、任务最重的一个最大的家族,根据执行战斗任务性质的不同,它通常还划分为战斗舰艇和勤务船两大类。作为战斗舰艇一般都具有对海、对空、对潜、对水雷的作战能力。而对勤务舰船来说,一般具有它们各自完成任务所需要的一些特殊装备,但总体上武器装备较弱。根据战斗舰艇和勤务舰船执行主要任务的不同,又将舰艇划分为不同的舰种,在战斗舰艇类中,通常将排水量大于500吨的称为舰,将小于500吨的称为艇。

水面战斗舰艇通常包括航空母舰、巡洋舰、驱逐舰、护卫舰、导弹和鱼雷快艇、登陆舰、猎潜艇、扫雷舰等。随着高技术的发展和现代作战需求,现代舰船正向着多用途、多功能方向发展。

　　水面舰艇是海军区别于其他军种的重要标志之一。它无论在海军的合同作战中,还是在单兵种作战中均可执行各种作战任务。它既能够消灭敌舰艇、歼灭敌海上有生力量,又能够实施对岸作战,压制破坏敌方岸上目标,输送登陆兵在敌方岸上登陆;还能够用于反潜、防空、布雷、扫雷、侦察、巡逻、警戒、护航、救生和运送人员物资等。

4. 海军航空兵的作用是什么?

　　海军航空兵的主体是舰载作战飞机,其他部分为支援性飞机、陆基作战飞机、海上搜索与救援飞机、教练机等。

强击机低空飞行

　　海军航空兵既是海军的一支主要突击力量,又是海军的一支重要保障力量。其作用有:在海上完成消灭敌水面舰艇的任务;布设水雷障碍;实施航空反潜;掩护海军兵力的战斗行动;参与沿海要地防空,保障海军基地和沿海重要目标的安全;实施航空侦察;袭击敌方海军基地、港口等岸上目标;担任空中警戒、空中支援和空中运输等任务。海湾战争和科索沃战争使人深深体会到,现代战争没有制空权就没有制海权,要夺取海上作战的主动权,就必须夺取和保持制空权。海军航空兵是夺取战区制空权的主要战斗兵力,在现代海战中,航空兵对战斗的胜负,往往可以起到关键性的作用。

5. 潜艇部队的任务是什么?

潜艇部队是海军的一个主要兵种,是海军一支重要的水下突击力量。它经常处于水下活动,可根据任务的需要处于水上状态、半潜状态和水下状态等。此外还有两种特殊状态,即潜坐海底和潜坐液体海底(就是潜艇坐在比重较大的水层上)。潜艇按排水量可以区分为大型潜艇(2000吨以上)、中型潜艇(1000吨～2000吨)、小型潜艇(1000吨以下)以及袖珍潜艇(几吨到几十吨不等)。潜艇又可以按动力装置区分为核动力潜艇和常规动力潜艇。如果按武器装备还可以分为鱼雷潜艇和导弹潜艇,其中导弹潜艇又可分为弹道导弹潜艇和飞航式导弹潜艇。

潜艇是海军的主要作战兵力之一。它在实际战斗中可用于

潜艇编队

消灭敌方运输舰船;消灭大、中型战斗舰艇;袭击敌岸上重要目标;实施侦察;担负反潜作战、布雷和执行特种任务。当然战略潜艇还可以对敌方的战略目标实施核打击。

6. 海军岸防兵是什么样的兵种?

岸防兵是海军的一个兵种,是海岸防御的骨干力量,它由海岸炮兵和导弹部队组成。

海岸炮兵布置在海岸和岛屿上的重要位置,以保卫海岸和近岸海域为己任。它所配备的武器

海岸导弹部队

主要有固定式海岸炮和机动式海岸炮两种。

海岸导弹部队主要是配置在沿海海岸和岛屿的重要地段,担负海岸防御任务,是海军岸防兵的重要组成部分。

岸防兵是海军的一个重要兵种,是海军兵力在基地防御、扼守海峡水道、抗登陆、支援陆军濒海翼侧作战、保护或破坏海上交通线以及其他近岸坚守防御作战的主要兵力之一。岸防兵主要用于海军的近海防御作战,它可以独立执行战斗任务,也可以与海军其他兵力一起进行合同作战。随着海军岸防兵武器装备的改进,特别是远射程岸对舰、地对地导弹的装备,岸防兵不但可以用于防御,必要时也可用于进攻作战,配合海军其他兵力,有效

压制和封锁敌方沿岸基地、港口和岸上目标。

7. 海军陆战队是干什么的?

　　海军陆战队是执行两栖作战任务的骨干力量,它是由陆战步兵、装甲兵、炮兵、工程兵、通信兵、防化兵等诸多兵力合成的两栖作战部队,是海军的一个兵种。

海军陆战队

　　海军陆战队是一支进攻型的作战力量。尽管世界各国赋予海军陆战队的任务不尽相同,但它的基本使命是完全一致的,这就是进行两栖作战和从事与海军相关的陆、岛防御作战任务。

　　海军陆战队无论在和平时期,还是在战争时期,都是国家海上威慑力量的组成部分,是海军兵力实行对岸作战的重要力量。特别是在现代局部战争中,海军陆战队可以兼负国家赋予的特殊使命,直接为国家外交政策服务。

8. 海军的实力水平是不是可以用大型军舰多少来衡量?

　　对这个问题要具体分析。一是国家性质决定,如第二次世界大战前,几个海军大国为避免战争再起,曾作出规定来限制有关国家造舰的吨位。而我行我素的美国,第二次世界大战后还保留了实力强大的4个海军舰队,稍有风吹草动美国就派"航母"在他国沿海附近示威一下;二是世界形势决定,如冷战后的今天,美国将战略定位由深海转向浅水区,加速发展适用于浅海作战的装备;三是由海上任务需要决定,如护航、护渔、反海盗、打击走私、反潜等;四是经济能力决定,先进的大型军舰固然很好,但它不是一般国家能买得起的。现在日本装备的"金刚"级驱逐舰、"八·八"舰队,就是国家经济实力的具体体现。除此之外,还应看到,中小型舰艇在战时不仅可以分担风险,多方牵制和威胁敌人,而且由于装备的高技术化,其攻击力并不比大舰弱多少,再加上它的灵活性,它在未来战争中的优势同样十分突出。

9. 军舰上有哪些官兵?

一般来说,无论舰艇是大是小,通常的军舰上都配有:舰长(军事主管),舰上有航海长,枪炮部门有枪炮长,水中武器部门有水武长,观察通信部门有观通长,机电部门有机电长,雷达声呐部门有雷声长,导弹部门有导弹长,航空部门有航空长,军需部门有军需主任,卫生部门有卫生主任等。

舰上的水兵分类更多,主要有:操舵兵、电航兵、枪炮兵、枪炮指挥仪兵、弹药兵、测距兵、导弹指挥仪兵、导弹发射兵、鱼雷兵、水雷兵、扫雷兵、声磁兵、遥控兵、反潜指挥兵、信号兵、报务兵、雷达兵、声呐兵、主机兵、副机兵、电工兵、舱段兵、锅炉兵、空调兵、核动力兵、防化兵、帆缆兵、军械兵、气象兵等。

由于现代舰艇自动化程度高,人员编制就相对减少,分类也不再这么详细。

10. 中国人民海军是怎样创建的?

1949年初,中共中央政治局会议提出,"1949年及1950年,我们应当争取组成一支能够使用的空军,及一支保卫沿海沿江的海军"。4月23日,我人民解放军的第一个海军领导机构——华东军区海军领导机构在江苏泰州白马庙乡成立,张爱萍任司令员兼政委。1950年1月,肖劲光就任人民海军司令员。同年4月,海军领导机关在北京成立。12月3日,中南军区海军在广州成立(后于1955年10月24日更名为海军南海舰队,华东军区海军也于同日改名为海军东海舰队)。1960年8月1日,海军北海舰队在青岛成立。

白马庙旧址

11. 中国人民海军各兵种是何时组建的?

海军是一个多兵种的军种。中国人民海军各兵种的建设是以水面舰艇的建设拉开序幕的。

周恩来视察海军舰艇部队

1949年11月,第一支护卫舰部队正式组建,1950年第一支鱼雷艇部队组建,1954年3月开始组建第一支驱逐舰部队和猎潜艇部队。人民海军初创时期就着手组建潜艇部队,1953年组建旅顺潜艇学习队,1954年6月19日,第一支潜艇部队——海军独立潜艇大队宣告成立。1974年8月1日,第一艘核潜艇编入海军战斗序列。

人民海军的航空兵部队,是从建立海军航空学校迈出第一步的,1952年4月,海军航空兵部在北京成立。1952年6月,第一支航空兵部队在上海诞生。

海军第一支高射炮兵部队——海军高炮第一团于1950年12月26日成立。

海军陆战队最初于1954年12月9日组建,后于1957年撤销。1978年12月20日重新组建。

12. 我国最早的海防建设情况是怎样的?

我国在宋代就已在登州设刀鱼寨(蓬莱水城),并在沙门岛(庙岛)驻兵300余人,以防契丹贵族的侵袭。到了元代,又分兵驻守牟平一带。这些海防设施虽属战术性的,但它已显示出我国海防建设的萌芽。到了明朝,对海防建设就采取"卫"、"所"制度,每"卫"官兵5600人,由"指挥使"一员统领;"卫"下设"千户所"5个,每个"千户所"有官兵1120人,由"千户"一员统领;每个"千户所"设十个"百户所",每个"百户所"有官兵120人,由"百户"一员统领。根据军事需要,在沿海险要之处还设有寨、巡检司、营堡、烽堠。为便于统一指挥,联若干"卫"设一都指挥"使司",负责这个战略地区的海防守卫。当时北起辽东,南到海南岛共设有54个卫,127个千户,形成了渤海、江苏、浙江、福建、广东、广西等几个大的组织结构严密的战略区。

由上述看到,我国早期海防建设启蒙于宋代,完善于明代,是我国古代军事史上的重要一举。

13. 什么是中苏海军"六四"协定?

"六四"协定是由毛主席亲自决定的,是我国海军装备史和船舶工业史上一次着眼于提高自力更生能力的技术装备引进。

在我国海军创建之初,因当时我国造船工业水平很低,根本不具备自行研制军舰的条件,而从国民党海军手

毛泽东在长江舰上观看舰炮

中缴获的舰艇不仅数量有限,而且严重老化,不能有效地保卫海防。为发展我军自己的海军装备,毛泽东主席于1950年5月18日致函苏联政府,提出:为了建设护航驱逐舰、大型猎潜艇、基地扫雷舰、远航鱼雷快艇等,请许可输入材料、发动机、辅助机器和武器,在中国造船厂建造。这一建议被当时的苏联政府所接受,并于1953年6月4日,中苏在莫斯科正式签订了协定。协议中同意中国向苏联订购战斗舰艇、海军用飞机以及海岸炮等技术装备。这项由毛泽东主席决定、由海军牵头、有关工业部门共同参加的引进项目,因是在6月4日签订的,所以就称为"六四"协定。

在毛泽东主席的关怀下,到1959年,由执行"六四"协定转而在中国各船厂先后建成的一批舰艇,加入了人民海军各部队。

14. 毛泽东主席为什么说"一万年也要把核潜艇搞出来"？

国产核潜艇

1958年6月，我国第一座试验型原子能反应堆开始运转后，聂荣臻元帅经与海军及有关工业部门研究后，向中央提出《关于开展研制导弹原子潜艇的报告》，立即获得党中央、毛泽东主席的批准。由于当时我国尚不具备独立自行研制核潜艇的条件，曾寄希望能取得苏联的援助。在两国领导人的努力下，于1959年2月4日，中苏两国政府就签订了《关于在中国海军舰艇制造方面提供援助的协定》。可到了1959年9月，当中国政府正式提出核潜艇技术援助问题时，却遭到苏方领导人的拒绝。毛主席得知这一情况后，十分气愤地说："核潜艇，一万年也要搞出来。"并于同年10月激励全中国人民要"奋发图强，自力更生，一定要攻下这一尖端技术堡垒"。毛泽东主席先后为研制核潜艇作过8次重要批示，对确保核潜艇工程的顺利进行，起到了极其重要的作用。功夫不负有心人，1974年8月1日，我国第一艘核潜艇正式交付海军服役，填补了我国军事尖端技术在海上战略武器系统的空白，对打破核大国在海上的核垄断，具有十分重要的意义。

15. 为什么我国不能永远没有航母？

2008年底，我国国防部新闻发言人黄雷平大校在介绍中国人民解放军海军赴亚丁湾索马里海域执行护航任务有关情况时曾表示：中国政府将会综合各方面的因素认真研究考虑建造航母的问题。2009年3月20日，我国国务委员兼国防部部长梁光烈在会见日本防卫大臣浜田靖一时也表示：中国不能永远没有航母。并说："中国拥有广阔的海洋领土，守卫责任重大，中国海军实力较弱，需要发展。"浜田对此并未表达日方的担忧。而国外有的媒体却发表了对此担忧的看法，如《读卖新闻》竟称：这"可能破坏亚洲的安全稳定"。就在世界上各大国正在竞相建造现代化程度较高，且中型以上航母的时候，为什么单单对大国中唯有我国的航母还在萌芽阶段就有人如此热议，岂非咄咄怪事。环视我国周边海域航母已经密布的现状，不能不引起人们对国土安全的高度警惕。日本的第一艘堪称直升机航母的驱逐舰在2007年8月下水，并将在2015年前再建2艘4万吨级航母。俄罗斯海军总司令马索林上将在2007年宣布，俄海军将在今后20年内组建6个航母攻击群。韩国的"独岛"号已在2007年7月下水。印度在购买俄罗斯和英国各1艘航母的同时，还要自建2艘航母（第一艘已开工建设）。泰国除有一艘小型航母外，也决定再引进1艘轻型航母。澳大利亚也提出了建造航母的计划。而美国部署在亚太地区的航母有时竟多达6艘之多。

16. 中国近代海军的摇篮在哪里？

若问中国近代海军的摇篮在哪里，在中国近代海军史上创造出多个"第一"的马尾才是当之无愧的。中国的第一所海军学校——福建船政学堂建于马尾，中国近代海军的第一座造船厂——福建船政局也建于马尾。中国近代海军的第一批留学生是由马尾出发；就连中国近代海军的第一艘实习舰也是以马江（即马尾）命名的。

自从1866年开明官吏沈葆桢在马尾创建中国海军以来，许多优秀中华男儿怀着"无海军不足以立国"的志向，投身到马尾这个"摇篮"中，这些年轻人以他们的资质和勤勉得到了外国教师的赞叹。当由该学堂毕业的学员林国祥、邓世昌驾驶"琛航"号战舰到达上海港时，受到国内外人士"气象严整、修治清洁、训练有素、井井有条"的高度评价。而建于马

沈葆桢像

尾的福建船政局，从1869年至1874年就造出了15艘舰船，装备了中国近代海军的第一支舰队。

17. 你了解中国早期的海军学校吗？

在鸦片战争以后，当时的清朝政府中一些有识之士就认识到，要保卫海疆必须建立一支海军，要建立海军必须创办海军学校。我国最早的马尾船政学堂就是在这一

特定历史条件下,于同治五年(1866年)应运而生的。当时清政府派左宗棠主持福建,他保荐沈葆桢为总理船政大臣,并聘请法国人普罗斯佩·日意格和保罗·德克彼为船政正副监督并负责筹建海军学校。同年11月招生,次年1月5日开学,先用一年半的时间专修外语,然后学习轮机、航海、枪炮、枪械制造、制图、船艺和实习。学校有严格的考试和奖惩制度,学校开办历经40余年,先后毕业生有600多人,其中涌现出严复、邓世昌、刘步蟾、萨镇冰、詹天佑等一批出类拔萃的海军人物。

在马尾船政学堂创办成功后,光绪六年(1880年),李鸿章在天津创办北洋水师学堂,严复任总教习,学堂设驾驶、管轮二科。共有6届学生200多人毕业。光绪十三年,张之洞在黄埔创办广东水师学堂,至民国二年,共毕业驾驶、管轮学生14届,208人。光绪十六年,曾国荃创办南京江南水师学堂,自1890年至1911年,共毕业学生198人。光绪二十九年,萨镇冰创办烟台海军学校,只设航海一个专业。至民国十七年,共毕业学生540余人。

我国早期的海军学校培养人才最多的,要数马尾、天津、广东、南京及烟台五所学校。

18. 近代中国海军的贵族学校是哪一所?

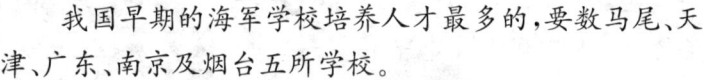

清朝末年,时任海军大臣的奕劻在视察了北方沿海海防,检阅了北洋海军和由南方赶来的福建海军的部分战舰后,见偌大海军中竟没有满族人的身影,感到大清海军被汉人把持了。因此极力建议抓紧培养满族海军人才,以便将来控制海军。他的奏折递上去仅3天,就得到了慈禧太后的批准,经过3个月的紧张筹备,一所拥有百余间校舍的新海军学校——水师学堂建成。因为它坐落在颐和园西垣外昆明湖左边,所以也称昆明湖水师学堂。1887年1月8日开学,学员是从皇家禁卫军中招收的40名八旗子弟,教员来自北洋海军和金州水师营,学校的章程完全依照天津水师学堂。学员在学习期间仍享受供俸,这样优厚的条件,人们称它是贵族学校是一点也不夸张的了。

创办水师学堂的目的,主要是培养满族的海军指挥人才,因此只设驾驶一门专业,学期5年。到了1893年学习期满,只有35人肄业。又由于甲午战争爆发,北洋海军全军覆没,此时已没有海军让这些贵族子弟去控制了。最后只有3人上舰任职。贵族学堂在1895年也停办了。

19. 北洋旅顺海军学堂是怎样被迫关闭的?

1890年清政府在旅顺创办的北洋旅顺海军学堂,运转了短短的10年,在1900年就关闭了。这个学堂虽为清王朝的水师培养了一批人才,但也记录了清王朝的一段耻辱的历史。

1890年,主管旅顺口防务的北洋大臣李鸿章,看到从外国购舰容易,而舰上人才难求,为解决这一矛盾,决定在旅顺口建立培养下级军官和技术兵种的专门机构。于是"北洋海军旅顺口鱼雷学堂"、"北洋海军旅顺口管轮学堂"、"北洋海军水雷营学堂"就相继在旅顺口诞生了。

甲午战争结束后,沙俄占领了旅顺口,1900年6月,沙俄关东州总督何克列赛耶夫借口清政府在旅顺的水雷营学堂藏有武器弹药,下令关闭了水雷营学堂,把学生全部押解到海参崴充当囚徒。从此,清政府在旅顺口创办的海军学堂全部关闭。当时,软弱无能的清政府对此不敢声张,这种不是殖民地但实际上处于殖民地地位的日子,使人们对富国强兵的意义感受极深。如果你有机会到旅顺去参观一下3个学堂的旧址,它会告诉你许多许多贫弱中国的悲凉。

20. 北洋水师最大的战舰是哪一艘?

在1882年,我国清政府从德国购置了两艘战舰,1885年10月接收回国,并编入北洋水师建制,命名为"定远"号和"镇远"号。这两艘是清朝最大的军舰,也是主力舰,其中"定远"号为北洋水师旗舰。

北洋海军镇远、济远舰

"定远"舰排水量7335吨,长191米,宽19.5米,吃水5.9米,航速14.5节。舰上装有2座双联装305毫米主炮、2门150毫米副炮、4门76毫米炮和12门5管机枪、3具鱼雷发射管。该舰的装甲厚达14英寸,指挥台装有8英寸的装甲,一些关键部位,如机舱、锅炉舱及弹药库皆有装甲防护。为提高生存能力,该舰设有双层船底和分隔成154个隔舱,以便阻滞进水和失火时的蔓延。该舰还携带有2艘鱼雷小艇。"定远"号和"镇远"号的性能在当时均不逊于西方战舰而优于日本的主力舰。武器的优劣虽然是取得战争胜负的重要条件,但不是决定的因素,还必须制定正确的作战指导思想和战略战术才行,甲午一战我北洋水师不敌日本的联合舰队就是很好的例证,这个教训是值得记取的。

21. 为什么说北洋水师舰队是用白银堆起来的?

"中日甲午海战"前,清朝政府北洋水师的海上力量已具相当规模,仅装备较先进的巡洋舰就有10艘之多,再加上铁甲舰、炮舰等,已有25艘,达数万吨了。但这些舰艇全是由西方采购的,当时,这些国家深知清政府用舰心切而自己无力制造,谁都想在这笔交易上猛斩一"刀"!如1879年从英国购买了4艘炮舰"镇东"号、"镇西"号、"镇南"号、"镇北"号,就用去了15万两白银,而在1881年再去英国购买两艘巡洋舰"扬威"号、"超勇"号时,英国竟要价达到65万两。1885年改从法国购买,两艘铁甲舰"镇远"号和"定远"号,花去了340万两白银。总之,要舰就要拿白银来。清政府急于加强海防力量,而自己又没有建造能力,只能任人敲诈。到甲午战争爆发时,仅参战舰艇的购置费就花去1070多万两白银了。因此,说北洋水师的舰艇是用白银堆起来的并不为过。

22. 中国的舟师和水师指的是什么？

舟师和水师就是我国古代和近代对海军的一种称谓。春秋战国时期（公元前6世纪），吴、楚、齐等国为适应江河湖泊水域作战，将步兵移至船上，并逐渐成军，有时也出海作战。这种军队开始被称为舟师，西汉时称为楼船军，从东汉至明代仍沿用舟师名称，到明、清时期就开始多用水师称谓了。在1884年前，清朝政府曾将水师、海军并称。但1885年清政府设立海军衙门时，部队仍沿用水师名称。如当时的北洋水师、南洋水师、福建水师和广东水师，都是如此。

23. 东北海军是怎么回事？

东北海军是指民国时期（1912—1949年）奉系军阀所控制的一支海军。1917年7月，北洋政府海军部以巩固边防、保护航运为由，特别设立吉黑江防筹备处，直属海军总司令，由第二舰队抽调1艘练习舰、4艘炮舰及3艘用商船改装的浅水炮舰，组成吉黑江防舰队。在哈尔滨设立江防司令公署，王崇文任司令，沈鸿烈任参谋长。1922年，吉黑江防司令公署脱离北京政府海军部，改属奉系军阀张作霖的东三省军阀自治政府。1924年第二次直奉军阀战争中，奉系为在海上与直系的渤海舰队相抗衡，除用3艘商船改装为炮舰外，又从日本购买了1艘鱼雷艇，组成了海防舰队，以营口为基地，巡防于东北各海口。1925年，沈鸿烈专任东北海军总指挥，统率江防、海防舰队。至此，就开始有了"东北海军"之称。

1926—1927年,东北海军兼并渤海舰队后,正式成立东北海军总司令部,张作霖兼总司令,沈鸿烈为副总司令兼代总司令,将江防舰队、海防舰队、渤海舰队合并为东北联合舰队。1928年7月,张作霖之子张学良任东北保安总司令兼海军总司令。至此,东北海军实力达到全盛时期,辖有巡洋舰3艘、驱逐舰1艘、练习舰1艘、炮舰12艘、炮艇6艘、运输舰1艘,总排水量近2万吨。同年12月,东北"易帜",海军又归属于国民政府。这就是"东北海军"的一段历史。

24. 北洋海军是怎样建立的?

北洋海军是中国清末海军部署在黄海区域的舰队,是清政府重点建设的一支海军兵力。装备有:从英国和德国订购的"定远"号、"镇远"号装甲舰,有"经远"号、"来远"号、"济远"号、"超勇"号、"扬威"号等巡洋舰,有6艘"镇"字号炮舰和鱼雷艇,有中国马尾船厂建造的"平远"号巡洋舰,有"威远"号、"康济"号、"敏捷"号等练习舰。

北洋海军于1875年开始筹建,至1888年正式成立,海军衙门设在北洋海军主要基地威海港刘公岛,丁汝昌为北洋海军提督,林泰曾为北洋海军左翼总兵,刘步蟾为北洋海军右翼总兵。到中日甲午战争前夕,北洋海军已拥有装甲舰2艘、巡洋舰8艘、练习舰3艘、炮舰7艘、鱼雷艇11艘、布雷船1艘,共计32艘,总排水量约3.8万吨,作战实力居清末海军各水师之首。

甲午战争之后,清政府又向英、德订购了5艘巡洋舰,以叶祖圭为统领,重建北洋海军,但一直无大发展。

设在刘公岛上的北洋水师提督署

于1909年将北洋海军编归巡洋、长江两舰队,北洋海军建制到此终止。

25. 巡洋舰队和长江舰队的组成情况如何?

甲午战争后,清政府在北方的也是最大的一支区域性舰队——北洋海军全军覆没,不知是总结这次血的教训之故还是受明眼人指点,清政府在区域性舰队之外,成立了海上机动作战舰队,大大提高了海上作战的主动性。

宣统元年(1909年),为整顿海军,将北洋海军、南洋水师、福建水师和广东水师统一编制为巡洋舰队和长江舰队。

巡洋舰队的统领为程璧光,所属兵力有4艘巡洋舰、4艘驱逐舰、5艘炮舰,总排水量为1.8万吨。

长江舰队的统领为沈寿堃所属兵力有2艘驱逐舰、10艘炮舰、5艘炮艇、8艘鱼雷艇,总排水量为9970吨。

1910年清政府设立海军部和海军提督,这两支舰队统归海军提督萨镇冰统制。在1911年辛亥革命爆发后,这两支舰队所属的舰艇陆续在长江起义中加入了革命军。

26. 中华民国海军是何时成立的?

中华民国海军是由原国民政府建立、统率的一支海军。

1911年(宣统三年)10月,革命军武昌起义后,清政府海军巡洋舰队和长江舰队所属舰艇纷纷起义,加入革命行列。1912年1月,原中华民国临时政府在南京成立,设海军部,临时大总统孙中山任命黄钟瑛为海军部总长、汤芗铭为海军部次长兼北伐海军总司令。在袁世凯任临时大总统后,又改组了临时政府,增设海军总司令处,改任刘冠雄为海军总长、黄钟瑛为海军总司令。原中华民国海军辖有第一舰队、第二舰队和练习舰队,共有舰艇40余艘,总排水量约4万吨。

27. 为什么美国海军号称世界第一?

美国海军创建于1775年10月。1794年又重建,成为独立的军种。在19世纪末,美国为进行海外扩张和争夺殖民地的需要,海军获得空前的发展,至第一次世界大战结束,其海军规模扩大了8倍,到第二次世界大战结束时,它已发展成为世界上实力最强大的海军了。

为什么说美国海军是实力最强大的呢?现在美海军辖有太平洋舰队、大西洋舰队、驻欧海军司令部、军事海运司令部和海岸警备队。作战舰艇约600艘,其中有潜艇136艘(皆为核动力潜艇)、航空母舰15艘、驱逐舰68艘、护卫舰115艘、巡逻艇91艘、水雷战舰艇10艘、两栖

美国"宙斯盾"级导弹驱逐舰

舰艇26艘、辅助舰艇84艘。总兵力约58万人。

海军陆战队也实力雄厚,它约20万人,分为舰队陆战队(太平洋舰队陆战队已升格为太平洋海军陆战队)、陆战队水面部队和陆战队警戒部队。

美国海军航空兵并没有独立的组织系统,按隶属关系,编为舰队航空兵和陆战队航空兵。舰队航空兵由岸基和舰载航空兵联队组成,岸基航空兵有400余架飞机,舰载航空兵有约2400余架飞机。陆战队拥有各型飞机1063架。可以说美国的海军实力是世界独一无二的,要不怎么敢自封为"国际警察"呢。

28. 你知道美国海军的编制情况吗?

美国海军在1787年成立联邦制的美利坚合众国后正式组建,19世纪获得了很大的发展,海军建制包括海军部、海军作战部队和岸上机构三大部分。海军部下设海军作战部、海军陆战队司令部和部属各局,受海军作战部长(海军参谋长)统率。海军作战部队是美海军的核心,由作战舰队、陆战队、海军航空兵、军事海运部队和军区部队组成。作战舰队有太平洋舰队和大西洋舰队;陆战队分别编入舰队陆战队;海军航空兵按隶属关系分为舰队航空兵和陆战队航空兵,按起降基地分为舰载航空兵

和岸基航空兵;军事海运部队,主要运送武器装备、人员、物资以及进行海洋监视;海军军区部队主要执行海岸防御和岸上机构的警卫任务。

美国总统兼任武装力量总司令,掌握最高指挥权与战略核武器使用的控制权。平时,总统通过国家和战区、军种两级指挥系统指挥全军;紧急时,可越级指挥第一线部队。海军行政上受国防部长领导,军事上归参谋长联席会议指挥。参谋长联席会议由主席、三军参谋长和海军陆战队司令组成。

29. 美国海军大西洋舰队和太平洋舰队各辖有多少舰队?

美国海军的大西洋舰队和太平洋舰队之下共编有二、三、四、五、六、七共6个舰队,第二、四、六舰队隶属大西洋舰队,第三、五、七舰队隶属太平洋舰队。其中,第二、三舰队分别负责美国本土东西两岸的安全;第六舰队坐镇地中海;第七舰队管辖范围最大,从西太平洋、印度洋一直延伸到非洲东岸;第五舰队负责波斯湾、阿曼湾、阿拉伯海、亚丁湾、红海及印度洋部分海区;第四舰队则负责美国"后院"——中南美洲,特别是巴拿马运河的"绝对安全"。它在需要时可迅速得到其他几个舰队的驰援。

30. 你了解美国海军太平洋舰队吗?

美国太平洋舰队,可以称得上是世界上最大的一个战略集团。但是你知道吗,它的发展之路也是历尽坎坷的。它的前身是1821年组建的太平洋中队,只是在1898年它打败了不可一世的西班牙舰队后,1907年才升格为太平洋舰队,但在1922年又被撤销,人员、舰艇成了美国舰队的一部分。于1941年重建不久,12月7日又遭日本偷袭,除3艘航母在外执行任务得以幸免外,舰队的战舰全都瘫痪在珍珠港内。但依靠美国雄厚的经济实力和工业基础,仅用了一年的时间,它的太平洋舰队又基本恢复了元气,并在中途岛一战中,竟将日本海军推到了"下坡路"。第二次世界大战结束时,太平洋舰队已成为世界上实力最强的舰队了。日本投降的签字仪式,就是在该舰队的"密苏里"号战列舰上举行的。那么,目前美国太平洋舰队又如何呢?它下辖有第三和第七两个舰队,拥有各种舰船200多艘,其中航母6艘、战略核潜艇8艘、核动力攻击潜艇34艘,水面作战战舰48艘、两栖舰21艘,其中有世界上最先进的"尼米兹"级航母、"提康德罗加"级导弹巡洋舰和"阿利·伯克"级导弹驱逐舰等40多艘。有2000多架飞机、25万多人和38个岸上设施。

太平洋舰队由美国海军作战部管辖,战时归美国太平洋总部指挥,总部设在珍珠港。任务区包括太平洋、印度洋和北冰洋,辖区占世界海洋面积的74.6%。

31. 你了解美国海军第五舰队吗?

1943年3月,美海军在太平洋北部逐步取得了战略主动权,为加速控制海洋和夺占岛屿,它又组建了第五舰队,属太平洋舰队管辖。成立之初,因太平洋战争即将结束,所以战绩平平。它于1945年4月参加冲绳战役时,显示了一下实力。4月7日在迎战日本海军舰队时,击沉日本战列舰、巡洋舰各1艘和驱逐舰4艘,其中号称"不沉的战舰"的"大和"号战列舰就是在此战中被击沉的。

这一战基本解除了日本海军对海上的威胁,美国所有的舰队基本上没有什么作战任务了。日本投降后,第五舰队也于1947年解散。

在1995年7月,这支封存了50多年的第五舰队又重新出现在中东地区,复出的原因是美国要巩固在中东的"盟主"地位,确保盛产石油的海湾地区"安全",新复出的第五舰队就是担负这个任务的。第五舰队的辖区是印度洋和波斯湾,指挥部设在巴林岛上,直接听命于美国中央指挥部。

说到这里,你可能会提出:第五舰队的任务区是印度洋,这和太平洋舰队的任务区不是有重叠吗?美海军是这样解决的,因第五舰队复出晚,指挥关系仍属太平洋舰队。

32. 美国海军第七舰队是干什么的?

美国海军第七舰队是1943年为了在太平洋西部对日本海军作战而组建的。第二次世界大战后,为了保护美国的利益,第七舰队仍留在这一地区,司令部设在日本横须贺。

美海军第七舰队的责任区包括太平洋、印度洋和阿拉伯海,其任务是:威慑、前沿防御和巩固联盟。它拥有50艘～60艘舰艇、350架飞机和约6万名海军及陆战队员。这50艘～60艘舰艇中,18艘部署在日本和关岛,这是第七舰队的核心,其余舰艇轮流驻夏威夷和美国西海岸基地。但任何时候第七舰队都有50%的部队部署在所辖海上,每天能快速反应的部队有:1艘～2艘航母,2艘～4艘"宙斯盾"导弹巡洋舰,18艘～20艘驱护卫舰,5

"华盛顿"号航母

艘~6艘快速攻击潜艇,5艘~8艘两栖运输船和登陆舰,18艘支援舰,16艘海上前置部署舰。它拥有的200架飞机在航母或其他舰艇上,还有150架~160架海军陆战队飞机。

33. 美国为什么要恢复海军第三舰队?

美国海军第三舰队成立于1943年3月,第二次世界大战结束后,其番号被撤销。20世纪70年代初,美国为了对付当时苏联的海上扩张,提高在太平洋的反潜能力,以及加强对中太平洋的控制,美国海军将当时的第一舰队与太平洋舰队反潜司令部合并,恢复了第三舰队番号。它的主要任务是:协调指挥太平洋区域的反潜作战,组织反潜防御和训练,保护辖区内航道安全,组织护航兵力,组织新武器装备的海上试验和鉴定。由于第三舰队负责太平洋舰队舰艇兵力的部署前训练,如新入役的舰艇和大修后的舰艇都要编入第三舰队进行训练,因此,第三舰

海洋军事

队曾被称为训练舰队。与第七舰队同属美海军太平洋舰队的第三舰队,其任务区分界,1986年以前在东经160度线,以西为第七舰队,以东为第三舰队。从1986年11月开始,美国海军取消了这两个舰队的分界线,它们的作战行动统一由太平洋舰队和太平洋总部指挥。第三舰队司令部原设在珍珠港的福特岛,后来移至旗舰"科罗拉多"号指挥舰上。

34. 美国海军部长为什么是文官?

美国海军实行军政和军令分开,行政管理和作战指挥各成体系。海军的最高行政领导机构是海军部,海军部统管全海军的建设方针、军事预算、政策法令、军官升迁和后勤管理等行政事务,它直属国防部领导。而下辖的海军作战部和海军陆战队司令部,对部队实施具体的领导和管理。尽管海军部设部长、副部长各一名,助理部

美国海军部长

长和副助理部长多名,他们都是海军的最高领导,但他们都是文职官员。负责作战、训练的是海军作战部。海军作战部长才是海军的最高军事指挥官,是武装部队政策委员会和参谋长联席会议正式成员。

35. 美国海军有哪几艘旗舰?

旗舰,是海军舰艇编队、舰队的灵魂和中枢。在航行中,它根据敌情、海情指挥组成合适的队形,选择、指定航

美国"蓝岭"号两栖指挥舰

向、速度,组织可靠的观察和防御。在战时,它按预定方案或根据当面敌情进行运筹决策,指挥整个编队进行战斗。"蓝岭"号和"惠特尼山"号是美国专为第七舰队和第二舰队建造的两艘专用指挥舰,在多次演习中,证明了专用指挥舰比兼职旗舰要优越得多。"拉萨尔"号担负波斯湾、阿拉伯海和印度洋区防务的中东特混舰队旗舰,是由"罗利"级船坞运输舰改装而成,该舰在海湾战争中曾参与协调指挥中东特混舰队。"科罗拉多"号是美国第三舰队旗舰,曾担任过中东特混舰队、第六舰队旗舰。1986年

11月起，担任第三舰队旗舰。"贝尔纳普"号导弹巡洋舰，1986年开始担任第六舰队旗舰，它是美海军中唯一作为舰队旗舰的作战舰只。由此可见，美国有5艘可以承担战略编队任务的旗舰，它的指挥控制系统是"技高一筹"。

36. 为什么美国要拥有那么多两栖军舰？

什么是两栖军舰呢？两栖军舰就是在海上能参加登陆作战的舰艇。如第二次世界大战中著名的诺曼底战役，在战役的初始阶段，两栖军舰就输送近百万登陆兵上陆。现在美国有39艘功能单一的两栖舰，如坦克登陆舰、两栖货船、船坞登陆舰等，但它的舰龄已老化，大部分已不适用现代作战的要求，必须建造新式、多用途的两栖舰来代替。因此，美国海军计划到2010年要拥有36艘多用途两栖军舰。如新造的LPD-17型多用途两栖舰，可载坦克、车辆和720名陆战队员，还可携载登陆艇。它的船体设计是隐形的，舰上还装有"增程海麻雀"防空导弹和舰船自卫系统。

37. 美海军为什么不再建造护卫舰？

美国海军水面舰艇中，护卫舰的数量最多。如20世纪80年代中期，在500多艘作战舰艇中，护卫舰就有116艘。该舰种的发展不仅是因经济适用，更主要的是为了对付来自苏联潜艇兵力的威胁。在苏联解体后，美国认为护卫舰已不是重要的舰艇了。再者，面对当代潜艇装备的现代化，护卫舰的装备已显得落后了。因为它装备的防空导弹少，不仅不能为航母战斗群提供有效的护航，还要依赖其他舰艇为它提供空中保护，因此它被列入淘汰之列。护卫舰的空缺,将由驱逐舰来弥补。由此也看出美国海军的作战思想,仍以航母为主。

作为一种经济适用的舰艇——护卫舰,是否从此将在美军中绝迹,要看形势和实战的需要。不过在其他一些国家,护卫舰仍是一种主力舰。

38. 美国为什么要建全核动力海军?

美国的11艘航空母舰中,随着常规动力的"小鹰"号2008年退役,余下的10艘航母全为核动力,实现了航母全核动力化。

全核动力海军,是美国至今尤其是众议院武装部队委员会一直推动的"美国海军主力舰艇的全核动力化"的议题。他们认为,核动力与常规动力相比具有明显的作战优势,并可降低海军舰艇对石油燃料的依赖,不仅可使运行成本较少受到国际油价上涨的影响,也减少了石油输出国的制约。另外,核动力作战舰艇提供了快速机动和长航的能力,为美国海军参与海上冲突,争取主动提供了条件。比如:美国的常规动力"阿利·伯克"级驱逐舰,它的最大航程为4400海里,若从珍珠港到西太平洋日、韩等国附近海面,距离为4200海里,这样即使按时到达,也需要添加燃料而无法立即参加战斗。另外,航母战斗群的护卫舰艇,都是常规动力,实战中无法与核动力航母保持一致的行动,势必限制航母的航行速度,影响了作为战略威慑力量航母能力的发挥。因此,美国国会提出了建全核动力海军的计划,并且得到民主党和共和党一致的赞同。

39. 美国的海军特种部队是用来干什么的？

美国海军特种部队在第二次世界大战中已出现，当时的主要任务是保障和配合主力兵团作战。20世纪70年代以来，随着武器装备的更新和战争的演进，特种部队时常承担对局部战争产生重大影响的任务。如在海湾战争中，以美国为首的多国部队共派出9400余人的特种部队渗入伊军后方，广泛开展侦察、干扰、破袭等特种作战手段，为多国部队成功地实施空中打击和地面进攻创造了极为有利的条件。由于多年来的战绩，美国的

美国随舰陆战队员

海军特种部队赢得了"海豹"这个与陆军"绿色贝雷帽"齐名的别名。

那么，美国海军今天的特种部队是一支什么样的部队呢？它是经过严酷训练的"短小精悍"的部队，总人数还不足5000人，其中"海豹"队员2100名，作战舰艇队成员500人，海上巡逻队400人，其余为医疗、供应等人员。

"海豹"队员是经过体力、游泳、潜水、使用武器、爆破和跳伞及实战求生训练、考试选拔出来的。他们集蛙人、

伞兵和猎人于一身,队员一般可获得海军特种作战部队三叉戟徽章。

40. 美国太平洋舰队海军陆战队为什么会升格?

1996年,美国太平洋舰队的海军陆战队升格为太平洋海军陆战队,它的地位与太平洋舰队、太平洋地区空军部队并列了。

美国为什么要把它升格呢?主要是美国为适应冷战结束后出现的新局面所采取的措施。如原来主要是"遏制共产主义的传播和威慑华约侵略",现在面对的却是如何应付世界各地偶发性危机,这种危机只靠大舰利炮已不能解决问题了,中东、马岛和海湾地区的战争就是最好的证明,没有陆战队的参与是难以解决问题的。之所以要将太平洋舰队海军陆战队升格,目的是赋予它与太平洋舰队同样的控制范围和权力,同等的对危机迅速作出反应的职责。因为从环太平洋地区到中东、东非一带是被美国列为头等大事的地区,而这一地区的争端随时都威胁着美国的"利益"。

41. 美国海军 21 世纪的战略和使命是什么?

美国海军在21世纪的军事战略是:利用舰队进行全球性机动或战役机动,以保障它们在前沿地区的随机存在;在现有武器射程范围内对海上和陆上之敌进行威慑或强有力的打击。实际上,在20世纪90年代末,美国前沿地区的海军兵力就已经能"达到"地球上85%的战略目标和城市,并能将75%的陆上战略目标和城市摧毁,能在世界大洋80%的海岸进行登陆作战了。

美国海军的使命是：用强力施加影响。即无论和平时期还是战时，都要通过海洋在外国水域和海岸扩大本国影响。海军的重要作用是在前沿地区行动，以制止冲突发生，并对危机进行控制。而制止局部冲突的最重要手段是使用快速部队，即海军和海军陆战队。

实际上，美国海军的战略和使命，就是随时准备干涉他国或者说入侵他国，以最大限度地维护美国在全球的"利益"。

42. 美国第四舰队为什么实行"软实力"战？

鉴于当年与苏联激烈地争霸海洋，美国疏落了对其"后院"——拉美地区的控制，特别是该地区的委内瑞拉和古巴等国。现今，美国又重新开始重视对该地区的控制，为此在2008年重新组建了第四舰队，隶属于美国南方司令部。对于只有10000名成员的南方司令部和舰艇数量不多，类似于空壳的第四舰队来说，以硬实力掌控这一地区，确实有点勉为其难。为了有力地控制这一地区，美国就使出了战术上的另一招——"软实力"战。2008年8月，美国海军两栖攻击舰"奇尔沙治"号满载着药品和医护人员驶往尼加拉瓜的卡萨贝斯港，为那里的病人免费治病。"奇尔沙治"号两栖攻击舰在南美洲的4个月时间里，到过6个拉美国家，为1.4万名病人提供免费医疗服务，还援建了8所学校。美国通过"奇尔沙治"这一次"持续诺言行动"，想改变拉美国家对美军传统上的不信任，改变拉美民众对美国的情感和看法，以赢得拉美人民的心。

43. 美国海军后勤补给是怎样进行的?

后勤补给是夺取战争胜利的重要保障之一,自古兵家就有"兵马未动粮草先行"的警句。在历次战争中,各国逐步形成了一套适合本国军事情况的后勤保障体系与方法。

作为世界头号海军强国的美国海军,其兵力遍及各大洋,无论平时或战时对后勤的依赖程度都相当大。因此,美国海军不仅拥有大量的后勤舰船,而且它们都具有远洋综合补给或支援能力。如综合保障船,它们既可提供油料、淡水,也有食品、备件供应等,基本上实行航行中补给。补给时可纵向,亦可横向,就是前、后、左、右单独或同时对几艘舰进行补给,手段都很先进。这些船大都航速高、排水量大,能伴随战斗舰艇编队或迅速驶往补给点,进行大量投送。另一类为基地保障船,如医院船、潜艇维修供应船等。美国海军的医院船上配有800名医护人员、1000张床位、81个治疗室,最大收治能力为每昼夜300人。潜艇维修供应船不但可对潜艇进行维修,还可同时为4艘~6艘潜艇提供补给。"西蒙湖"级供应舰还可以向核潜艇提供24枚弹道导弹。

美海军现有后勤舰船80余艘,240多万吨,多为近20年建造,现代化程度较高,是美海军的一支重要海上保障力量。

44. 俄罗斯海军的力量如何?

过去,苏联是世界上两个海军大国之一。苏联解体后,当时的俄罗斯分得了海军的大部分装备,特别是一些主要作战舰只和战略潜艇,应该说实力并不弱。但由于国内经济连年滑坡,不仅放慢了海军的发展步伐,对现有舰艇也无力维护,使多数舰艇处于停航状态,有些竟提前退役作废钢铁处理了。目前,俄罗斯海军舰艇已不足苏联解体时分得的一半,有的舰艇还在陆续退役。这样,在21世纪初,可能只有6艘～8艘战略导弹潜艇在服

俄海军舰艇编队

役,其携带的核弹头也只相当于美海军的三分之一。水面舰艇只有1艘航母、2艘～3艘巡洋舰、7艘～10艘驱逐舰、30艘扫雷舰和30艘～40艘导弹艇。

从地区角度看,俄罗斯海军在波罗的海实力将不及瑞典和法国,在黑海实力不及土耳其,在远东实力不及日本。从实际作战潜力看,俄海军与英、法水平相当,但俄罗斯海岸线是英、法的15倍～20倍,所以,它保卫海疆和维护国家海洋权益的能力已远不如英、法国家了。

45. 当今俄罗斯的海上核力量如何？

俄罗斯现有四个级别的战略导弹核潜艇,全部为核动力。其中"台风"级 6 艘、"DⅣ"级 7 艘、"DⅢ"级 13 艘、"DⅠ"级 1 艘。这些战略核潜艇分别部署在北方舰队和太平洋舰队,发射阵位主要在巴伦支海和鄂霍茨克海。

战略核潜艇具有隐蔽性好、生存能力强的特点,它可长时间待在水下或北冰洋的冰盖下。它的机动性高,在水下有高达 30 节的速度;作战阵位灵活,既可在深海大洋,也可在自己内海发射导弹。战略核潜艇由于以上特点而深受俄当局领导层的重视。苏联解体后,俄罗斯在经费严重不足的情况下也未放松对海上战略核力量的建设。目前,海基战略核力量(除此外还有空基和陆基)已接近俄全部战略核力量的 50%。1996 年又动工建造"北风"级战略导弹核潜艇,使海上战略力量步入一个新台阶。

俄领导层除关心海基核力量的建设,也很关心它的战备状况,除保持正常的训练科目外,还相应增加一些特殊条件下的演练,如在北极条件下的发射。自 1996 年后,每年的演习不下 10 次。新当选的总统普京还没上任就乘核潜艇出海,并观看了发射导弹的演习。由此可见他的重视程度。

46. 俄罗斯海军的现状如何？

俄海军现有四个舰队(北方舰队、太平洋舰队、黑海舰队和波罗的海舰队)和一个区舰队,总兵力 20 余万人,拥有战略核潜艇 26 艘、多用途潜艇约 100 艘、水面舰艇约 100 艘(其中航母 1 艘、巡洋舰 7 艘、驱逐舰和护卫舰

31艘)、各种飞机800余架。

俄"彼得大帝"号巡洋舰

近几年,俄罗斯逐渐加强了军事训练、战备值勤和对外交往,特别是以演习代训练的方式,很受世人关注,因为它既训练部队又实际检验作战能力。但因受国内经济影响,俄海军的现状并不乐观,2000年8月13日"库尔斯克"号核潜艇的沉没事故就是例证。这些问题直接影响了海军战斗力的提高,制约了海军的发展。如作为俄海军拳头的战略核潜艇,近年来只增加了1艘,而新造的其他舰艇,如"彼得大帝"号核动力导弹巡洋舰和"恰巴年科"号大型反潜舰,因经费停拨而不能按时交货。从1992年以来,只有3艘新型舰艇开工建造,同一时期却退役了50余艘。但近期俄当局正在采取积极的措施,力求保持海军的稳定和发展。

47. 俄罗斯重整海军有哪些计划?

尽管俄罗斯经济大滑坡,海军的建设受害最大,但俄罗斯海军并不甘心落入二流的水平,在世纪之交,他们制订了海军发展的"世界海洋"计划,以期重现"昔日辉煌"。

这一雄伟的"世界海洋"计划中舰船建造规划是:在2010—2015年间建造新型核动力航母;各型舰的数量将达到:航母4艘、战略核潜艇16艘、多用途核潜艇50艘、常规动力潜艇50艘、驱逐舰24艘、护卫舰120艘、导弹艇60艘、登陆舰24艘、猎(扫)雷舰100艘。海军人数将保持在22万~23万之间。

48. 俄罗斯海军用什么行动来表示重返世界大洋?

苏联解体后,随着经济的衰退,也影响到活动在各大洋上的舰艇。随着近年来俄罗斯的政治、经济形势的好转,俄国家和军队领导人都认识到作为体现国家实力和保护国家权益的重要一环,重新振兴海军是当务之急。2003年,俄罗斯政府将海军预算增加了35%,并在同年7月27日以近年来最隆重的形式庆祝海军节。近年来,俄海军不仅频繁在近海和远洋举行军事演习,也恢复了战略核潜艇的全球巡逻。

2003年8月27日,俄太平洋舰队举行了为期10天的大规模演习,9月2日又在鄂霍茨克海发射了洲际导弹。俄海军的"波多利斯克"号核潜艇发射的这枚导弹,飞行了6000多千米后准确地击中了目标。根据俄罗斯制定的"2010年前俄海军政策要点"和"2020年前俄海洋理念"精神,从2003年春季开始,俄四大舰队分别举行了10多年来最为频繁的军事演习。同年5月,黑海舰队和太平洋舰队9艘舰艇组成的编队远航印度洋,与印度海军举行了代号为"INDRA-2003"的联合演习。演习中俄海军"莫斯科"号巡洋舰发射了射程为480千米的P-500"玄武岩"超音速导弹。同年6月底,北方舰队3艘主力战舰又远航波罗的海,与波罗的海舰队的30多艘舰艇举行了近20年来最大规模的联合演习。这次演习有意向人们显示俄罗斯不放弃自己在这一地区的地缘政治影响的信息。

49. 俄罗斯最大的舰队是哪一个?

俄罗斯北方舰队是俄罗斯海军4个舰队中最大的一个。北方舰队的前身是1933年组建的北冰洋区舰队,第二次世界大战后得到了迅速发展,成为前苏联时期规模最大、实力最强的舰队。苏联解体后,俄罗斯出于战略方面的考虑,将原黑海舰队一部分性能先进的舰艇调入北方舰队,使北方舰队实力进一步增强,成为俄海军主要的海上力量。

北方舰队由水面舰艇部队、潜艇部队、航空兵部队、阿尔汉格尔斯克海军基地、舰队陆战旅和直属分队等6个主要部分组成。舰队司令部设在北莫尔斯克。舰队的任务辖区包括北冰洋和大西洋。它的战略任务是依托科拉半岛及其附近的海军基地,前出大西洋,从北翼包围欧洲,进而可袭击美国本土,破坏美国至欧洲的海上运输线。此外,还担负向地中海派遣分舰队的任务,由此可见,该舰队在俄国家安全战略中的地位非常重要。

目前,北方舰队拥有各种舰艇387艘,航空母舰和战略潜艇全在北方舰队。有作战飞机190架、武装直升机69架。

50. 俄罗斯海军航空兵有什么特色？

海军航空兵是海军的一个兵种，它是由不同机型的师（轰炸机、歼击机、强击机）、团（侦察机、运输机）组成的，由于各国海军战略不同，所以其海军航空兵也各具特色。如美国是以舰载机为主要打击力量，日本以反潜作战为主，而俄罗斯除了以岸基（岸上基地）这一特色外，还有机种全、机型多这一特色。

俄罗斯的飞机设计局多，因此其机种、机型也多。从机种上看，有轰炸机、歼击机、侦察机、加油机、中继通信机、电子干扰机、反潜机、水雷对抗机、空中指挥机等。俄罗斯海军航空兵种之全，是其他国家海军所没有的。在机型上也是这样，有苏-24、苏-25、苏-27、米格-29、雅克-38、图-22等44个机型。

51. 俄罗斯的"海上雄鹰"指的是哪个兵种？

俄罗斯的海军航空兵是海军中最年轻的兵种，在80多年的历程中，以光辉的战绩被誉为俄罗斯的"海上雄鹰"。

最初的俄罗斯航空兵，只用于侦察。在第一次世界大战爆发后，开始用于轰炸和攻击。1916年7月4日，俄4架水上飞机与4架德国飞机进行了俄海军航空兵史上的第一次空战，两架德国飞机被击落，另两架逃走。为此，这一天被定为俄海军航空兵诞生日。

第二次世界大战期间，苏联海军航空兵发展成海军的一个主要兵种，它不仅在陆上被频繁使用，如参加轰炸德国首都柏林，也在海上与舰船协同作战，它歼灭敌舰艇的数量占海军歼敌舰船总数的三分之二。战后,苏联海军航空兵得到进一步发展,拥有先进的机种,成为可在大洋作战的强大兵力。苏联解体后,俄海军航空兵同样受到削弱,其数量和质量都有所下降。

52. 为什么称俄罗斯海军陆战队为"黑云"？

俄罗斯海军陆战队创建于1705年,历史上,它曾参加过对瑞典、土耳其、法国、日本和德国等国的战争,因战功卓著,曾获俄国当时的最高奖励——乔治锦旗。

苏联卫国战争时期,陆战队发展至21个旅,其中有数十个海军陆战团、营战斗在各条战线上,在几次著名的战役中始终冲锋在前,他们的英勇顽强令敌胆寒,被德军称为"黑色的魔鬼"、"黑云"。俄海军陆战队在多年的血与火的实战中得到了锻炼,其作战经验和战斗力不仅在俄军中,就是在世界上也是名列前茅的。

那么,现在俄罗斯海军陆战队是什么状况呢？现俄罗斯海军陆战队只有1万余人,设1个陆战师、3个陆战旅。其装备仍很先进,都是新研制的产品,如中型、轻型坦克、BTP-80装甲运兵车、122毫米水陆自行榴弹炮、120毫米水陆自行火炮、水陆两用化学侦察车、火箭筒、狙击步枪、喷火器、各型防空导弹等。

尽管俄罗斯近期的经济形势也制约了海军陆战队的发展,但从长远的观点来看,俄罗斯这个重视海军的国家是不会放弃海上强国的地位的。随着经济的好转,也必将加强海军陆战队的建设。

53. 俄罗斯海军的后勤补给是什么水平？

在历史上，俄罗斯海军总是拥有一支数量和吨位都领先于世界所有国家海军的后勤保障舰队，但与美国相比，它的装备技术差距较大，补给水平并不领先。俄海军后勤船只多属基地修理船，这是因为苏联时期就缺少海外基地，而他们的编队又要到世界各大洋去游弋，对修理船依赖较大。而在补给上不论平时或战时，都靠商船提供。

俄罗斯海军最大的综合补给船是"别列津纳"号，排水量3.6万吨，航速22节，可同时对两艘舰艇进行补给或对3艘舰艇输送油料，但这种补给船只有1艘。其他的补给船排水量小、性能较差，无法为作战舰艇进行伴随保障。为解决这一难点，俄海军采用了定点保障的方法，即指定海上某一点为补给点，作战舰艇编队或单舰与后勤补给舰按指定时间到达会合后进行补给。这种补给既影响作战行动，也易遭敌攻击。由此看来，落后的后勤必然影响作战行动。

54. 你了解黑海舰队的历史吗？

17世纪末，新兴的俄国在扩张疆域、扩大贸易、扩充国力的进程中，急于得到南下的出口，最终选中了黑海和亚速海这条终年不冻的通道。彼得大帝亲自颁令，建立亚速海舰队，1783年在亚速海舰队的基础上，又组建黑海舰队，这支舰队不仅在俄土、俄法战争中为俄罗斯夺得了黑海制海权，还涌现出在俄海军史上享有盛誉的乌沙科夫、谢尼亚文、拉扎列夫和纳希莫夫等名将。

黑海舰队在伟大的卫国战争期间作出了巨大贡献，

舰队中有18个单位荣膺近卫称号,200多名官兵被授予苏联英雄称号。黑海舰队也获得红旗勋章。战后,黑海舰队在质和量上都得到很大发展,从20世纪60年代起一直参与大西洋、印度洋的活动。

55. 俄罗斯为什么对 13 国在黑海军演反感?

由13个国家海军参加的"海风2007"多国联合军事演习,于2007年7月9日在乌克兰敖德萨港拉开序幕。这次演习虽然规模比前几次大,从5个～6个国家增加到13个国家,但场面并不激烈。即使如此,由于是在俄罗斯眼皮底下进行,所以令俄罗斯感到是直接向其挑战,当然也有深层次原因。

黑海一直以来就是俄罗斯的传统势力范围,也是俄罗斯南下地中海唯一的出海口。同时,黑海还是俄罗斯能源运输管线的重要通道。这不仅令俄罗斯认为是美国导演的新一轮挑战(尽管主办国是乌克兰),是进一步削弱俄罗斯的影响力,最后达到控制这片具有重要战略意义海域的目的。因此,俄国在加快速度恢复民族经济、建设强大海军的同时,将向黑海舰队派遣一批新式的潜艇、驱逐舰、护卫舰等舰艇来更新黑海舰队的舰只。俄计划建造至少6艘携带远程巡航导弹的多功能攻击型核潜艇,并于2011年进入海军服役。俄罗斯海军也明确表示将要建造4艘或更多的航母,且第一艘航母的建造工作已经启动。

俄罗斯的这些反应表现其对黑海所具有的战略地位及对海军的全球战略重要性的认识。因为一旦某一天,北约舰队获得了地处黑海的塞瓦斯托波尔港的停靠权,俄罗斯就将失去黑海的掌控权了。

56. 英国还是海上强国吗?

英国是传统的海上强国,皇家海军直到"二战"前一直占据着世界霸主的地位。到第二次世界大战结束时,美国海军成了新的世界海上霸主。20世纪60年代初,苏联海军又超过了英国,英国退居第三。直到1981年诺德出任海军大臣后,形势才有所改变。增加了国防预算中的海军份额,先后建造了17艘核动力攻击潜艇。1982年马岛战争后,英国政府重新认识到海军对英国的重要性,更加重视海军的建设和发展。

英国"无敌"级航空母舰"卓越"号

英国海军总兵力逾6万人。主要作战力量有4艘战略导弹核潜艇、12艘核动力攻击潜艇、2艘常规动力潜艇、3艘轻型航母、12艘导弹驱逐舰、25艘护卫舰、25艘扫雷舰艇、7艘两栖舰、1艘航空支援舰及15艘大型后勤补给和加油舰。海军航空兵拥有37架固定翼飞机和160架作战直升机。其核潜艇部队规模仅在美俄之后,居第三位。

英国海军目前虽面临财政困难、舰龄老化、兵员不足、舰艇制造技术水平较低等诸多问题的困扰,但作为对海军具有强烈依赖性的岛国,今后仍将大力发展和加强海军力量。

57. 为什么英国海军说自己是世界上最好的?

英国海军在西欧各国中实力最强,近年来因加强了质量建军,使军事素质进一步提高,在担负的各项任务特别是马岛战争中表现突出,因此英国海军领导人自称:我们是世界上最好的。

英海军舰艇编队

英海军现役官兵约6万人,实行志愿兵役制,水兵签订服役期为3~22年的合同。士官服役期不少于10年,低级军官靠达特茅斯皇家海军学院培养和从地方上招募,但在16年内不能晋升至少校就必须退役。

英海军在培养人员上注意选拔优秀人才,既考虑其所受的教育及心理特征,又注重通过实践去锻炼他们。

舰艇部队约80%的训练时间是在海上度过的。英海军还通过参加维和部队和局部战争来培养军人的职业素质。

英海军舰艇的完好率很高,有60%以上的舰艇处于经常性战斗准备状态,这是世界上最高的指标。从马岛战争中即可看出,一旦宣布战争,一两日内就出航了,有的是在海上训练中直接去参战的。

由于英海军军人拥有扎实的专业知识和技能,他们退役后,有78%的人不出三个月就能在地方经济部门找到工作,而其中56%的人一退役就有了职位,这不能不说是素质为他们带来的优势。

58. 英国海军有没有女水兵?

英国海军不但有女水兵,而且比美国海军中出现女水兵要早得多。这个岛国在第一次世界大战接近结束时,因兵源渐少,就萌发了招募妇女在岸上任职,以便把更多的男军人抽调到舰上的念头。1917年,海军第一个妇女勤务分队成立。到第二次世界大战结束时,英海军中有74600名妇女在服役,比现在英国海军的总人数还多。战后,英国妇女勤务分队的人数一直保持在3000人左右。

英国海军女军人到舰艇上工作是1990年的事,并且是除潜艇之外的战斗舰艇上。她们登上的第一艘战舰是"大斧"号导弹护卫舰,到1991年已有396名妇女在14艘战斗舰艇上服役了。现在,英海军驱逐舰、护卫舰等大型舰艇上,平均每艘舰上都有近20名女军人在服役,并且已参与以前只有男军人所从事的专业。如俄罗斯和英国两国海军在挪威峡湾举行的联合演习中,俄海军舰载机飞行员惊奇地发现,驾驶"大山猫"直升机的竟是一位英国小姐。既然女兵能驾驶直升机,那么,在不久的将来,英国皇家海军是不是可能出现一位女舰长呢?

59. 英国海军后勤补给的情况如何?

英国历来对后勤补给有独自的作法,他们认为,与建造专门的补给舰船相比,战时征用民船既合算又方便。他们是这样想的,也是这样干的。在英、阿马岛战争中,他们就是征用的民船,而且很快与军舰一同奔赴马尔维纳斯群岛了。英国民船为什么有如此高的效率?原因是英国的法律规定,民船必须随时做好为战争、为军队征用的准备。但民船在装载、行动上也有不适应战争要求之处,特别是现代战争,多属危险品,如油料、弹药,有些则不是任何船都能装的,如长度较大的导弹、体积较大的飞机等。所以在马岛战争后,英海军也吸取这些不成功的战争教训,立即订购了6艘"维多利亚堡"级综合补给船,该船不但可同时进行干、液货补给,还有2个直升机平台起降点和3个直升机库。该级舰已成为英海军海上机动作战编队的主力支援舰,扭转了完全依靠民船的作法。

目前,英海军拥有航行补给船18艘,约50万吨,运输船16艘。英国海军与众不同之处,是将各类补给舰船都编入作战舰艇编队,实行伴随保障,而不是单独组成保障编队。其优点是补给目标明确,相互间的特点熟悉,便于协同。

60. 法国为什么要建造"戴高乐"号航空母舰?

单就建造军舰的目的来讲,法国建造"戴高乐"航空母舰有两个目的,一是增加装备的数量,二是更新装备。法国海军原定1999年7月1日入役的"戴高乐"号航空母舰,就是用来替代"克莱蒙梭"级航空母舰的。

"戴高乐"号航空母舰上装有先进的C^3I系统,它的指挥支援系统可以供特混舰队司令制订全盘计划,它的通信系统可以担负母舰与上级部门甚至和法国政府的联系,战术数据系统可以提供实时指挥控制。还有一套在航母界应属首创的PC系统,可帮助计划和控制飞行甲板上飞机的运动,减轻了人的劳动,提高了运作效率并使动作正常有序。另外,"戴高乐"号可搭载40架飞机,比"克莱蒙梭"号多5架;飞机起飞重量15吨~20吨,而"克莱蒙梭"号只有10吨~15吨;飞行甲板是"克莱蒙梭"号的1.4倍。"戴高乐"号的升降机,升降能力为36吨,"克莱蒙梭"号只有12吨。"戴高乐"号航母具有良好的机动性能,22天即可部署到海湾,若通过苏伊士运河,10天即可到达阿拉伯湾。

61. 法国海军航空兵有什么特色?

法国海军航空兵部队是海军武力的核心,其战斗部队共分为三类,一是舰载固定翼飞机,即航母上的飞机,这是核心中的核心;二是海洋巡逻队,负责安全预警;三是旋转翼飞机,这些配置在各型舰艇上的直升机,除担负反潜任务外,还为反舰导弹提供中继制导,也就是让舰艇在更远的距离上攻击对方目标。

法国是在第二次世界大战后,接收了美、英援助的航空母舰后才组建起海军航空兵的。但自傲的法国人不愿

法国海军"超级军旗"舰载机

用他国的"次等货",为此,它重建的第一批军舰就是航母,而且一造就是两艘。以后虽再造新的航母,但对"克莱蒙梭"号和"福熙"号两艘老航母,也不断进行现代化改装,以延长它的使用寿命。到20世纪80年代新造航母时,一上手就是核动力的。

法海军的"超级军旗"式攻击机及其携带的"飞鱼"导弹,是世界著名的反舰武器,而保护航母的"十字军战士"式飞机却是20世纪50年代生产的。若在美国,这种飞机20年前就退役了。为适应形势的发展,法国又设计了具有当代先进水平的"旋风"式战斗机,海军一次就订货85架。

62. 法国海军陆战队的状况如何?

法国的海军陆战队比较特殊,在编制序列上它不属于海军,而是陆军的一个兵种,共3万多人。

这支部队装备精良。如第九海军陆战师,装备有

1700辆车、72辆侦察车、340辆装甲运送车、24门155毫米榴弹炮、24门120毫米迫击炮、120部反坦克导弹发射架、8部防空导弹发射架。该师不仅可单独作战,也可协同其他兵力作战。

法海军陆战队拥有不少著名的团队,如第十一空降师中的第一和第三伞兵团,前者擅长在敌后作战,被称为"伞兵中的伞兵",第三伞兵团则以剽悍善战著称,第八伞兵团有30多年的各次海外作战经验,有"像牛皮一样硬"的评名。

63. 法国海军在新世纪有何打算?

法国海军面对新世纪有自己的发展目标。首先是取消生存力差的陆基(发射井)和空基核力量,只保留潜基,也就是弹道导弹潜艇核力量。第二个是完成"戴高乐"级核动力航空母舰的试航并形成战斗力。另外,它还计划在2001年发射第二颗"赫利俄斯"系统卫星、2005年发射"霍鲁斯"系统侦察卫星。

法国是世界强国之一,它不但拥有陆、潜、空三种核力量,还有在马岛战争中使参战国望而生畏的"飞鱼"导弹。法国是一个不甘落后和听人摆布的国家,当年它不满美国在北约的指手画脚,干脆退出了北约组织。在科索沃战争中,它是公开提出不同意见的北约国家。法国所以敢这样做,除与它的国家性质、民族气质有关外,不能不看到它拥有的军事实力。法国在进入新世纪后,除对核威慑力量的改组和完成新一代航母外,还要对海军舰艇性能进一步提高。另外,它还要大力发展驻泊体系和侦察卫星,保证舰艇能自由进入大西洋和地中海,并使在海上活动的舰艇随时通过卫星反映到指挥部。

64. 意大利海军平时和战时归哪里指挥?

1861年意大利王国成立后海军称"王国海军",1941年意大利共和国成立后海军称"共和国海军",故称意大利海军。意大利国防部长负责武装力量(海陆空三军)的建设与管理,国防参谋部与三军参谋部为作战指挥机构。海军参谋部设海军参谋长1人,隶属国防参谋部。意大利海军编有1个作战舰队(含2个远洋作战分舰队、2个近海作战分舰队)、2个潜艇分舰队、2个海军陆战大队、2个海军航空兵巡逻机联队、5个反潜直升机大队。意大利海军下设亚德里亚、上第勒尼安、下第勒尼安、爱奥尼亚海军军区及撒丁岛、西西里岛独立海军军区。平时,由海军参谋部负责指挥所属兵力;战时,大部分海军兵力归北大西洋公约南欧战区司令指挥。意大利海军主要基地有拉斯佩奇亚、塔兰托、安科纳等。

65. 当前日本海军的实力如何?

日本自20世纪70年代以来,国防预算不断增加,到20世纪90年代几乎是翻番地猛增,如1991年日本海上自卫队的预算是79亿美元,而2000年就达到了180亿美元。雄厚的资金有力地支持了军事科研和海军装备的更新换代。如20世纪80年代初提出建立4个"八·八"舰队的计划,如期完成,以"宙斯盾"驱逐舰作为"八·八"舰队旗舰的计划不仅按时实现,而且关键技术已超过了美国。日本的驱逐舰和潜艇已发展至第三代,别国的舰艇服役期一般在 30 年左右,日本都在 20 年左右即进行更新,因此日本舰艇的完好率高,战备水平也高。

日本的潜艇从开始研制即是适于水下操纵的水滴形外壳,在此基础上极易发展核动力潜艇。它的最新一代"春潮"级潜艇,早于其他国家装备了 AIP 系统,这使它可在水下使用柴油机航行 20 天而不需外界空气。该艇还装有"捕鲸叉"反舰导弹和线导鱼雷。当前,日本的海军实力和作战能力在这一地区是无人可比的。

66. 为什么说日本海上战略由防御型向进攻型转变?

20 世纪 70 年代,随着军事工业基础的完善,以及经济发展的成就,日本开始从依赖美国向自主防务体制转变,海上自卫队也提出了"近海专守防御"战略。随后,美国出于既要制约苏联太平洋舰队,又想减轻自身负担的需要,要求日本自行提高其防卫力量,增强防空反潜能力,这正符合了日本扩军的思想。经过了"10 年长期防卫计划"和两个"5 年防卫计划"的实施,到 20 世纪末,日本自卫队已经完成了从"近海防御"到"远洋积极防御"的战略转变。目前,日本海上自卫队装备有 116 艘主要作战舰艇,虽比 1999 年减少了 49 艘,但吨位却增加了十几万吨,且建造了新版的采用了高新技术、隐身设计、配备反舰和防空导弹的驱逐舰和近海作战舰。在 2009 年入役的排水量 1.35 万吨、可搭载 11 架直升机的"日向"号(日本计划建造 7 艘),不仅可担任日本护卫舰群的旗舰,还可作为与美军合作时的中枢。西方媒体评论说:日本已处在向建造航母方向接近的中间阶段。2008 年 4 月 15

日，日本由3艘驱逐舰组成的编队，横穿大西洋，途经北美、中南美、非洲、欧洲和亚洲返回东京。既演练了其远航大洋的能力，也向世人显示日本开始转变了的海上战略。

67. 日本海上自卫队的装备怎么样？

日本海上自卫队武器装备的先进性和更新周期在世界上是数得着的。如现装备的4艘"金刚"级宙斯盾驱逐舰，只有美国才有这种先进的防空驱逐舰，在潜艇的建造上，它始终把目标瞄准世界一流水平，30年就发展了三代，其换代速度不低于美国和苏联，而其性能可以与俄罗斯最新的潜艇相媲美，如隐身性好、水下速度高、武器系统先进等。另外舰船的大型化也使人注目。以往水面作战舰艇都在2000吨左右，而现在服役的57艘作战舰艇中，有16艘超过了4000吨，刚入役的"大隅"号两栖舰竟达8900吨。有半数的潜艇也超过了2500吨。20世纪80年代从美国购买的当时世界上最先进的反潜巡逻机，一开口就要100架。十几年过去了，现在又要购买性能更先进的SH-60J舰载反潜直升机。舰机的导弹化也具有相当水平，无论水面舰艇、潜艇还是反潜飞机或直升机，均装备有飞行距离远、命中精确度高的导弹和火箭。日本海军装备的这一新动向，引起了世人特别是亚洲各国的关注。

68. "八·八"舰队的含义是什么？

"八·八"舰队是日本海军独特的兵力结构方式，即由8艘驱逐舰和8架直升机组成一个编队。日本称这是

当前兵力运用最佳的编组。8艘驱逐舰中,有1艘反潜直升机驱逐舰,载有3架直升机,并担任旗舰;5艘多用途驱

日本"八·八"舰队

逐舰,各载1架直升机、2艘防空驱逐舰。从兵力编成上看,具有对海上特别是对潜作战的优势,同时可以执行护航、反潜、巡逻等多种任务。

"八·八"舰队的出现,缘于20世纪70年代苏联海军的崛起,美国为了应付苏联海军的对外扩张,要求日本承担更多的防务责任,这正中日本下怀。日本于是借机大力扩充海上力量,立即提出"八·八"舰队计划,并陆续组建四支"八·八"舰队。第一个"八·八"舰队于1985年完成,部署于横须贺;1986年底第二个又组成,部署在佐世保;1987年第三个组成,部署在舞鹤;1991年第四个组成并部署在吴港。

69. 为什么"大隅"号备受世人关注？

1998年3月，日本建成了战后第一艘最大的战舰——"大隅"号。这艘排水量8900吨、上甲板可载直升机和各型车辆、一次可载1000名全副武装人员及所需的作战车辆，还可搭载2艘气垫船、10辆坦克和4辆装甲输送车，并装备性能先进的C^3I系统的两栖舰艇，备受世界各国的广泛关注，尤其是二战中亚洲的受害国，因为这实际上是一艘不叫航母的航空母舰，它标志着日本军国主义势力的抬头。

这艘被命名为"大隅"号的登陆舰，长178米，宽25.8米，吃水6米，航速22节。从舰宽及甲板设置看，属航母型，完全适合于直升机使用，若对主甲板加固和将舱室改成机库，即可成为搭载战斗飞机或直升机的航空母舰。尽管在20世纪80年代日本防卫厅提出过建造2艘～3艘航母的要求被否决，但"大隅"号就是航母的先驱，它既可以发挥航母的作用，又可以作为航母使用。

70. 日本的海上保安厅是干什么的？

日本海上保安厅成立于1948年，是一个管理海洋的专门机构，平时隶属运输省，负责海上治安、维护海洋权益、护渔和确保船只航行安全；战时却划归防卫厅直接指挥。因此，日本的海上保安厅也是日本防卫体制和海上兵力的一部分。

日海上保安厅成立时，接收了海军的残存船艇和海关舟艇，到1954年有各型艇船202艘，有6架直升机服役。至1974年已建造各型船艇205艘，其中包括可下潜

600米的"深海"号潜水调查船。1977年日本设定12海里领海和200海里经济水域,海上保安厅负责的范围扩大至原领海面积的4倍,若包括经济水域,则扩大了约50倍。为适应这一变化,海上保安厅开始建造现代化大型船只。至1994年,增添了各型艇船120余艘,其中6500吨级的大型巡视船"敷岛"号作为"钚"运输护卫船曾经引起了世人的注意。

目前,日本海上保安厅拥有船艇500余艘,约15万吨,各型飞机70余架,其巡视船部署在11个管区,飞机配备在18个机场。

71. 日本海上自卫队的发展目标是什么?

日本的国防预算在2000年就达到了180亿美元。那么,他们的海上自卫队21世纪的目标是什么?

(1) 建造航空母舰。20世纪80年代日防卫厅曾强烈要求国会批准建造2艘~3艘轻型航母,但未获通过。随着日本21世纪在国际事务中发言权将会增大,建造航母的计划将提上日程。

(2) 发展大型运输舰。从1996年开始,日本防卫厅就着手建造4艘8900吨级的大型运输舰,"大隅"号就是其中之一。该级运输舰可一次运送1个步兵团、150吨作战物资和10辆90式坦克,并且有较强的C^3I能力,可作指挥舰用。21世纪初,日本至少保持10艘这样的舰船。发展该级舰的另一个目的是用来替代或改装成航母。

(3) 增加"八·八"舰队的数量。由目前的4个"八·八"舰队增至6个。

(4) 大力发展潜艇。在潜艇质量不断提高的同时，数量还将有新的发展。

72. 日本为什么要实施"新反恐特别措施法"?

2008年1月11日下午,日本联合执政的自民党和公明党强行通过了上午被参议院否决的"新反恐特别措施法"。新的反恐特别措施法中日本的任务尽管只是担负供油供水等后勤保障活动,但为日本重返印度洋显示其军事大国地位提供了条件。从行动中可以看出,1月11日参议院通过了新的反恐特别措施法;1月24日,日本海上自卫队的"雨村"号护卫舰就从横须贺启航前往印度洋,而前往送行的除防卫大臣石破茂外,还有内阁官房长官町村信孝、前首相安倍晋三和前防卫大臣小池百合子。

早在20世纪80年代,日本海军装备就不断得到改善和提高。如"八·八"舰队的组成;"金刚"级驱逐舰和"大隅"级两栖运输舰的建成,使日本的海军实力不断增强。2003年有关专家曾以日本海军兵力与俄太平洋舰队实力相比较,认为总体实力不相上下。2007年,日本提出要购买美国100架F-22A战斗机;2009年3月18日,日本自己建造的可搭载14架直升机的准航母(有媒体称驱逐舰)也已入役。日本海军实力早已列入亚洲首位了。事实上,日本企图通过"新反恐特别措施法"是为显示其大国地位,早日走向世界的变相操作。

73. 印度为什么要建造亚洲第一水下舰队?

印度的潜艇部队始建于1967年12月8日。自1968年从苏联购入第一艘"F"级常规潜艇到1975年最后一艘入役,共购入8艘"F"级常规潜艇,构成了它最早的水下作战力量。20世纪80年代,印度又向法国订购4艘209级1500型潜艇,1986年又从苏联购入8艘性能与209级1500型同一水平但价格便宜的"基洛"级潜艇。而印度的潜艇建造计划并没有停留在常规潜艇上,同时也在设计自己的核潜艇。1988年1月,印度从苏联租用了一艘C-1级巡航导弹核潜艇,租期3年。该艇由苏联艇员操纵,印度艇员跟班学习,目的是为印度发展核潜艇奠定基础。2007年1月,印度和俄罗斯又签订一份租用俄罗斯"阿库拉"级核潜艇的协议,租期10年。此外,它还启动了自建核潜艇计划。为了提升潜艇的战力,印度除对其现有"基洛"级进行改装,给每艘潜艇装备6枚"俱乐部-S"反舰导弹,也准备为209型潜艇进行类似改进,还于2005年同法国签署了在印度建造6艘"鳗鱼"级潜艇的合同,并将在2012年服役。总而言之,从印度拥有的潜艇数量及其性能看,印度的潜艇部队已居亚洲前列。

74. 朝鲜海军的现状怎样?

朝鲜海军创建于1946年,当时是一支担负沿岸警备任务的水上保安队。

朝鲜战争结束后,朝鲜根据国家军事战略思想的规划和要求,迅速重整装备,大力扩充了海军力量。目前,朝鲜海军现役兵力约9万人,主要由水面舰艇部队、潜艇部队、海军陆战队和岸防部队组成,拥有各种舰艇600余艘,其中,常规潜艇24艘、微型潜艇50余艘、护卫舰6艘、导弹艇36艘、鱼雷艇173艘、巡逻艇150余艘、扫雷艇26

艘、登陆艇183艘、其他舰只12艘。还有两个海岸导弹团。

75. 什么是韩国"大洋海军"发展战略?

在20世纪90年代初,韩国海军舰艇总吨位已经列到世界第16位,兵力占第18位,是一支沿岸海军。冷战结束不久,韩国提出了"大洋海军"的新战略,即面向21世纪、增加军费投入、注重质量建军,力量结构由"近海防御"向"远洋作战"转变。为此,海军军费由传统的25%(在全军中)增加到30%,并确立了以舰艇部队、海军航空兵、陆战队、特种作战部队为发展重点,以新型驱逐舰、潜艇、高速快艇和高性能飞机等先进武器系统为主的战斗力结构。为尽快实现这一目的,他们从德国一次购进了9艘209型潜艇,到21世纪初完成21艘新型驱逐舰和4艘大型导弹护卫舰的建造任务,购买68艘导弹巡逻艇,引进8架P-3C反潜巡逻机和32架"山猫"反潜直升机。另外,成立一个机动舰队,以解决保卫周边四大航线兵力不足之矛盾。

76. 南非海军为什么被称为"好望角之师"?

南非海军的作战部队主要由三部分组成,即潜艇部队、攻击艇部队和反水雷部队。拥有3艘潜艇、9艘导弹艇和8艘扫雷艇及2艘万吨级的补给舰。还有1艘航道测量船、3艘小型巡逻艇及少量登陆艇。

南非海军在地区中发挥作用较大,它为纳米比亚提供渔业护航,为莫桑比克提供边界勘查,帮助扎伊尔海军修建军事设施和进行海道测量。此外,还向肯尼亚境内的索马里难民和莫桑比克运送救济物资,向远在亚洲的土耳其境内的库尔德难民和孟加拉国提供人道主义援助。从这些行动看出,南非海军有发展成地区海军合作组织的可能。为此,南非海军计划再增加4艘常规潜艇、8艘巡逻舰、12艘小型水面作战舰艇、12艘扫雷舰和2艘补给舰,成为一支相当规模的近海海军。鉴于南非海军兵力及所起的作用,被称为"好望角之师"。

77. 新加坡海军现在的实力如何?

新加坡于1965年8月9日独立,1975年才建立海军。20世纪80年代后,新加坡经济得到飞速发展,开始注意加强军队建设,此时发生的几次局部战争也引起了新加坡对海军的重视。20世纪90年代后,新加坡海军得到较快发展,先后购买或自制了"鱼叉"、"西北风"导弹和导弹护卫舰、潜艇、大型登陆舰及海上巡逻机等装备,自制的"无恐"级巡逻艇性能先进,完全足以与驱护舰相比。在此基础上又组建了潜艇部队、海军航空兵等。目前,新加坡海军总兵力已达4500人,拥有各型舰艇50余艘。该国现正在实施的国防2000军备计划,海军以拥有高、尖、新武器为目标,全面提高战斗力,力争成为一支联合高效、平衡统一和常备不懈的防御力量。近几年新加坡的国防经费不断增加,现已相当于印尼和马来西亚国防经费之和。

78. 泰国皇家海军有什么特色?

近几年,泰国海军不仅人数不断增加,而且现代化装备水平和作战能力也有了明显的提高。

海洋军事

泰国海军目前拥有航空母舰、护卫舰、导弹艇、巡逻艇、水雷战舰艇、两栖作战舰艇及后勤补给舰130多艘，另外还有内河舰艇150余艘。其中护卫舰是海军舰艇的主力，共19艘。20世纪90年代购进的护卫舰，都装备有反舰和防空导弹、反潜武器及1架"海妖"直升机。1998年"差克里·纳吕贝特"号航母入役后，实力进一步增强，总兵力达63000人，位居东盟各国之首。

79. 泰国是怎样圆了航空母舰梦的？

1997年，西班牙为泰国建造的航空母舰"差克里·纳吕贝特"号编入泰国海军，使泰国最终圆了航母梦。

泰国是以全力发展经济为基本国策的东盟国家，为什么对价格高昂的航母却如此垂青呢？原来，1989年一

泰国的航母"911"号

场强台风席卷泰国南部，虽然海军全力抢救，终因舰艇的吨位小，活动距离近，抗风能力差，力不从心，致使大量渔民和沿海灾民死亡或失踪，若当时有舰载机就能减少不少损失。另外，泰国近海是个海盗猖獗之地，为保护过往

船只和海员的生命、财产免遭劫难,舰载机最能解决问题。因此,拥有能搭载几架直升机的大型舰成了泰国海军的当务之急。谁知这一意向一透露,立即就有几家公司向泰国推荐自载有舰载机舰艇的方案和报价。其中西班牙巴赞造船公司的"轻型航母"方案最为诱人。一是造价低,只相当于西方建造一艘护卫舰的价格;二是5年交货,这些条件很中泰国的意,最后花3.6亿美元成交。这样,"差克里·纳吕贝特"号航空母舰于1997年编入泰国海军,不仅为完成海军所担负的任务提供了条件,也圆了自己的航母梦,成为东南亚第一个拥有航母的国家。

80. 越南海军的现状如何?

越南海军建于1955年,直到20世纪70年代才大力发展,现在已成为拥有舰艇部队、海军陆战队、海军航空兵、海军岸防部队及专业勤务部队组成的多兵种部队,总兵力约4万人。

越南海军现有护卫舰、导弹艇、鱼雷艇、巡逻艇及扫雷舰艇、登陆舰艇300多艘,但除护卫舰外都是小型舰艇,而且多属于20世纪六七十年代的产品。越南海军也一直想拥有潜艇,估计不久可能实现。

81. 你了解越南海军的建设计划吗?

目前,越南正在建造30艘～40艘400吨级的军舰,并计划投入38亿美元在越南东北部建造一座占地3000公顷的大型军港,其规模可停靠4万吨级的战舰。这样,不仅可大大缓解越南战舰只能停靠金兰湾基地的困境,而且极大地加强越南海军的基础设施建设,将越南军队战斗保障能力提高到一个新水平。同时,它还准备更换一批远程对海警戒雷达,用以加强对南中国海海域的监控力度。越南在自己建造舰艇之前,已经从俄罗斯购买了4艘"毒蜘蛛"级导弹艇,并利用俄罗斯的技术在国内建造的6艘BP50型导弹艇及KBO2000型导弹护卫舰均已进入现役。早在20世纪50年代,越南就想拥有自己的水下力量。2000年以后,才从朝鲜购买了2艘袖珍潜艇,现在正准备从俄罗斯购买6艘"基洛"级柴电潜艇。越南的海军航空兵从2005年购买了11架苏-27战斗机后,才初具战斗力。目前,正在实施购买苏-30MK、米-28H、卡-31和苏-39等先进战机的计划。总体建设计划是:在2015年建成一支现代化海军。

82. 加拿大海军有什么特色?

加拿大海军部队规模不大,只有1.18万人,奉行"近海防御"战略。它的海上部队由舰艇部队和航空兵部队组成,共有各类舰艇73艘,各型飞机51架。它的主要任务是在两大洋的近海抗击敌潜艇的入侵,保障海上交通线畅通,支援地面部队作战,打击国际恐怖组织、贩毒集团和非法移民活动,保护渔业资源,进行人道主义援助等。近年来,势单力薄的加拿大海军积极参加北约各国海军举行的联合演习,并参与了对南斯拉夫和伊拉克的禁运行动。不难看出,加拿大海军是想借北约盟国的"提携",也逐步从"近海"走向"大洋"。

83. 澳大利亚的海军实力在亚太地区属第几位?

地处南半球的澳大利亚,给人们的印象似乎一直是与世无争的和平国家,但这并不意味着澳大利亚自己忽视军队建设。2007年以前,澳大利亚海军的主力战舰是8艘"安扎克"级导弹护卫舰和5艘"阿德莱德"级护卫舰。它自从于2007年4月从西班牙引进了3艘F-100型防空驱逐舰后,一举成为亚太地区继日本和韩国之后第三个拥有"宙斯盾"舰的国家。澳大利亚装备的6艘"科林斯"级潜艇,被称为是全世界最具杀伤力的常规潜艇,与具有"大洋黑洞"之称的俄罗斯"基洛"级潜艇性能不相上下,装备巡航导弹后更是如虎添翼。此外,它还要建造两艘可搭载16架CH-60直升机的两栖船坞登陆舰。

进入新世纪后,澳大利亚政府颁布了《防务2000:我们未来的国防军》白皮书,白皮书明确指出,澳海军要发展成一支可以独立承担本土及周边海域防卫的海上力量。在澳海军制定的长期发展规划中要求,澳海军应具有快速反应能力、配合盟国部队进行远征的能力和远洋作战能力。纵观其澳海军兵力发展,预计到2012年两艘两栖船坞登陆舰入役后,其海军实力应该稳居亚太地区第三。

84. 你知道印度尼西亚海军的近况吗?

印度尼西亚1945年8月才获得独立,独立后奉行不结盟政策。军事上强调抗登陆作战,以岛屿为基地,御敌于国门之外,因此建军重点以陆军为主。直到1984年,海军兵力只占全军人数的约12%,只有2个海军基地和69艘美、英、苏、日及南斯拉夫淘汰的旧舰,这无论如何也是难以对"千岛"及漫长的海岸线进行防御的。1985年后,印尼逐渐意识到它在海上的战略地位及近海资源的意义,于是加速了海军的建设。至今已新建了9处基地,初步形成了环岛基地网,新购置了52艘基本都具有反潜、防空、反舰能力的舰艇。自1989以来,它陆续向国外13家船厂公开招标了建造23艘FG90型护卫舰的计划,并于1995年开始实施。此外,还计划从法、德等国购买16艘反潜巡逻艇、9艘近海扫雷艇、12艘坦克登陆舰、2艘补给舰和3艘209型潜艇,目前印尼海军兵力已达5万多人。

85. 以色列海军有什么特点?

多年来,以色列多数人认为"任何战争将在陆地决定胜负",所以,该国海军兵力不及空军的三分之一,不到陆军的十分之一。

直到1967年10月21日,当停泊在塞得港内的埃及导弹艇用4发导弹击沉了在西奈半岛沿岸巡逻的以色列"埃拉特"号驱逐舰时,以色列这才察觉海洋不是次要战场。自此以后,以色列开始注重海军的发展。它首先用从法国进口的炮艇改装为导弹艇,也就是在炮艇两舷各加一个导弹发射筒,定名"萨尔-I",在此基础上又改装成装有两座三联装导弹发射筒的"萨尔-II"型艇和再加一座76毫米炮的"萨尔-III"型艇。首先使导弹艇成军,然后就开始自建,陆续造了装有8枚导弹和10枚导弹、排水量1400吨的"萨尔-IV"和"萨尔-V"艇型,这实际上就是一种导弹护卫舰了。

另外,以色列面对周边国家咄咄逼人的潜艇,不但引进先进的德制206型潜艇,还自己研制了600吨和更小的潜艇。

86. 世界上有多少国家和地区建有海军?

随着科技、经济的发展,人们对海洋依赖程度都加重了,各沿海国为维护自己的权益,都在建设和加强自己的海军。目前,世界上建设有海军的国家和地区共有132个,但除了经济发达的几个国家外,大多数国家的海军力量都较弱。属于世界海军强国的有美国、俄罗斯、英国、法国,日本尽管没有航空母舰,但它的海军实力属一流水平。而有航空母舰的印度、泰国、西班牙等国的海军,总体实力并不强,也够不上一流水平。尽管俄罗斯由于种种原因,海军的规模总体水平下降很大,但瘦死的骆驼比马大,实力还是很强的。

87. 你知道世界上现有多少核潜艇?

说起核潜艇自然是拥有核武器的核大国才有。目前,在地球幽深广阔的海底,共潜航着近200艘核潜艇。其中,美国74艘、俄罗斯64艘、英国17艘、法国10艘。美国在74艘各类核潜艇中,有弹道导弹核潜艇18艘(为清一色的"俄亥俄"级)、攻击型核潜艇56艘。俄罗斯在役的弹道导弹核潜艇有37艘,其中"台风"级4艘(另有2艘储备)、D级20艘、飞航式弹道导弹核潜艇11艘(在建1艘)、攻击型核潜艇在役27艘。目前,中国也拥有自己设计、建造的弹道导弹核潜艇和攻击型核潜艇。

88. 金融风暴对亚太潜艇"热"有影响吗?

1988年以来,亚太地区购买或研制潜艇的增长率比任何一个地区都快,且瞄准了先进型号。如德国的209型、澳大利亚的"科林斯"级、瑞典的"A-19"型等,都成为亚太各国争购的热门货。但从1997年7月泰铢贬值起,泰国发生了二战以来最严重的金融危机,并迅速波及东盟各国和亚太地区,这自然要影响他们的防务开支。最早是泰国和印尼购买潜艇的计划搁浅。韩国尽管得到了世界银行550亿美元的贷款,但建造12艘潜艇的计划也宣布推迟。马来西亚海军在1995年才获得同意购买潜艇,瑞典、法国生产厂商都来争这笔生意,还未谈妥就受金融风暴影响而终止了。越南早就对潜艇有兴趣,但一直没有行动,在这次"风暴"中就更不敢作为了。唯有日本,虽也受亚洲金融风暴的冲击,但建造潜艇的计划未变,1998年最新型的"亲潮"级下水。

美国"俄亥俄"级核潜艇

亚洲的金融风暴尽管吹冷了亚太地区的潜艇热,但随着亚洲经济形势的好转,潜艇还是会热起来的。

89.美国为什么要建157特遣部队?

美国的157特遣部队是1969年3月16日成立的。美国为什么要成立这支部队?原来在"古巴危机"中,美国情报机构屡屡出错,苏联把大批导弹运到古巴而美国却毫无察觉。为解决这一问题,美专门组建一支高效精干的海上间谍部队,那就是"157特遣部队"。它的任务是:重点监视苏联、中国、朝鲜、越南和古巴等国海上军事动向。为开展这项工作,他们以各种名义,在世界各个商船队招募"代理人",利用他们搜集海运、舰艇动向及海军作战能力的情报。因此,他们曾出巨资雇佣百余名间谍,在直布罗陀海峡、波罗的海等重点海区,布设间谍网点。为搜集中国的情报,"157"曾为台湾训练过情报特务,并提供先进监测仪器和无线电侦察设备。1977年7月20日,"157"改为168特遣部队,专门搜集海军方面的情报,并实行对中国的监视。

90. 埃塞俄比亚为什么解散了海军?

拥有约20艘舰艇的埃塞俄比亚海军,守卫着红海沿岸的边海防。1993年埃塞俄比亚的厄利特尼亚宣布独立,使埃塞俄比亚的1000多千米海岸线全为厄利特尼亚所有,埃塞俄比亚完全成了一个内陆国。既然没有了海岸线,海军就没有存在的必要了,因此,埃塞俄比亚在失去海岸的同时宣布解散海军,拍卖现有舰艇。

这群"没有家的舰艇"暂停靠在吉布提共和国的首都吉布提港内。拍卖的消息一传出,厄利特尼亚第一个提出要购买埃塞俄比亚这17艘舰艇中的部分舰只,但立即引起了周边国家的关注,因为厄利特尼亚与隔海相望的也门存在着哈尼什群岛的归属问题,今后引起争端必将影响该地区安宁。虽然后来厄利特尼亚宣布放弃购买埃塞俄比亚军舰的决定,但几年后还是买了4艘小型舰艇。埃塞俄比亚还送给了吉布提3艘舰艇,作为在此停靠的回报。剩下的10余艘,在风吹雨打无人保养的情况下,已不堪使用,最后作废铁处理了。

91. 美国飞行员史密斯是被谁打下来的？

史密斯是美国20世纪60年代驾驶F-104C战斗机侵入中国领空的飞行员。1965年10月8日，毛泽东主席、周恩来总理和罗瑞卿副总理兼参谋长，接见了击落美国F-104C战斗机的高翔、黄凤生和两次击落美军无人驾驶高空侦察机的舒积成等有功人员。

飞行员高翔和黄凤生

毛泽东主席为什么对打下史密斯如此关注呢？因为这是美国搞"擦边"战术以来被我打掉的第一架飞机。与战机先进的美空军对阵，而F-104C又是当时世界上最先进的战斗机，我们把它打下来了，并且活捉了美国飞行员，这对研究今后与美空军作战的战法很有意义。高翔在战斗中打法骁勇，一直接近到291米才开炮，炮响命中，一直打到相距39米，美机爆炸的碎片把高翔飞机上的一部发动机都砸伤了，而高翔却驾着受伤的飞机安全降落了。

92. 你知道高效的冰岛海军吗？

冰岛国宪法规定，国家不建立军队，但为了维护海岸治安和保护海洋渔业，需要建立一支海岸警备队。因此，冰岛建立了一支只有4艘巡逻艇、1架飞机、1架直升机和130人的海岸警备队。你可不要小瞧这支警备队，它所起的作用还真不小。

冰岛附近海域盛产鳕鱼，鳕鱼肝是制造鱼肝油的重要原料，经济价值很高，成了附近渔业国瞄准的目标。多年来，北大西洋附近各国的渔船一直在冰岛附近海域滥捕乱捞，使冰岛的渔业资源受到极大破坏。为改变这一状况，冰岛国在1975年将自己的捕鱼区扩大到200海里，宣布他国不得进入。但一些海军大国根本不听那一套，依仗势力想来就来。首先是西德，它的渔船好像不知道有"200海里"这回事一样。老牌海军强国英国还派出军舰护航。而冰岛的警备队也不信邪，硬是将船开到德、英渔船近边，赶渔船、割渔具，还将一些渔船抓送到冰岛首都去。开始英国军舰还想抖一抖威风，不想冰岛的巡逻艇更硬，勇敢地去撞英国的军舰。尽管英舰一个齐射即可将冰岛巡逻艇送入海底，但顾及到国防影响，它只好忍气吞声地溜了。

93. 海军陆战队的历史有多长？

目前，世界上约有50个国家拥有海军陆战队，但要数美、俄、英、法、西班牙等国的海军陆战队历史最长，西班牙在1537年就组建了海军陆战队，并立即与海军协同作战；英国是在1664年组织有1200名步兵参加的皇家舰队；俄国在1705年组建了一个有45名军官和1320名士兵的海军步兵团,被派到波罗的海舰队服役。美国是根据1775年在费城举行的第2届北美大陆会议的决定,建立了2个营的海军陆战队。法国组织得稍晚,也称海军步兵师。

海军陆战队出现后,尽管名称不一或对它的使用观点不同,但在历次战争中都发挥了重要作用,如英国皇家海军陆战队几乎参加了英国卷入的所有海上战役和许多陆上战役。美国海军陆战队在第二次世界大战中发展到了顶峰,在太平洋战役中发挥了巨大作用。

94. "海豚"号为什么会惊动四邻?

1999年,以色列从德国引进了一艘潜艇,命名为"海豚"号,立即引起了周边国家的极大关注。这个"海豚"为什么有如此能量呢?

这主要是由于"海豚"号性能先进,噪音很小,自动化程度高,编制人数不及同吨位潜艇的一半,只有35人,周边国家的反潜兵力很难对付它。但使周边国家担心的不只是先进的潜艇性能,而是它的核攻击的能力。"海豚"号的另一个特点是可以输送"蛙人"进行特种作战,这种可用于特种作战的特种"工具",也给人们心理上造成一种不安的影响。由于"海豚"号的引入,已使中东地区的形势升温,必将引起一波购买潜艇或增加反潜兵力的热潮。

95. 谁是"伊比利亚半岛的硬汉"?

伊比利亚半岛位于欧洲的西南部,西班牙占有半岛五分之四的面积。在西班牙军队中有一支组建时间早、屡建战功的部队——海军陆战队,被周边国家称为伊比利亚半岛的硬汉。

西班牙早在1537年就成立了海军陆战队,并立即与海军"无敌舰队"并肩作战,也护送过由新大陆掠夺的黄金回国。他们19世纪还曾在古巴、菲律宾等地与美国人作战,可谓战果辉煌。西班牙加入北约后,其海军陆战队又进入了一个新时期,装备和训练都朝向现代化迈进。

96. 你了解日本的海上自卫队地方舰队吗?

日本海上自卫队的作战部队,是由联合舰队和地方舰队组成。联合舰队是一线机动作战部队,而地方舰队则是区域性防御部队。

战后,日本为加强海上警备,将近岸海域划分为横须贺、吴、佐世保、舞鹤和大凑5个警备区,这5个区各设一个地方舰队,以地名为舰队名,按任务辖区分工,各司其职。

横须贺地方舰队,主要担负东京湾、相模滩至伊豆群岛海域及日本以东近海的警戒任务,编有4艘"筑后"级护卫舰。另外还肩负为全海上自卫队服务的任务,如舰船修理和弹药、食品、油、水的补给等。

吴地方舰队,主要任务是保卫丰后、纪伊两个水道,另外还担负为联合舰队、陆上自卫队、航空自卫队提供后勤支援,编有4艘"筑后"级护卫舰。

佐世保地方舰队,司令部设在佐世保,主要任务是担负对马海峡及冲绳海域的巡逻、警戒任务。编有"筑后"

级、"阿武隈"级护卫舰各3艘。

舞鹤地方舰队,主要任务是担负日本海当面及本州西北沿海防御。编有"高月"级和"阿武隈"级护卫舰各3艘。

大凑地方舰队,是日本最北的海上自卫队基地,主要担负本州北部、北海道周边海域,尤其是津轻、宗谷两个海峡的巡逻、警戒任务。编有3艘"山云"级驱逐舰、1艘"石狩"级和2艘"夕张"级护卫舰、1个导弹艇大队和1个航空队。为什么大凑地方舰队的兵力比其他4个地方舰队大得多呢?当然跟对面的邻居——俄罗斯有关系啦。

97. 为什么说美国海军在走回头路?

冷战时期,也就是1990年以前,美国海军极力向海上扩张,把目标定在控制深海大洋上,而现今又提出一条由海洋至陆地、从深海至浅海的回头路,这是为什么呢?

原来在冷战时期,美国海军的战略重点是全力遏制苏联海军的海上扩张。苏联解体后,美国就没有了在深海大洋进行军事对抗的对手了。因此,美海军在1992年提出了"由海向陆"的新的海军战略。也就是说,这时要对付的是第三世界国家的海军了。但第三世界国家的海军力量相对较弱,他们的海军大多数是近海型的,为此,美国海军在兵力结构、规模和武器装备的发展上,都作了相应的调整,就有了"由海向陆"的提法。这是否说明美国放松了对全球控制的努力呢?千万不要这样看,美国一点也没放松,它们在核武器及新型潜艇的研制、航空母舰的更新、配套等武器发展目标等方面,仍要保持控制海洋和打赢海上大战的能力。

98. 埃及海军有什么样的等级制度?

在埃及海军中等级分明,官兵之间有着严格的界限。在平时,许多事都是官兵分开进行的,如体育和娱乐等许多活动。他们的官兵就餐不能在同一餐厅,乘车不能是同一辆车,住房不能在同一楼层。在很多场合,为显示军官和士兵不一样,还专门设有许多规定。如平时队列行进,士兵必须整队,军官则不必;士兵列队在前行进,军官则可以在后面三五成群地边走边聊。不论在什么场合,士兵对军官必须绝对服从,尤其在训练中,军官具有绝对的权威。这种等级森严的制度已沿袭了多年。其实,士兵们也愿意自己在一起,这时,他们个个十分活跃,一旦有军官到来,士兵就显得十分拘谨了。

各国有各国的国情和风俗习惯,这是不同的。但有一点是共同的,那就是保卫祖国。

99. 马来西亚海军为何多"胡子兵"?

1993年8月,马来西亚皇家海军多用途支援舰"玛哈旺萨"号和巡逻舰"穆西塔里"号到我国访问。经接触才发现,来访的海军官兵中"胡子兵"不在少数。这不是说的"青年胡",而确实是"老胡子"。有一位值班的军士说,他已经42岁了。那么他为什么这大年纪了还在军舰上服役呢?原来马来西亚士兵的服役期是无限制的,只要根据军队需要与本人的愿意,双方签个合同就行了,当然,要继续签合同,得符合军队需要这一条,身体和技术条件都要具备,合同上也是有时限的,合同到期还可续签。而为什么许多水兵乐意一直"签"下去呢？那是因为在舰上服役的士兵每个月可拿到400美元，这比马来西亚国民年平均收入2000美元要高出一倍多，谁不乐意在此"拿高薪"？另外，马来西亚海军舰艇出访多，官兵可以"免费"周游列国，这也是一个非常有吸引力的条件。

100. "赫姆维恩"是什么？

丹麦海军有一支群众性但又是战时编制的组织，是丹麦武装力量的一部分，由志愿者和妇女海上团组成，这个组织的代号叫"赫姆维恩"。"赫姆维恩"部署在丹麦奥胡斯、科尔塞和哥本哈根三个地区，司令部设在各自所在的城市。

"赫姆维恩"所担负的任务是监视领海，守卫港口、造船厂及其他海军海岸设施，设置各种障碍，执行巡逻勤务。此外，他们还在炮台站岗和在观察哨担负观察任务呢。

"赫姆维恩"编有30个艇队，每个艇队分别守卫它们防御的沿岸和领海。平时，"赫姆维恩"装备约40艘护卫艇，在紧急时还可动员私人和公司的快艇、渔船参与或参战。妇女海上团编有8个连，战时将抽调一半人员到设在波罗的海的丹麦海军司令部和北约海军联合部队执行勤务，其余人员在"赫姆维恩"艇队担负作战任务。

101. 比利时海军的情况如何？

比利时是北约最早的成员国之一，但其海军实力却十分弱，而且发展缓慢，这是长年得不到财政资助造成的。1993年，比利时海军又有5艘战斗舰艇退出了现役。

近期,随着国际形势的变化,海军在地区冲突中的作用明显增大,比利时政府对海军的重视程度也有所增加,海军也在对自己的整体战略重新定位。为了让北约组织相信比利时海军的能力,除了对现役舰艇装备进行现代化改装外,还计划采购4艘新型护卫舰和8艘～10艘反水雷舰船。

现在比利时海军有2570人,有3艘护卫舰、7艘猎雷艇、2艘扫雷舰、2艘指挥与支援舰、8架直升机。从兵力上看确实很弱,即使是2010年前能按计划购进12艘～14艘军舰,在北约海军中也算不上强手。

102. 20世纪还有驶帆的军舰吗?

1972年4月,一艘张满风帆的大船驶进了上海港。

智利海军风帆训练舰

这艘只能在电影或连环画中见到的船仿佛将人们带进了18、19世纪。只见船上水手在一片口令声中爬桅、收索、转舵、带缆,忙而不乱,令上海人大开眼界。这不是拍电影,也不是世界级帆船比赛,它是一艘海军舰艇,智利海军的"埃斯梅拉达"号风帆训练舰到上海进行训练访问。

有人可能会问,在进入核动力时代的今天,还用得着驶帆吗?这恰恰就是理由。驶帆能够培养海军人员协调一致、勇敢顽强的作风和坚强的体魄,这在任何时候都是需要的。因此,不少砍掉这一训练内容的学校近年又逐渐恢复。

智利海军风帆训练舰所担负的训练内容是航海实习,使用风帆可节约开支,因此是一举数得的高招。当然也考虑到无风天或处于无风带时的行动,舰上有柴油机可带动螺旋桨航行。

103. 航空母舰为什么要编队行动?

航空母舰的主要任务是将飞机运载到作战地区完成作战任务,这种任务多属战役性的,因此航母也就成了敌人攻击的对象和己方重点掩护的目标。这是为什么呢?这主要是因为航母庞大的舰体,极易遭到多种兵力的攻击。为此,航母的行动多以编队方式组成航母战斗群,以保证航母的安全。那么,航母是怎样编队的呢?航母编队是以航母为中心,由1艘~2艘巡洋舰、3艘~4艘驱逐舰和3艘~4艘护卫舰等水面舰艇在航母周围组成环形警戒,以电子与非电子战手段相结合、电子与火力抗击相结合,组成区域性纵深综合防御体系,并形成多道防线。

第一道防线:就是电子侦察区域网。以航母舰载预警机和侦察卫星组成,可在600千米~1000千米发现来袭的低空导弹和高空轰炸机。同时也在这个距离上派出反潜潜艇担任反潜警戒。

第二道防线：是电子战飞机和战斗机构成的干扰和拦截屏障。

第三道防线：是"宙斯盾"舰队防御系统。主要是拦截突破了前两道防线的飞机和导弹。

第四道防线：舰载C^3I系统控制下的点防御，用自卫干扰器材和近程导弹及"密集阵"火炮拦截穿过第三道防线的空中来袭目标。

104. 航空母舰上为什么要有预警飞机？

航空母舰通常配有1个～2个侦察机中队，它可以完成对海情、敌情的侦察任务，但无法完成现代作战条件下的侦察任务，如敌在侦察机观察范围外的军舰、飞机及它们发射的导弹，特别是掠海飞行的导弹。因此，预警飞机是航母载机中必不可少的。

瑞典研制的"梅特罗"型预警机

一架E-2C"鹰眼"预警机，可在半径数百海里、高度3万米以下的广阔空域同时发现、识别、跟踪监视250个以上速度不同的各类目标,在及时向航母提供信息的同时,还可控制30架作战飞机进行空战。它在航母前方370千米空中警戒时,通过数据链等通信设备,可为航母战斗群及时提供距航母1111千米处来袭的高空轰炸机、833千米处的低空轰炸机、788千米处的低空战斗机、639千米处的低空巡航导弹等目标的坐标、批次及航向、速度,这一点是任何其他类型的飞机无法相比的。马岛战争中,英海军舰队就是因为没有预警机,无法发现低空飞行的飞机和导弹,导致多艘舰艇被击沉。当然,预警机的电子侦察设备和机载雷达是能够抗击敌电子干扰并在复杂的电磁环境中工作的,否则也无法完成预警任务。

  E-2C预警机不带副油箱时的续航时间为4.2小时,为保证作战时至少有一架在空中警戒,因此每艘航母至少要搭载一个中队(4架~5架)的预警机。

105. 为什么说核潜艇与核威慑密切相关?

  一提核威慑,同学们一定会联想到那些射程远、准确性高、威力大的弹道导弹,这并不错。但这些导弹并非自天而降,而是由各自的发射平台发射的,也就是通常所说的以陆地为基地的陆上平台、以战略轰炸机携带发射的空中平台和以潜艇为平台的潜基。

  由于陆基(包括发射井和导弹发射车)易被侦察卫星发现,在战时或战前易遭摧毁。空基的飞机也易被发现、被跟踪监视,既失去了突然性,也易被击落。唯独以潜艇为平台的潜基核力量,由于受不易透视的海水的屏蔽,因此要摧毁这个平台是不容易的。核潜艇既不易被发现,又是在水下发射导弹,因此可做到突发性,战果就可想而知了。

当前对这三种平台的生存能力的估算是,潜基为90%,空基为30%～40%,而陆基只有5%～10%。为此,美国将70%的核弹头装备在核潜艇上了,俄罗斯也达到58%左右。看来核威慑是与核潜艇连在一起的。

106. 德国统一后海军的状况如何?

1990年10月3日,东、西两德合二为一,两德的军队也进行了合并。原东德海军共有1.6万人,有19艘护卫舰、5艘小型护卫舰、13艘导弹艇、20艘鱼雷艇、42艘布雷艇、12艘两栖登陆舰艇、15艘辅助勤务船只,有作战飞机25架、武装直升机12架。这些都交给西德海军进行分散组合。

按照新的德国领导人的计划,德海军的发展,在以后的10年中分两步进行,将总数180艘以上的舰艇减半,形成12艘～18艘潜艇、15艘～16艘护航舰、26艘扫雷舰、20艘～26艘导弹艇、10艘补给船和120架飞机的新的舰机作战体系。德海军将向更现代化的方向发展,以新型舰机更换旧舰机,换装新装备,使数量减少而战斗力提高。

107. 买一艘航空母舰要花多少钱?

西方国家建造水面舰艇,是按分配的设计重量进行的,如舰艇的船体、上层结构,占舰艇重量的40%～45%;主要动力设备占20%～25%;武器占6%～14%;辅助机械设备占15%～30%。然后再按各部分预算造价,造价最贵的实际要算武器和声呐系统,它们要占全部造价的50%～65%。以上是讲的一般舰艇,而采购航母,除航母本身的采购费外,还要考虑舰载机的采购费、护卫舰艇的采购费,因为航母的行动需多艘水面舰艇护卫。

单就航母的采购费,1艘2万吨级的常规动力航母约需4亿美元,1艘9万吨级的"尼米兹"级核动力航母约需26亿美元,再加上全部飞机,则可达到50亿美元。航母行动时要有护卫舰艇,1艘航母通常要有7艘～10艘

美国"福特"级航母

护卫舰艇和辅助船。以上仅仅是采购1艘航母和航母行动所需兵力的费用,如果算上维修保养,还要修建适合其修理的船厂和船坞。假若再考虑它在30年服役期中再更新一次作战能力,这样1艘中型航母战斗群的全部寿命期的费用大约需要120亿美元,而"尼米兹"核动力战斗群则高达380亿美元。

108. 航空母舰上有哪十大部门?

一艘航空母舰,就如同一艘舰艇加上航空兵和机场

的融合体。为适应和完成所担负繁重复杂的作战任务,在航母上设有十大部门来管理日常的行政工作和实施作战指挥。那么,这10个部门和它们各自的任务是什么呢?它们分别是:①作战部门。负责制订作战计划、组织战备训练、完成指定的情报搜集、对空中飞机实施作战控制、进行通信和实施电子战等。②航空部门。负责保障飞机的起降、吊放、加油、装弹和飞行安全在内的空勤任务。③飞机中级维修部门。负责飞机的维修保养。④航海部门。负责航海安全及航海仪器管理。⑤武器部门。负责舰上武器的操作、维护和修理,保管爆炸物品、导弹和核武器。⑥轮机部门。负责所有主、副机的运行、维修。⑦安全部门。负责实施和协调航母和舰载机联队的安全计划。⑧医务部门。医治伤员,指导战场急救。⑨牙医部门。负责牙科治疗、口腔卫生指导。⑩供应部门。负责购买、发放物品,向舰员供应个人消费品。

109. 航空母舰上最大的部门是哪一个?

在航空母舰上,为便于日常管理和作战指挥,在舰首长之下设有10个主要部门,在这些部门中,以作战、航空和飞机维修这3个部门最重要,而以航空部门最大。

航空部门的人数占全舰总人数的五分之一还强,主官是航空部门长,士兵常常戏称他为"航空老板"。"航空老板"在舰长的领导下,要指挥本部门保障飞机的起降、吊放、加油、装弹和飞行安全在内的空勤任务。航空部门长的主要助手就是号称"小老板"的航空部门长助理了。航空部门下设行政管理与塔台分队、飞机起吊分队、甲板飞机牵引分队、起降装备操纵分队和加油与装弹分队。这些分队由飞行甲板官、飞机弹射官、拦阻官、机库甲板官、航空燃油官、装弹官、飞机起吊官以及行政助理、训练助理等领导。

由于航空部门担负着繁杂的工作任务,而且所辖人员达1000多人,部门长的担子是很重的。

110. 舰载机联队是干什么的?

在美国航母上,每艘航母载有一个舰载机联队,如"小鹰"号上载的是第十五舰载机联队。该联队下辖9个飞机中队,装备有各型飞机82架。它们的任务分工是:战斗机实施全天候空中作战,控制制空权;战斗/攻击机负责全天候空中作战和对敌攻击;攻击机使用常规和核武器攻击敌海上和陆岸目标;电子战飞机实施电子侦察、

航母上的载机

对抗和电磁攻击;预警机为航母战斗编队提供全天候雷达预警和侦察勤务;反潜机负责实施全天候反潜作战,以

确保航母编队安全。

航母上的各种舰载机以中队为作战单位,组成舰载机联队。由于美国海军没有单独的航空兵这个军种,航空兵全部都分布在作战舰艇上。

由此看来,一艘航空母舰不是只载战斗机等进攻作战的飞机,还要有对空、对海(陆)攻击的飞机和为这些飞机作战进行保障的飞机。另外,对航母本身的防御保护也很重要,除了护卫舰艇外,反潜飞机是必须带的。不论是大、中型还是轻型航母,都不例外,只是轻型航母载的飞机少些而已。如大型航母载6架反潜机,轻型航母只载2架。

111. 英国是怎样选拔潜艇军官的?

潜艇的结构复杂,加上它所处的状态,因此,对潜艇的指挥人员的素质要求很高。各国在培养潜艇军官方面都很严格,而英国则更突出。

英国人认为水面舰艇最能锻炼海军人员,因此潜艇指挥官的选才是从水面舰艇开始的。预选的人员必须在水面舰艇工作8个~9个月,然后到朴次茅斯海军基地去回答各专业业务长答辩式的考试。通过者,进训练班学习4个月,经考试合格者才能进入离潜艇最近的一道门——潜艇学校"海豚"班学习,结业后就可以高高兴兴地到潜艇任职了。但这仅仅是刚"入门",必须积极工作和认真学习,一年半后有可能被选中,再到潜艇中级训练班进修,这是通往艇长宝座之路。进修4个~5个月后,再上艇工作,当考察认为你在各方面优秀时,再送高级班进修,时间也是5个月。结业后再任职2年,才有可能进入距艇长职务只有一步之遥的"潜艇指挥班"学习。因为从开始的选拔、考试和在任职时出现一次失败就将被淘汰出局,因此进入"潜艇指挥班"的人已是凤毛麟角了,但他们非常珍惜这一机会。当他们走上艇长岗位时,就是核潜艇的后备艇长了,此时也不过26岁～30岁。这样的筛选虽难为了这些青年,但确实保证了潜艇指挥人员在各方面都有优良的素质。

112. "不列颠奇旅"指的是英国哪支部队?

大不列颠英国在300多年前就组建了海军陆战队,在漫长的历史岁月里,这支部队为英国的利益作出了重大贡献,特别在第二次世界大战中,曾深入德国法西斯战

英军陆战队员

区袭击敌军指挥机关、捕杀高级将领和纳粹分子、破坏敌后方补给系统及军用设施,屡建奇功。这支部队以装备

精良、训练有素、队员精干强悍著称,加上传奇性的业绩,因此,英国的原海军陆战队被人们称为"不列颠的奇旅"。

113. 哪个国家是航空母舰的开拓者?

论航空母舰的历史,可追溯到20世纪初,尽管从现在航母的实力看,美国算老大,但在航母的发展历程中,英国却是航母发展的开路先锋。

1912年5月9日,英国海军格利戈里上尉驾着"肖特"飞机从航行着的战列舰上起飞,成为具有现实意义的舰载飞机起飞的第一次。1917年,又是英国海军在巡洋舰上试验接受飞机着舰,并在以后改进了着舰及降落中出现的缺点,才有今天的全通式飞行甲板和"岛"型上层建筑。1918年,英"暴怒"号航母投入实战,第一次向人们演示了航空母舰的作战战法。现在,虽然美国和法国航母上的起飞弹射技术很先进,但这一技术最早也是从英国引进的。舰载机不论何时在航母上起降都很安全,这也有赖于1924年英国发明的助降器和液压拦阻索才得以实现的。

由此看来,英国在航空母舰发展的历程中功不可没,应该是当之无愧的航空母舰的开路者。

114. 航空母舰上为什么要有直升机?

在现代航空母舰上,除载有担负各种任务的飞机外,还要载有1个~2个中队的直升机,这是为什么?这要从载机担负的任务来回答。航母所载飞机分别担负对地(舰)攻击、对空作战、侦察、预警和远程反潜等任务。现代潜艇对航母的威胁最大,而航母所载的各式飞机除反潜巡逻机可担负远程反潜任务外,其余飞机都没有这种能力。特别是当潜艇突入航母编队内部或接近到它的武器射程时,对航母的威胁可想而知,而直升机的近程反潜能力,是其他飞机无法替代的。直升机可在中、低空巡逻,搜索大面积海域,可在低空投放声呐浮标或

舰载直升机

在超低空利用悬停的方式,用吊放式声呐搜索潜艇,发现潜艇后可直接攻击,也可召唤其他兵力前来攻击。因为目前大部分潜艇还没有对空武器,对直升机是毫无办法。因此,直升机成为当代舰艇必备的武器,但航母因有对地攻击和防空任务,也不便多载直升机,为了有效地组成反潜警戒,航母编队中的其他水面舰艇,也各载有1架~2架直升机,这样可组成对航母较严密的反潜警戒。

115. 前苏联海军为什么要装备"雅克-38"战斗机?

"雅克-38"是一种舰载垂直起降战斗机,装有3部发动机,一台是主推进发动机,两台是升力发动机。最大时速0.95马赫。

"雅克-38"是专门为在前苏联海军"基辅"级航空母舰上使用而设计的,为适应"基辅"级的升降机,将机翼设计为可折叠式,为能在印度洋、太平洋和地中海全年使用,该机是以国际标准大气压加15度的大气条件为标准设计的。采用升力发动机和转喷口发动机相结合的方案

布局,并采用与之配套的自动控制系统,保证起飞时升力发动机的工作状态及推力转向喷口的旋转角度处于最佳状态,具备了短距起飞的能力。

从飞机的上述性能看,这主要是为"基辅"级航母而设计、装备的。因为"基辅"级航母不具备现代飞机在甲板上起飞的条件,因此,专门研制了"雅克-38"这种短距垂直起降飞机。

116. 苏比克基地的美国海军到哪里去了?

苏比克是美海军在菲律宾的一个重要基地,由于地形隐蔽、港湾条件好,特别是地理位置重要,它不仅是美太平洋舰队的前进基地,也是控制太平洋与印度洋枢纽的堡垒,但菲律宾为维护其独立形象,苏比克的租期一到,就通知美国请美军"走人"!

苏比克基地关闭后,美海军撤到哪儿去了?原来美军也早有打算,事前即与新加坡签约,其第七舰队后勤司令部移驻新加坡,并有限地使用新加坡海空军军事设施,用这种非美军基地的形式,美军的舰艇、飞机照样可在新加坡驻泊,所以在新加坡看到呼啸而过的美军飞机和飘扬着星条旗的美军军舰,就见怪不怪了。

新加坡位于太平洋和印度洋的咽喉——马六甲海峡东口,这里比苏比克更有利于控制这一战略通道。为此,美国在继续维持它在亚洲的军事活动的同时,也加强了与新加坡的军事交流,双方联合进行的军事演习也逐年增多。

117. 俄罗斯海军在 20 世纪末又出现了什么新兵种？

各国的海军基本上是由水面舰艇部队、潜艇部队、航空兵、陆战队和岸防兵等兵种所组成,而俄罗斯海军在 1994 年又新添了一个新兵种——海岸兵,它是由海岸火箭兵、炮兵和海岸防御兵及海军陆战队组成。海岸兵的司令是斯库拉多夫中将。

俄罗斯海岸兵的任务是:在濒海地区与敌水面舰艇和登陆兵作斗争、防守海岸基地和其他濒海地域的设施、实施登陆作战和空降作战。这支部队有较强的机动力量,可迅速增强某一海洋战区的作战力量。

从俄罗斯海岸兵的编成看,既有岸防兵也有陆战队,因此它的任务也是二者皆有。这一新兵种的出现是否代表了俄罗斯新军事学说中的有关观点,未经实战的检验之前,我们只能拭目以待了。

118. 为什么称乌克兰海军为"黑海新军"？

乌克兰海军是在苏联解体后,于 1992 年重新组建的。由于乌克兰地处黑海和亚速海,故有"黑海新军"之称。所谓"新",当然还有发展迅速方面的原因。

乌克兰独立后,大力推进海军建设,在短短几年时间,即拥有了一支 100 多艘舰艇和 8 万多人的海军。

乌克兰在 1994 年从苏联解体中分到了 164 艘舰船,近几年还购买了导弹驱逐舰、导弹护卫舰、指挥舰等大批舰船,使海军实力大增。同时,它加强了对外交往和举行军事演习。1996 年,美国"雷德福"导弹驱逐舰访问敖德萨,11 月乌克兰海军副参谋长率导弹护卫舰访问格鲁吉亚,1996年除在黑海举行了代号为"96-海洋"的大型演习外,还派舰参加了在保加利亚进行的"风暴-96"演习和北约在罗马尼亚举行的"世界伙伴合作-96"等演习。从当前情况看,乌克兰海军实力的发展可能要超过俄罗斯原黑海舰队规模,所以是一支不可忽视的黑海新军。

119. 什么是第二海军?

第二海军指的是民船。民船,是指国家武装力量编制以外的各种船只,包括国家、集体、个人拥有的各种运输船舶、专用船舶和渔船。沿海国家都有一支远远超过军用船舶数量的庞大民船队伍,这支队伍不仅在促进经济建设中具有重要作用,对支援战争也至关重要。因为每个国家平时不可能也无力保持一支庞大的军队,而在战时征用民船则是解决平时养兵少战时用兵多这一矛盾的最好办法。前苏联就很重视商船、渔船的发展,把民船队看作"也是一种战略威慑力量"。在战争中也确实证明了这一观点。在海湾战争中,美国一次就征用了200艘商船,不仅完成了自越南战争以来最大规模的海外兵力部署,而且保障了驻沙特50万美军95%的后勤物资的运输。最突出的是马岛战争,英国在4月3日宣布派兵去马岛,4月5日就有部分民船随舰队出发了。马岛战争中英军后勤保障运输船71艘,有56艘是民船。从以上几例看出,民船对保障海战胜利可以发挥相当重要的作用,因此,民船队有"第二海军"之称。

120. 为什么说"海狼"刚服役就落伍了?

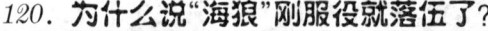

每一种新型军舰的出现,都有它的实用目的,不是用

于保卫近岸海域的安全,就是参加远洋作战,或者是对付某一型号的兵器。美国在20世纪80年代设计建造的

美国的"海狼"级潜艇

"海狼"级核潜艇,目的是为了替代稍显落后的"洛杉矶"级核潜艇,因为它携带的鱼雷不仅比"洛杉矶"级多一倍,而且可用鱼雷发射管发射导弹打击水面舰船和地面目标。它携载战略导弹的数量比"洛杉矶"级多30%,更具核威慑力。它主要是针对苏联"北德文斯克"核潜艇的。但"海狼""出世"时,已是冷战结束快8年的1997年7月19日了,此时已没有必要去对付已被国内政治、经济问题压得喘不过气来的俄罗斯了。特别是"海狼"级核潜艇的建造费用太高,一艘要花20亿~25亿美元,几乎是最适合当前形势的"宙斯盾"驱逐舰造价的两倍。这样一个不合"时令"出世的婴儿,怎么会受宠爱呢?所以,原先建造30艘的计划,只建了3艘就早早"收工"了。

121. 美国为什么要发展探海潜艇?

对海洋的探测主要是由水面舰船担任并基本完成

的。如海洋深度、底质、温度、盐度、密度及分布,潮汐、涌浪、风、流、地貌的测定等。随着探海潜艇的发展,为人类揭开深海之谜创造了有利条件。那么,美海军的探海潜艇是干什么用的呢?原来,美国的"长尾鲨"号核潜艇在1963年失事后,用一般的探海工作船是无法解开沉没之谜的,因此迫使美海军制订了一个集深海探测、救生、回收和打捞等项目的综合计划,那就是探海潜艇。这种潜艇下潜的深度大,探测的距离远,有合适的救捞、救生设备和机械手,当然少不了照明和电视设备。美国造的第一艘探海潜艇"大比目鱼"号,第一次于1968年在夏威夷西北750海里处执行探测任务,就探查了苏联沉没的"G-Ⅱ"级导弹核潜艇,拍摄了照片、测量了核辐射等物理特性,非常成功。

当前探海潜艇可以探查沉没的舰船、潜艇、飞机、火箭,甚至核弹头等。

122. 美国的海岸警卫队是干什么的?

美国海岸警卫队创立于1790年8月4日,当时是美国财政部的海上缉私船队,主要任务是对付海上走私和海盗,强制推行新的关税法。1798年美国海军初创时,海上缉私船队曾为其输送一批优秀官兵,并提供了宝贵的海上作战经验,因此,海岸警卫队又有美国海军前身之誉。

美海岸警卫队平时的任务是:在美国近岸海域和属于美国管辖的公海,执行美国法律和条约,负责海上导航、抢险救生、缉毒、环境保护、航道管理、港口安全等。

战时隶属于海军,负责向海军提供所需的各种服务,担负沿海巡逻、护航,保证港口与航道安全,搜索救援等。

在历史上,海岸警卫队曾参与了美国所有的对外战争。目前,美海岸警卫队现役部队约有 4 万人,辅助部队约 3 万人,后备役部队约 1 万人,文职人员约 5000 人,有各种舰船约 60 艘。

123. 瑞典有个隐身舰队吗?

瑞典海军自 20 世纪 70 年代以来一直处于发展势头,它自行研制的产品很多,有不少处于世界先进水平,如装备 AIP 的潜艇、反潜导弹、鱼雷等。

瑞典海军在 20 世纪 90 年代开始建造隐身军舰,第一批建造 4 艘,首舰命名为"维斯拜",于 1999 年 6 月下水。它计划在 2015 年前组建一支拥有 28 艘隐身舰的舰队。

未来隐形舰

瑞典研制的护卫舰为什么能够隐身呢?原来,它的舰体采用碳纤维加强塑料作外壳,"维斯拜"的排水量只有 600 吨,比同性能的钢壳舰轻 40% 左右。它采用不规则向内倾斜的外壳、低桅杆、小指挥台等,可最大限度地散射或折射对方雷达的电磁波,达到隐身的目的。

124. 俄罗斯航天保障舰队的秘密是怎样揭开的?

前苏联是世界上最早发射人造卫星的国家,为人类航天技术创造了不朽的业绩。当时,为观察测量航天物体的有关数据,苏联抽调了2艘内燃机船,在船舱内安装上了测量设备。为保密起见,他们将船改成货船,船舱用木板封了起来,专家们也扮成了船员。1961年2月12日首次执行任务成功,两个月后,又监督了"东方"号宇宙飞船的行踪(加加林就是乘坐"东方"号返回地球的)。

1965年8月2日,这个船队中的"伊利切夫斯克"号测量船在进入意大利那不勒斯港补充淡水和食品时,海港当局要检查船只,船长当然不敢同意,引起了意方的怀疑,并要扣留该船。无奈的船长立即溜上了岸,跑到俄驻意领事馆,向莫斯科报告了发生的情况。后来苏官方以停止某项工程项目相威胁,意方才将该船放行。1967年又遇到一次更麻烦的事,"里斯特纳"号测量船到加纳一个港口附近停泊修理,又被怀疑是为准备军事政变的极端分子运送武器,多亏上船检查的人是副船长在莫斯科学习的加纳同学,他们用香槟酒才化解了敌对情绪。几次事件过后,"货船"的伪装再也维持不下去了,于1967年6月10日,苏联部长会议决定海运部接管所有船只,科学院将其纳入科学考察船之列,并同时向全世界通报,这支航天保障舰队才由秘密走向公开。

125. 俄罗斯"蛙人"的军事任务是什么?

蛙人、潜水侦察员,虽然称谓不同,但各国海军指的都是海军特种部队。俄海军特种部队组建于1941年,他们曾在敌舰附近和敌水利建筑工程中布雷或到敌后进行过其他军事活动。由于蛙人担负的任务特殊,因此对蛙人的条件要求很高,在部队初期培训中,淘汰率有时达90%。入选者除接受潜水训练外,还要接受工程训练,学习物理和化学等。从军官中选来者,要到全军高等指挥学校特种侦察系进行专门的定向培养。蛙人很少执行战斗任务,基本上没有面对面的武装对抗任务,但他们的工作具有隐蔽性和突发性。如保证英国第一夫人访问圣彼得堡时所乘快艇的安全,在太平洋地区解救在某地被劫持的拖轮等。从近几年的武装冲突的情况看,一些重大任务都是由特种部队首先完成的,他们通过闪电式的具有破坏力的作战行动,能够在避免大量流血的情况下从根本上改变武装冲突的进程。

126. 海军航空兵飞行员要经过哪些培训?

美国海军航空兵飞行员,一般要经过地面训练、初级飞行、基础飞行和最后飞行训练四个阶段。

美国在彭萨科拉航空基地设有海军航空兵军官预备学校,专门对招收来的高校毕业生进行为期14个月的培训,毕业后授少尉军衔,这就是地面训练阶段。

初级飞行训练要学习空气动力学、领航学、驾驶等基础理论,还要完成30个小时的练习器训练,然后驾教练机飞行训练。

基础飞行训练要深入学习空气动力学、气象学、电子学、无线电通讯和导航,之后要学习甲板降落理论和武器使用,完成45小时的练习器训练并完成仪表飞行。该段学习时间为89小时。

最后飞行阶段,飞行员要操练机载武器的使用和复杂条件下的飞行,学习空战战术及攻击地面和海上目标的方法。空战训练不少于18小时,完成6次在航母甲板上起降,经考试合格后方可进行夜间条件下的起飞降落。

一名航母飞行员从头到尾训练时间为75周,总飞行时间为259小时。

127. 美国为什么要建立海军陆战队大学?

美国海军陆战队大学是1989年按照当时陆战队司令格雷上将的指示组建的,它实际是将原属陆战队的8所院校和有关的几个单位合并后组成的。它们是陆战队军事学院、陆战队参谋与指挥学院、陆战队高级指挥学校、两栖作战学校、指挥与控制学校、陆战队军官候补生学校、陆战队参谋军士学校、陆战队研究中心和陆战队条令处等单位。

成立陆战队大学的目的,是在陆战队范围内向官兵提供职业军事教育,提供世界一流的学校以学习战争艺术,使各级指挥官"信心十足,高瞻远瞩"地判断形势。陆战队大学的任务是:为陆战队全体官兵制定、引荐、实施并监督职业军事教育的政策。按照陆战大学校长霍普古德的说法就是,使陆战队员有能力对付意外突发事件的挑战。教育的重点是:一为赢得战争,二为造就优秀的陆战队员。

128. 伊拉克还有海军吗？

伊拉克海军建立于1941年，当时只有2艘巡逻艇，到20世纪80年代初才拟定发展海军，首先是从意大利订购10艘现代化的大型战舰，即4艘导弹驱逐舰和6艘导弹护卫舰，1991年还从其他国家订购2艘导弹护卫舰，后来由于海湾战争而受到联合国制裁，订购这些舰艇的计划也都成了一纸空文。如在意大利订购的军舰，意大利厂方只把伊拉克交了钱的两艘驱逐舰停在意大利港口，其余的全卖给了别的用户。而停在意大利港口的驱逐舰则成了有名无实的伊拉克海军兵力。

在伊拉克入侵科威特之前，它也从其他国家购买过部分中小型舰艇，但现已基本无法使用。如从南斯拉夫购买的教练驱逐舰，现已损坏；从苏联买的导弹快艇也只剩1艘能用的了。另外，伊拉克在波斯湾只有68千米的海岸线，又无深水港口，而阿拉伯河又自20世纪80年代以来一直被水雷和舰艇残骸封锁着，所以有舰艇也无法使用，只有小艇在近岸参加一些巡逻活动。

129. 世界上有"管"航空母舰的条约吗？

这里提到的"管"是限定的意思。真的有限定航母的条约吗？那是在1922年2月6日，美、英、日、法、意在华盛顿签署了《五国关于限制海军军备条约》。条约中限定各签字国万吨以上主力舰和航空母舰的总吨数，确定美、英各保持15艘主力舰，日本9艘，法、意各5艘。因其条约是在华盛顿签的，所以该条约被称为华盛顿条约。

条约中还为航母下了这样的定义：航空母舰是一种标

准排水量在1万至2.7万吨的军舰,以搭载和起降飞机为目的而专门建造的,其火炮口径限制为203毫米,不得超过10门。条约对各国航母总吨位数限制如下:美、英各13.5万吨,日本8.1万吨,法、意各6万吨。航母单舰排水量不超过2.7万吨,但允许在总吨位数内改装两艘3.3万吨级的航母,以便利用裁减主力舰后留下的舰体。

实际上,这签约5国早已达到或超过主力舰吨位数,因此,他们在停建新航母的同时利用主力舰壳改装航母却进入了高潮,到20世纪30年代初,就出现了载机40架~60架的"光荣"号、"暴怒"号、"列克星敦"号、"萨拉托加"号、"赤城"号和"加贺"号七大航母,世界上的航母出现了越"管"却越多的局面。

130. 冷战后潜艇为什么成了宠儿?

苏联解体和柏林墙的倒塌,虽然缓解了世界紧张局势,但却引发了第三世界国家间的军备竞赛。特别是原"华约"国家,没有"大树"好"乘凉"了,他们不得不走"自我武装"的道路。在购买海军武器时,他们深知航空母舰和先进的水面舰艇的威力,但出于经济上的考虑,他们把首选目标多集中在被称为隐形的、带有威慑性的进攻性武器的潜艇上。所以,从20世纪90年代开始,已有20多个国家从俄罗斯、瑞典、德国、法国、澳大利亚和意大利等国先后订购了60多艘潜艇。目前拥有潜艇国家的分布为:亚洲和环太平洋有11个国家、中东有6个国家、南美有8个国家、欧洲有18个国家,总数为43个国家共拥有400多艘潜艇。

海洋军事

海军礼仪风采

131. 什么是海军礼仪？

海军礼仪，就是海军的礼节和仪式。国家军队之间的交往，多数是由海军舰艇承担的，因此有人戏称海军是个"国际军种"。

扬我军威

海军礼仪不仅在庆祝节日、迎送贵宾和高级官员以及其他隆重场合时使用，在日常活动中也十分讲究，如两舰在海上相遇，进出港顺序，甚至单独进出有编队指挥舰的锚地时，都有相应的规定。

海军礼仪是建立在军事礼仪，尤其是建立在海军传统、习惯的基础上的。海军礼仪是军队礼仪的一个重要组成部分，是海军军人思想品质象征、军事素质的体现、精神风貌的反映、作风纪律的标志，同样也是增进团结、传播友谊的重要手段。

132. 中国人民海军的第一支仪仗队是何时组建成立的？

1956年3月初，印度尼西亚海军司令到东海舰队访问，按国际惯例，应有检阅海军仪仗队项目，但难办的是当时海军还没有成立仪仗队，"巧妇"也"难做无米之炊"呀。万般无奈之下，舰队首长决定，从护卫舰第六支队中挑选了80名身材、仪表符合标准的水兵暂作仪仗队员，队长由一位参谋担任，军乐队也是由东海舰队和上海警备区军乐队凑成的。这支临时拼凑的仪仗队经过短时的突击训练，在3月5日这一天却非常圆满地完成了任务。3个月后，苏联访华舰队又到上海访问，这次我方共组织了180人的仪仗队，经过一个多月的训练，高质量地完成了首次接待外国海军舰队来访的任务。虽然这支仪仗队在当时也是业余的，但却是我国海军的第一支。

133. 舰艇在海上如何敬礼？

舰艇在海上和陆地上一样也有礼节，而且相当讲究。

舰艇在海上相遇时，在哨声能听得见的距离内，要互相敬礼，按礼节规定：下级对上级敬礼；向乘有职衔高的首长的舰敬礼；被指挥舰向指挥舰敬礼；同级舰则互相敬礼。那么，军舰如何敬礼呢？两舰海上相向航行时，当两舰的舰首接近到一直（垂）线上时开始敬礼，两舰尾离开时礼毕。当两舰同向行驶，速度快的舰超越速度慢的舰，当舰首与被超越舰尾在一直（垂）线时开始敬礼，舰尾离开被超越舰舰首时礼毕。若被超越舰乘有首长时，应请示可否超越，当得到允许后方可超越。敬礼时，军官行举手礼，战士行注目礼，敬礼时吹口笛一长声，礼毕为口笛二短声。

商船在海上与军舰相遇时,不论是哪国商船,都要向军舰敬礼。敬礼的方式是将商船上悬挂的国旗(或商船旗)降下三分之一,军舰也降旗三分之一还礼,并随即升到顶,表示礼毕,随后商船升起国旗,礼仪结束。

在大海上航行虽然生活有些单调,但这些礼仪是不是为船员们增加了不少趣味呢!

134. 你知道海军礼炮的由来吗?

军舰在迎接来访军舰、到达访问地、离开访问地的时候,常要鸣放礼炮表示欢迎、致敬或答谢。那么,军舰鸣放礼炮这种礼仪方式是根据什么和从什么时候开始的呢?原来,这种礼仪在400年前就有了。

早在16世纪,随着经济的繁荣和航海事业的发展,也带动了海军的发展,军舰在执行任务中,免不了要到他国港口,由于当时的通信能力低,对军舰的到来难以及时了解其动态。因此,军舰在驶入他国海域前,为表示友好、无敌意,故意将炮膛内的炮弹全部放完,而且,在迎接他舰时也使用这种方式。这种形式演变到今天就逐渐成了正式的国际海军舰艇礼仪了。

135. 海军在哪些场合可以鸣放礼炮?

海军礼炮是一种隆重的欢迎或致礼形式,也是军舰上隆重的礼节。它用于重大节日、迎接军政要员及正式出国访问活动或其他隆重的场合。礼炮,中国海军主要用于外事活动,而美国海军礼炮使用的范围较广,如华盛顿诞生日、阵亡将士纪念日、独立日、州长和知名人士葬礼等。

海军礼炮通常分为国家礼炮、个人礼炮、庆典礼炮和葬礼礼炮等。英国没有葬礼礼炮却有皇家礼炮。所谓国家礼炮,用于出访时表示对东道国的敬意,也用于对外来舰艇鸣放国家礼炮时的答礼。所谓个人礼炮,用于向海军将级以上军官及职级相当的军政要员、外宾表示敬意,也用于对外舰鸣放的个人礼炮的答礼。庆典礼炮用于国家(民族)重要纪念日和重大节日,以示庆贺。葬礼礼炮用于安葬有一定功勋的军政要员的仪式上,以示致哀。

国家礼炮21响,个人礼炮7响～21响,根据受礼人身份而定,各国海军对此都有明确规定。

海军礼炮通常由45毫米～100毫米口径的舰炮或专门的礼炮鸣放,中国的专用礼炮为45毫米口径,使用时临时安装在甲板上。

海军礼炮的炮弹是装有黑色火药的空包弹,中国海军礼炮炮弹装药是150克。

136. 中国舰艇迎送首长的礼仪有哪些?

舰艇部队在迎送各级首长登舰或离舰时,有专门的礼节和仪式。中国人民解放军海军舰艇通常在迎送党、国家、政府和军队领导人时,要悬挂满旗;迎送海军、大军区首长等职务相当的首长时,要悬挂表示欢迎的一组旗(旗义也有相应规定)。在迎送国家或军队首长时,全体舰员在甲板的规定位置列队,舰长、政委在梯口迎接,并设军乐队和仪仗队,奏国歌或迎宾乐曲。

当迎送舰队、基地、支队首长时,则没有上述礼仪,只由舰长、政委或舰值日在梯口迎接。首长登上舰艇时(严格地讲应是踏上舷梯或跳板的第一步),更位长(站在梯口的值勤者)鸣笛,舰员立正敬礼。首长离舰时,礼仪与登舰时基本相同。

外宾登离舰时,通常按其职务,以接待本国相应首长的礼仪迎送。

137. 海军在什么情况下需要分区列队?

海军分区列队是舰员在舰上列队的一种形式。舰员排列在舰上指定的区域,用于迎送高级领导人、海上阅兵、检阅舰艇、访问外国港口进出港时以及其他有关重要场合,以示礼貌和隆重。

在分区列队时,根据需要在两舷面向舷外分区列队,也可以在一舷分区列队。我国海军规定,在舰艇执行三级以上礼仪时,需要全体舰员分区列队。

138. 军舰上为什么要悬挂国旗?

国旗是一个国家的正式识别标志,它的颜色、徽号和标志通常能形象地反映出一个国家的社会制度或本国民族、经济、历史等方面的特点。

军舰悬挂本国国旗,表示国家的尊严,同时表明军舰的国籍。应该说,国旗对军舰、舰员来说是至高无上的,因此,国旗上方是不允许悬挂其他旗帜的,但某些西方国家规定,教会旗可悬挂于国旗上方,这种旗为白色,旗面上有一蓝色十字架。最早对教会旗作此规定的是英国,它在1796年就作出教会旗可挂在国旗上方的规定,含义是"本舰官兵在做礼拜"。

当国家元首或总理登舰时,应悬挂国旗,国旗的悬挂,应挂在前桅横桁上。若军舰停泊在外国港口时,应悬挂停泊港所在国国旗,表示对这个国家领土的尊重和对人民的友好。

139. 海军有特殊的军旗吗?

15世纪以后,军旗在各国军队中成了所在部队的圣物,大多数军队对军旗在队列中的位置、对旗帜的礼仪、护卫和保管,都作了严格的规定。18世纪初,俄国海军就有了军人在军旗下宣誓的仪式。还规定在战斗中失掉军旗的部队必须解散,夺得敌旗者还会受特别奖励呢。

世界大多数国家海军都有自己的海军旗,它们的设计大都与本国的国旗有关。一种是国旗就是海军旗,如美国、加拿大、菲律宾等国;一种是将国旗设计在海军旗的左上角,如英国、印度等国;另一种是国旗的变形设计,如日本海军旗就是在国旗的红圆心处向外呈辐射状地排列16条红道,再如芬兰、挪威、瑞典则是把国旗图案的后部设计成缺口状尖形的海军旗;还有一种虽与国旗有关,但图案变化较大,如苏联的海军旗,将国旗的红底变成白底,将五角星和镰刀放大各占旗帜的一半,在旗下方有一蓝宽杠。中国人民解放军的海军旗是在原"八一"军旗下部加三条蓝杠白底的制式。

140. 什么是舰首旗?

舰首旗是一种专用的海军旗,在军舰停泊时使用。每天早晨8时至日落,在升舰尾旗的同时将舰首旗悬挂(升)在舰首柱上。许多国家都有特定的舰首旗,如苏联

中国人民海军升海军旗

的舰首旗为一长方形红旗,中央有一白边五角星,五星的正中有镰刀和斧头的图案;美国的舰首旗是国旗的蓝底白星部分;法国的舰首旗是国旗。其他国家的海军也都有颜色和图案各异的舰首旗。

141. 军舰上升降海军旗有哪些规定?

在军港附近,每日上午8点以前,你会看到军舰上的官兵整齐地排列在甲板上升旗,场面严肃而隆重。8时整,所有的军舰动作一致地将海军旗升起。这是军舰停靠码头的情况,若军舰航行在海上,则日出升旗,日落降旗。如果是下雨阴天看不到太阳怎么办?别着急,这个太阳出、没的时间是准确计算出来的。在海上,航海长要把军舰所在的地理坐标(经、纬度)算出来,然后在天文年历里查出日出和日落时间,通知舰桥值更人员,时刻一到,准时升降旗。此时舰员就不列队了,只有在甲板作业的人员,向军旗敬礼。

军舰在战斗时,立即升起军旗,即使在夜间也要这样做,若军旗被炮火打掉,应立即再升一面军旗,不论什么情况下,也要保证军旗在位。同学们,假若桅杆被打断,你能想个办法显示军旗吗?

142. 什么是满灯和满旗?

"满灯"是海军舰艇在夜间按规定沿满旗位置并围绕舰舷和上层建筑(即舰桥,也称舵楼)的轮廓挂满彩灯的一种称呼,用于迎接国家元首、政府首脑、军队高级将领,举行隆重庆祝活动。

我军舰访问马尼拉时的夜景

"满旗"是海军昼间按规定悬挂国旗、军旗,并由舰首通过桅杆连接到舰尾柱挂满通信旗的仪式,用于迎接国家元首、政府首脑、军队高级将领和庆祝重大节日、举行隆重活动。

如果你想要一观"满旗"的风采,就选择重大节日到码头逛一趟。如果是在平常日子见到挂"满旗",就断定它一定有重大活动。但也不要将集中挂在桅杆的几串旗误认为是满旗,那可是信号班在晒旗呢。

143. 鸣放海军礼炮有哪些规定?

海军礼炮的鸣放有许多细致的规定。第一是鸣放时间。航行的舰艇仅在日出后和日落前鸣放,停泊的军舰则在升旗后和降旗前鸣放。各国还有些特殊规定,如英国海军规定:星期日10时30分至13时期间,在港内或进港的军舰不鸣放礼炮。美国海军规定:除国防礼仪需要外,星期日不鸣放礼炮。第二是鸣放间隔时间,世界上没有统一的规定,英、美、新西兰、智利等国海军每响礼炮间隔时间为5秒,墨西哥海军为4秒,苏联海军为15秒~20秒,中国海军为7秒~10秒。第三是鸣放对象,如对国家元首、部长级鸣放响数不同。苏联海军还要看来访舰或至对方港口时,对方舰的职衔,若高于苏联舰,则苏舰先鸣放。另外,对未建交的国家,在任何情况下,均不对其鸣放礼炮。在出国访问过程中,如外国元首莅临这个港口,在看到港内军舰升起元首旗时,也随即鸣放个人礼炮。

144. 什么是海葬和撒骨灰仪式?

海葬仪式是海军舰艇部队安葬海上牺牲、死亡舰员的一种特殊仪式。这是因为舰员在海上牺牲或死亡后,没有条件将遗体运回陆地安葬,只好进行海葬。世界各海军国几乎都有这种仪式。

举行海葬时,全体(能离开岗位的)舰员在后甲板按升旗队形列队,舰艇降半旗,奏哀乐,海葬后还要将海葬地点(经纬度)和日期记入航海日志。舰上挂有很多旗,是否都下半旗呢?实际上只有海军旗和舰首旗降半旗(降下三分之一的位置),其他如首长旗、三角旗和现役三角旗不能挂半旗,除非该官员死亡,才可挂半旗。美国海军规定,海葬仪式应在日出后和日落前举行,在战地可以在夜间举行。

撒骨灰仪式是将逝者骨灰撒向大海的一种葬礼仪式。我国高级领导人或经批准的其他人员骨灰撒向大海时举行这种仪式。葬礼礼炮也根据生前享有的个人礼炮数鸣放。1985年5月19日,中国海军在为已故国家主席刘少奇同志举行的撒骨灰仪式时,鸣放了葬礼礼炮21响。

145. 哪种礼炮是英国海军舰艇独有的?

英海军对国家礼炮的鸣放规定与其他国海军差不多,只是庆典礼炮和皇家礼炮是独有的。

根据《英国皇家海军条令》规定,在下列7种情况下,舰艇应鸣放庆典礼炮:遇英联邦国家重要纪念日、重大节日时,女王诞辰、成年、加冕仪式时,爱丁堡勋爵诞辰,女王母亲、伊丽莎白皇太后诞辰,外国君主或其配偶生日庆典,外国重要国家庆典活动时,英联邦国家总督或行政长官授权认可的宗教仪式、议会或立法机构开幕或闭幕时。

皇家礼炮只对女王、爱丁堡勋爵、女王母亲伊丽莎白皇太后、皇室其他成员、英国政府承认的外国元首和罗马教皇鸣放。当以上人士到达或离开英联邦国家时,登离舰时,海军舰艇抵达或离开某港口,且岸上悬挂上述人员旗标或英国皇室成员旗标时,或遇见挂有上述人员旗标的舰艇时,均应鸣放皇家礼炮。

146. 法国海军对鸣放礼炮有什么规定?

法国海军规定:出国访问的军舰,在到达被访问国领海的预定停泊点时,应鸣放21响致敬礼炮。如果出访航程远,中途停靠非访国时,要看事先有无协议和是否经常出入的港口,如没有协议或经常出入的港口就不用鸣放礼炮。当被访港口挂有该国君主或元首旗时,东道国方面对法舰鸣放的致敬礼炮可不还礼。假若他还礼怎么办?好办!法舰必须再鸣放21响。

法海军对舰艇鸣放个人礼炮也有规定:凡遇到挂有司令旗且职衔高于己方最高指挥官的外国军舰时,应向其鸣放个人礼炮。若职衔相同怎么办?当然是后到者先鸣放!若港内停泊有不同国籍的舰艇且职衔都高于本舰,则只需向职衔最高、资格最老的司令旗鸣放就可以了。

147. 美国海军礼仪有哪些特殊之处?

世界上的海军礼仪基本相同,但各国依国情和习惯,都有一些特殊的规定,美国就多一些,如敬礼,美海军舰艇在海上相遇时,鸣哨音一响,表示注意右舷,两响注意左舷,然后鸣一声才是敬礼,三声为礼毕,这与其他国家

舰艇的敬礼相比多了注意左右舷的哨音和礼毕不是两

外国海军护旗兵

声,而是三声。另外,美国军舰上配有仪仗队,但只有8人。并规定:中将以上军衔或副部长以上的,设8人仪仗队,准将、少将军衔和公使、代办、参赞、总领事级设6人仪仗队;少校至上校军衔和使馆一秘、领事馆领事、市长级设4人仪仗队,其他军官、使馆二三秘设2人仪仗队。美海军还有一习惯性礼仪,那就是航母远航结束返航、到港访问或参加大型活动时,舰上官兵身着洁白军服,在宽阔的甲板上用人排列出各种字样,如舰名、口号等。"巴丹岛"号航母从朝鲜战场奉命回国时,官兵在甲板排出了"HOME"的字样,你能理解是什么意思吗?

148. 美国随舰陆战队员有什么特殊使命?

1989年美太平洋舰队旗舰"蓝岭"号来我国访问时,舰上有头戴白色大沿帽、上衣是镶红边的藏青军装、下穿深蓝裤、而腰间又多一条白腰带的水兵,这就是美国海军陆战队员。那么,陆战队员为什么也随军舰一起出访呢?

原来,美国海军陆战队的任务,除进行突袭、配合陆军作战和实施独立的两栖作战外,还要担负重要机构、部门、舰艇编队的警卫任务,这正是与其他国家海军陆战队不同之处。

这次来访的美舰,带来了不过十几人的陆战队员,他们担负的是舰队司令的仪仗队任务。人们看到"蓝岭"号在靠码头过程中,仪仗队员们挺直相对

美国军舰上的陆战队员

站立,整个靠码头过程表情严肃、一丝不苟,当军舰靠完码头后,他们又完成了一套十分复杂、令人新奇的繁礼缛节。可千万不要认为他们在摆弄噱头,这些动作是严格规定的,各家有各家的形式。你看,当我方官员检阅仪仗队时,他们依次举枪、拉枪栓、露出空枪膛,形如机器人,但非这样不可。

149. 美国海军舰艇旗杆上有什么奥秘?

美国海军有这样的规定,所有舰艇在出航和进入锚地时,都必须在旗杆(军语称桅杆)上悬挂国旗,而这根旗杆上还有许多讲究呢。假若你看到的是,在旗杆上装了

个"栖息在球上展翅的鹰"的标志,说明美国总统在舰上;若内阁部长或将军在舰上,则在旗杆上装个"球加戟"的标志;若舰上最高指挥官是上校,旗杆上会装个"圆球"标志;若军舰旗杆上装的是"扁圆形"标志,说明该舰的最高指挥官是中校以下的军官。

美国海军舰艇的这些礼仪看起来很繁琐,但外界借此可以清楚了解该舰的指挥官的级别,也就便于施礼了。

150. 英国海军对悬挂女王旗有什么规定?

在英国,当女王视察时,所有附近的舰艇、政府建筑物上,均应悬挂君主旗标;如女王及皇室成员登舰参观,应在该舰的主桅上悬挂君主旗标,在前桅上悬挂海军大臣旗,后桅悬挂英国国旗。由于现代化军舰很少有三根桅杆,所以现在都是将上述各旗悬挂在最引人注目的地方。若是外国元首登舰参观,就应将标志元首的旗悬挂在主桅上,若此时主桅上已挂有皇室旗标或皇室成员旗标,也不能降低他国元首的地位,应与上述旗帜并列悬挂于主桅上。

151. 美国海军舰艇行进间有哪些礼节?

美国海军舰艇在行进间敬礼的仪式也比较繁杂。敬礼仪式用号或笛下达命令,听到立正的声号后,所有甲板上能看到所受礼的舰艇人员都要行举手礼,当然是舰级低者先向舰级高者敬礼。假若对方船上乘有美国总统或外国君主、元首,礼节是鼓号齐奏四次,奏美国或外国国歌;乘客为副总统时,音乐为《欢呼哥伦比亚》;乘客为国防部长、海军部长、副部长等,音乐为《将军进行曲》,还要派不同规格的人员列队敬礼。若外国舰艇从本舰附近通过时,除了有行进间礼节外,也要派相应人员在施礼的同时奏外国国歌。

152. "手势"和"呼叫"也是美国海军礼仪的内容吗?

"小艇"载"高官"这是常有的事,"级低"职却"高",这在施礼时如何是好?为解决这一矛盾,在美国海军中形成一种用手势和呼叫的办法,如在白天举行军礼仪式时,小艇的舵手用手指向其他船只表示哪级首长在此。如"8"表示总统,"7"为海军部长,"6"为海军部长助理,"5"为上将、中将,"4"为其他将官,"3"为指挥官、参谋长、旅长或团长,"2"为其他乘客。那夜间看不到手势又怎么办呢?此时可以用代号呼叫,如"美国"就是美国总统或副总统,"国防部"就是国防部长、副部长或助理部长,"海军作战部"就是海军作战部长、副部长,"舰队"为舰队司令,"将官"是将级军官,"旅长"、"团长"就是旅长、团长,比较直观,而下列的口号就较费解了,"参谋"是参谋长,"是!是!"是现役军官,"不是! 不是!"是非现役军官,"喂!"是士兵。

153. 美国海军舰艇对后甲板的礼仪有什么要求?

美国海军明确要求每一个舰长必须明确划出后甲板的界限,因为在后甲板有许多传统礼仪,这些礼仪主要是:①不穿当日规定的服装不得出现在后甲板上,执行任务必须从后甲板经过除外;②穿便衣不得在后甲板停留;③ 无论何时登上后甲板都要敬礼;④ 后甲板禁止吸烟;⑤后甲板不得做体操,除非舰长特批,即使特批也要在工作时间结束后;⑥未经批准不得在后甲板右舷或其他为将官和舰长保留的地方走动;⑦不得手插衣袋站在后甲板上;⑧不得在后甲板上喧闹。

其实各国海军对舰艇上甲板的仪表都要求得很严,而像美国这样对后甲板的要求却是没有的。这是为什么呢?原来,这是为纪念美海军名将哈尔西而专门制定的。当年,哈尔西就是在后甲板冒着枪林弹雨指挥舰队作战,最后战死在后甲板。以上礼仪有尊重、怀念和发扬哈尔西精神之意。

154. 美国海军对奏国歌有哪些礼仪?

美海军官兵,无论何时遇到演奏美国国歌,均应立正并面向音乐响起的方向,升旗时面向国旗。凡戴帽者,当他听到国歌的第一个音符时,就要行举手礼,直到最后一个音符止,才能礼毕。如果奏国歌时恰好未戴军帽,应保持立正姿势。如果军人着便服和戴便帽,应右手脱帽,并把帽子放在左胸上部。如果未戴帽子,则把右手放在左胸上部。

155. 美国舰艇在经过哪两个纪念碑时有特殊的礼仪?

当美国海军舰艇在日出至日落期间经过弗吉尼亚弗农山的华盛顿墓碑时,要举行下列仪式:全部卫队、乐队列队,鸣钟,鸣钟时国旗降半旗;当墓碑处于舰艇正横时,卫队举枪敬礼,甲板上人员面向墓碑敬礼,乐队奏《葬礼曲》;在奏至最后一个音符时,停止鸣钟,国旗升至旗杆顶,然后奏国歌;国歌奏完后,吹号,礼毕。

当美国海军舰艇在日出至日落期间经过"二战"时被

日本在珍珠港内击沉的"亚利桑那"号战列舰纪念碑时,必须鸣号,致行进礼。舰艇上能看见纪念碑的人员,要立正行举手礼,以表示对该舰和全体殉难将士的敬意。

156. 军舰到达被访问国时的礼节有哪些?

军舰到达被访问国领海后,首先与该国的海军指挥机关、港务局或迎接舰沟通联络,并发致敬电。与被访问国迎接舰会合后,如迎接舰升挂表示欢迎的国际信号旗时,应立即升挂表示感谢的国际信号旗并随即降下。军舰到达预定的换乘区后,应派专人在舷梯口迎接被访国礼仪官、联络官和引水员登舰,舰长应会见他们。如系正式访问,应按两国事先的协议鸣放礼炮。如果是夜间会合,礼炮应在第二天补放。

军舰进港时,舰员通常在两舷分区列队,如果是训练帆船,船员要分别站在桅杆的横桁上。为了表示对被访问国人民的友好,出访舰一般都应悬挂被访国的国旗。

军舰到达指定的泊位(靠码头、系水鼓)后,一般应在昼间挂满旗,夜间挂满灯。智利海军规定,只在到达首次访问的外国港口时挂满旗,再次访问时不挂。

美国"邦克山"舰访问青岛

军舰到达的当天,舰上最高指挥官应拜会当地海军和驻地军政长官,并按相应的礼仪迎接对方的回拜。拜访时间应掌握在15分钟～30分钟内。在出访期间,应向当地烈士陵园敬献花圈,表示对被访国人民的敬意。

为表达对被访国海军和人民给予的款待的感谢,应在舰上或岸上举行宴会、招待会,招待当地的高级军政官员和知名人士,视情形设军乐队奏乐。答谢招待会通常在访问结束的前一天举行。

出国访问舰通常都备有充足的有特色的礼品和纪念品,但应了解被访国的风俗和禁忌,以免出错。

157. 中国海军旗是如何演变的?

海军旗,是表示海军舰艇所属国籍的标志。

欧洲列强由于近代海军建军早,很早就有海军旗了,而中国直至19世纪中叶还没有近代意义上的国旗,哪会有海军旗呀。直到1862年,清政府委托担任中国海关部税务司的英国人李泰国,从英国订造了8艘兵船,李擅自作主,不仅为船队招募了800多名官兵,还为这支中国

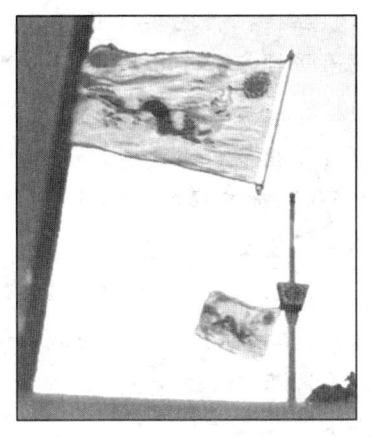

中国第一代海军旗

舰队设计了一面欧洲式的海军旗,尖旗绿色,中间两黄条相交,中心一条龙。这种企图控制中国舰队的野心当然

遭到了清政府的拒绝,后来军舰变卖,海军旗也夭亡了。1866年清政府总理各国事务衙门设计了一面龙旗,黄色,三角形,旗上画有双龙戏珠,龙为青色,珠为红色,作为中国舰船的旗帜,这要算中国第一面海军旗了。1888年,北洋舰队正式成军,海军旗改为长方形,图案、颜色都不变。1911年中华民国成立,海军旗定为青天白日旗,后由孙中山修定为红色旗,右上角镶青天白日图案。现在,人民海军的军旗是在"八一"军旗下方添有蓝白色条纹,图案非常醒目。

158. 英国海军对海军军旗的悬挂有何规定?

英国的海军军旗是白底红十字,左上角是英国国旗图案。英国海军规定:舰艇在港内和引水区航行时,海军军旗应挂在舰尾旗杆上;在海上航行时,单桅舰艇海军旗通常挂在舰尾上层建筑适当位置的旗杆上;双桅舰艇则挂在主桅的小斜桁上。在海上举行典礼时,海军军旗可按照指挥官的意图,挂在舰尾的旗杆上。《英国皇家海军条令》对海军军旗的升降时间规定:在国内港口或锚地的海军舰艇,从2月15日至10月31日,上午8时升旗;而从11月1日至2月14日,则在上午9时升旗。舰艇在国外,要按照海军参谋长指示在上午8时或9时升旗。海军军旗在日落时降下,如果日落晚于21时,则在21时降下。

159. 军舰上为什么要挂出很多旗?

无论从电视画面还是电影画面,我们经常会看到军舰上有时会挂出许多五彩缤纷的旗帜来,这些旗帜有什么特殊的意义吗？原来，这些旗帜中，除国旗、军旗、指挥旗之外，主要是国际信号通信旗。

国际信号通信旗是国际通用的、专供舰船之间或岸舰之间互相通信联络用的信号旗，仅这类旗帜就有4种、40面，包括26个字母旗、10面数字旗、3面代用旗、1面回答旗。每面旗都代表某种意义，如表示靠码头、装卸危险品、战斗警报等，或用3面组成一组表示某种意义，一组不够还可用数组。通信时信号旗是挂在桅杆横桁的信号绳上。

160. 日本海军旗是怎样"复活"的？

原日本的海军旗是长方形，白底上印有红色日章和光芒线，放射状的光芒线共有16条，象征舰船上的罗盘（指南针）具有32个方向点，这种旗也就是大家称呼的太阳旗。日本战败后，不再拥有军队，海军旗也理所当然被废弃了。

1952年8月，随着日本保安法的实施，日本组建了海上警备队，先是用三色条旗代替海军旗，继而又采用了白底黑杠、一朵红瓣白芯樱花的长方旗作为海军旗。1954年，日本建立了海上自卫队，7月，防卫厅长官决定对海军旗作全面修改。结果，经过一串密谋"设计"之后，新海军旗图案竟同原先的一模一样。最后，此方案竟经过了首相吉田茂的首肯，一直沿用至今。这是日本军国主义复活的最有力的见证。

161. 你知道我国最早海军军服的式样吗？

我国尽管出现水军的时间很早,但几千年来一直没有制式的海军服。直到1882年创建北洋水师时,才具体规定了海军服装的样式:海军军官服用丝绸,宽袍大袖,在领圈、门襟及衣摆处饰有深色云边。军官冬服为深蓝色,毛皮帽;夏服为银灰色,暖帽,脚穿黑底靴。军官的等级从帽顶上分,职务在袖章上分:管带、大副、二副都是二龙戏珠图案。管带帽顶的珠子是红色,大副为蓝色,二副为金色。北洋水师水兵等级分三种九等,但都穿蓝裤褂,腰间系有蓝带(水兵头目以上的不系),头上扎有青包头,脚穿扎地虎靴。冬天在蓝罩衣内穿棉衣。假日上岸夏季为全白衣裤,冬天为蓝呢衣裤。水兵服胸前的圆形胸补

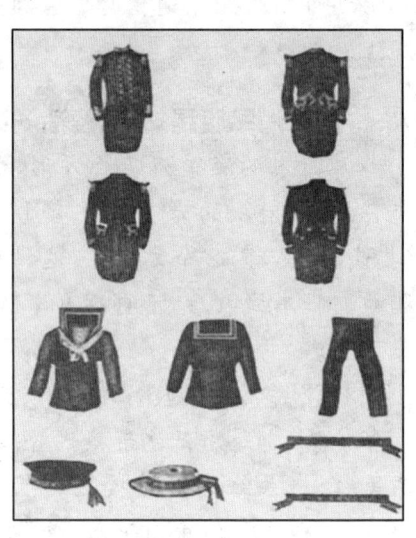

我国最早的军服样式

上有北洋水师××快船字样,虽不洋气,可也整齐威武。

我们在《甲午风云》电影中看到的清朝北洋海军的海军服就是我国最早的海军服,尽管它还没有脱离清朝服装体系,如帽、顶、补褂等,但已开始向"国际接轨"了。

162. 新中国海军成立时舰艇是怎样命名的?

1949年4月23日,当南京国民党总统府顶端的青天白日旗被解放军战士扯下来时,中国人民解放军华东军区海军宣告诞生。那时遇到的第一个问题是对现有的舰艇如何命名? 有人提议用领袖和将军的人名。消息传到毛泽东主席那里,他笑着说,历史是人民创造的,用人名不妥。我们人民海军刚刚组建,现有的战舰是我们海上的根据地,是星星之火。这几句话实际上是一种启示,一语点破,大家心领神会。这样,原国民党海防第一舰队旗舰"长治"号,被命名为"南昌"号。1927年8月1日的南昌起义,中国共产党从此有了自己的武装,"南昌"号的寓意是很明显的了。在1950年4月23日,华东军区海军举行了舰艇命名典礼,一艘艘银灰色的舰艇都展示了崭新的舰容和舰名——"井冈山"、"延安"、"遵义"、"古田"、"兴国"、"瑞金"、"大别山"等。这是人民海军第一批命名的舰艇。

163. 我国的第一批"雷击舰"是怎样命名的?

按中苏签订的"六四协定",有两艘雷击舰(后改称驱逐舰)先期到达我国。按惯例,军舰列编,就应用我们自己的舰名,而不能沿用在苏联的舰名"果敢"号和"神速"号了。此时有人提议用"北京"、"上海"为他们命名,也有人提议仍旧沿用它们的老名字,以发扬它们在"二战"中所建的功勋。海军司令员肖劲光却认为,我们要立足自力更生、奋发图强,争取自己早日设计建造大型军舰。为此,就要依靠强大的工业基地,于是把先期到达的两艘雷击舰命名为"鞍山"和"抚顺",随后到的两艘雷击舰又命名为"长春"、"太原"。这4个城市在当时都是我国的重要工业基地。

"鞍山"号雷击舰

164. 哪一国的潜艇是用"鱼"命名的?

潜艇不仅形状像鱼,它的潜浮方式也采用了鱼的沉浮原理,而潜艇也确实能像鱼一样机动灵活地去完成任务呢。真正有趣的是,美国潜艇都是用"鱼"来命名的。

美国潜艇开始用鱼名命名时,一般是选好听、好看,大家喜欢的,如鳟鱼、飞鱼、金枪鱼等。但随着潜艇数量的增多,逐渐感到鱼名已经不够用了,后来不得不将鲢鱼、鲤鱼、比目鱼,凶恶的鲨鱼类,甚至将叫鱼又不是鱼的鲸类、贝类的名都用上了。潜艇还在不断地造,名字不够怎么办?办法是人想的,用重复名也行。如箭鱼、弓箭鱼、乌拉鱼,实际上是同一种鱼,这就可以一鱼三用。这样还不够,怎么办?他们就到国家博物馆去翻查鱼类档案,只要找到一种鱼只有一个名称,就可以再起一个俗称,填在海军总部"发明"的这种鱼的卡片"俗称栏"中,来证明这个潜艇用的名有据可查就可以了。所以,只要一看到××鱼的潜艇,肯定是美国的。但要注意,最近也有新动向,"海狼"、"弗吉尼亚"等名字已经出现了,是不是美国人把"鱼"都"吃"完了呢?

165. 泰国航空母舰名字中为什么有"国王"和"911"?

泰国拥有航空母舰对东南亚各国已经是不小的震动了,而它在航空母舰的命名上另有一段情趣。1996年1月,已完成70%航母建造工程的海军,拟请泰王后去西班

泰国911航空母舰

牙主持下水仪式。1月20日,泰王后在西班牙王后陪同下参加了这一隆重典礼。说来也巧,这一天阴雨连绵,就在14时零9分这一下水时刻,雨丝骤然停止,这使泰国这一信奉佛教的国家来的贵宾们十分欣喜,认为十分吉利。因此,泰国国王不仅用曼谷王朝开国国王的名字"差克里·纳吕贝特"为这艘航母命了名,而且还把舷号定为"911"。主要是信奉佛教的泰国人喜欢"9"这个数字,9字为首取的是吉利,而两个"1"字,则为"上上",合在一起是"上上大吉"之意。

166. 美国军舰为什么有"苏利文兄弟"号？

美国海军驱逐舰自1901年以后基本上全用名人的名字来命名，如斯普鲁恩斯、阿利·伯克、马汉等。但也有例外，如"苏利文兄弟"号就不是。苏利文兄弟只是一艘舰上的普通水兵。由于苏利文家族中有一位好友在日本偷袭珍珠港时殉难，激怒了苏利文家的五兄弟，他们一同申请加入美国海军，并要求在同一条舰上为国效劳，海军方面满足了他们的要求，安排他们到"朱诺"号巡洋舰上服役。1942年11月14日，"朱诺"号在南太平洋作战中被日本军舰击沉，苏利文五兄弟与全舰200余名官兵一同遇难。当时的美国海军当局追授苏利文兄弟以"紫心勋章"，以表彰他们的爱国之心，随后又为一艘新造的驱逐舰命名为"苏利文兄弟"号。目前，"苏利文兄弟"号驱逐舰作为一艘纪念舰，停泊在码头上供人参观。这就是美舰"苏利文兄弟"号的来历。

167. 美国航空母舰命名为什么会"名人不名"？

前面讲的"苏利文兄弟"舰名，用的不是名人的名字，在美国还有虽是名人但不用的事。

美海军现役或正在建造的航母大多数是以名人命名的，如死在任上的美国防部长福莱斯特，美总统约翰·肯尼迪等，也有为怀念一直大力支持海军的国防委员会主席卡尔·文森而以他的名字命名的航母。但有一位美国名人，海军是想尽了办法将他排斥在外。海军上将里科弗是一位核工业专家，有"核潜艇之父"的称号，称得上是美国著名的人物。但他在把持海军核工业的数十年中，

海洋军事

"华盛顿"级航母

因独断专行而"积怨"太多,深为海军人士不满。里科弗虽在海军遭白眼,但在白宫、五角大楼和国会山却有很多支持者,在他82岁退休后,五角大楼的官员力主将正在建造的一艘核动力航母命名为"里科弗"号。海军知道这件事后,立即将"华盛顿"号和"林肯"号航母提前退役,接着就将这两个舰名转到了新建的两艘航母上。里科弗的功劳再大,也比不过这两位历史伟人。18年过去了,里科弗这位名人却一直上不了以名人命名的航空母舰,所以人们称这件事为"名人不名"。

168. 日本海军的舰艇是如何命名的?

当你看到日本军舰的名字时,总会感到日本海军舰艇的名字有点令人不解。其实,对日本地理稍有了解者,即会发现其舰艇命名不仅不乱,还有一定的规律。如将日本的山名用在驱逐舰上,河名用在护卫舰上,水文名用在潜艇上。当然,也有些非内行不知的命名规律,如同是驱逐舰,有的用山名,有的则用了气象名,只有了解日本海军战术编队情况,才能知道根底。原来,日本将4支"八·八"舰队中的直升机母舰和"宙斯盾"级驱逐舰以日本国内的山名命名,如"白根"、"榛名"、"金刚"等,而其他驱逐舰则用"旗风"、"夏云"、"村雨"、"夕雾"、"高月"、"望月"等天文气象名词命名。这样,同是驱逐舰,但你一眼就看出以山命名的就是主力舰了。护卫舰用的是"筑后"、"吉野"、"千岁"、"石狩"等河流名。

潜艇的名字好分,见带"潮"字的名字即是潜艇,如"夕潮"、"早潮"、"春潮"、"夏潮"等。

扫雷舰用的是岛屿名,如"八重山"、"对马"等。布雷舰则用海峡、水道名,如"宗谷"、"早濑"等。登陆舰在日本称运输舰,它是以半岛命名的,如"三浦"、"牡鹿"、"大隅"等。

补给舰名用湖名,训练支援舰和海军观测舰用峡谷名,潜艇支援舰、试验舰用城市名。以上是舰的名,而艇的名则用"号"加艇的类型来命名,如"1号登陆艇"、"4号导弹艇"、"3号巡逻艇"等。

169. 美国军舰的舰名为何显得很乱?

美国的军舰数量和舰种堪称世界之最,因此军舰的名字就多,其中有人名、地名、海名、岛名,还有些抽象的名,听起来很乱,但其实还是比较有条理的。

美国海军舰艇的分类是:用美国历史上著名战役或军政界领袖人物为航空母舰命名,如"中途岛"、"罗斯福"、"尼米兹"等。用美国州名为战列舰命名,如"新泽西"、"密苏里"等。用大城市和海军将官为巡洋舰命名,如"芝加哥"、"哈尔西"等。用历次海战中曾立奇功的海军军官、陆战队员、海军将领及一些著名议员为驱逐舰命名,如"威尔逊"、"马汉"、"麦考密克"等,但偶尔也用风景胜地,如"黄石公园"等。两栖军舰肯定要用登陆战役命名了,如"冲绳岛"、"瓜达尔卡纳尔"等。军火船用炸药、火山、火来命名,如"硝石"、"焰火"、"贝克山"等。扫雷舰的命名较抽象,如"忠实"、"领袖"等。医疗船的船名很贴切,叫"安慰"、"休息"、"镇静"之类的多。唯有潜艇的命名较复杂,用的是鱼类名。尽管水中的鱼类很多,但架不住500多艘潜艇都来要名,于是就海鱼名用完了用河鱼名,鱼名用完了用玳瑁、海狼等。自从"北极星"级导弹潜艇出现后,才打破了用鱼命名的格局,出现了"乔治·华盛顿"、"艾·爱迪生"等名字。

170. 俄罗斯海军潜艇命名有何特点?

世界各国对潜艇的命名各具特色,如希特勒德国以"U"、日本侵略者以"伊",美国用鱼类,而俄国则"爱"上猛兽一族了。在沙皇俄国后期,它的海军序列中先后有23艘以猫科动物命名的"豹"级潜艇,如"雪豹"、"黑豹"、"大山猫"、"美洲豹"等。

1987年,俄罗斯北德文斯克造船厂建造的第一艘新型核潜艇拟命名为"黑豹"号,但没有得到上级的批准。当时苏联政府的解释是:海军舰船用凶猛动物来命名的只能是护卫舰,而不允许目前在建的那艘核潜艇命名为"黑豹"号。不知是出于潜艇人员的信仰还是习惯势力,他们宁愿暂时不命名,也一直不愿放弃"黑豹"这个名字。后来,经过海军潜艇部队8个多月的据理力争,才于1990年10月10日最终得到了"黑豹"命名。目前,俄北方舰队中有"黑豹"、"雪豹"、"狼"、"豹"、"虎"、"公野猪"、"猎豹"和"美洲豹"号命名的潜艇。由此可看出,俄国对豹类动物很感兴趣,大概他们期望潜艇像豹类动物一样敏捷、凶猛。

171. 新中国海军舰艇何时首次出访?

新中国成立后,人民海军虽然曾在1956年有派舰到海参崴访问的设想,但由于种种原因而没有成行。

我海军首次出访的132号导弹驱逐舰

20世纪70年代后,我军开始拥有了自己设计制造的舰船。进入20世纪80年代,随着外国海军频频来访,为增进友谊,进行交流,我海军舰艇的出访也提到日程上。那么中国海军舰艇编队是什么时间首次出访的呢?那是1985年11月16日,由东海舰队司令员聂奎聚率领的舰艇编队对南亚三国的访问,翻开了新中国海军舰艇出访的首篇,编队的舰艇是:由我国建造的132号导弹驱逐舰和X615远洋油水综合补给舰组成的编队,从上海吴淞港启航,访问了巴基斯坦、斯里兰卡和孟加拉三国,历时65天,于1986年1月19日回到上海。

这次出访,不仅打开了人民海军出访历史的第一页,而且显示了我们的国威、军威,增进了与被访国海军的友谊。

172. 1997年我国舰艇访问美洲开创了哪些历史之最?

自从1985年首次出访以后,虽然我海军也曾经陆续出访过多次,但航程都不远,甚至不及郑和下西洋的航

"哈尔滨"号驱逐舰

程,这不能不说是一个遗憾。这个遗憾于1997年弥补了。1997年3月,我海军由"哈尔滨"号、"珠海"号导弹驱逐舰和"南运953"号综合补给船组成的出访编队,对美国、墨西哥、秘鲁、智利等4个国家5个港口进行友好访问。

这次出访美洲,航行2万多海里,创下我海军远航之最。舰艇在陌生的太平洋上绕了一圈,同时也检验了编队的指挥、操作水平和舰艇的性能。

173. 我国海军舰艇出访最多的城市是哪一座？

中国海军在同外国海军的友好交往中，曾经3次出访俄罗斯的远东重要城市和军商通用港、太平洋舰队司令部驻地海参崴（符拉迪沃斯托克）。这是迄今我海军舰艇出访最多的城市。这三次访问是：

1994年5月22日—24日，海军北海舰队司令员王继英中将率"珠海"号导弹驱逐舰、"淮南"号导弹护卫舰、"长兴岛"号远洋救生船访问了海参崴。

1995年8月27日—9月3日，海军东海舰队司令员杨玉书中将率"淮北"号导弹护卫舰访问海参崴，并参加了在海参崴举行的第二次世界大战胜利50周年庆典活动。

1996年7月26日—30日，海军北海舰队副司令员张定发少将率"哈尔滨"号导弹驱逐舰访问海参崴，并参加了俄罗斯海军建军300周年庆典活动。

174. 来访最小的军舰是哪一艘？

1959年6月10日，印度尼西亚海军的一艘练习舰"德哇鲁芝"号曾到我国广州进行了为时一周的训练访问。该舰是一艘专门担负初级指挥军官或学员训练实习用的练习舰，排水量只有810吨。这是来我国访问的外国舰艇中最小的一艘。

军舰虽小，但它是代表着印度尼西亚海军与我海军进行友好交往，通过它又架起一座中国和印尼人民友好的桥梁。

海洋军事

175. 你知道第一个来访编队与"双胞胎"的佳话吗？

新中国成立后,与我友好国家的海军不断来访,那第一个来访的海军舰艇编队是哪个国家的呢？

1956年6月20日,苏联太平洋舰队的"德米特里·波日阿尔斯基"号巡洋舰、"智谋"号和"启蒙"号驱逐舰,在舰队司令切库洛夫中将率领下访问了上海。这是新中国成立后第一支来访问的外国舰艇编队,从此也打破了美帝国主义对新生的中华人民共和国的"新月形"的包围。

有趣的是该舰艇编队来访的当天,上海一孕妇生了一对双胞胎,孩子的父亲认为是极巧合的事情,决定给孩子起名"智谋"和"启蒙",因不知这两艘驱逐舰进港时哪艘在前,无法确定姊妹,为此一直询问到报社。此事在报纸和广播上披露以后,立即成了中苏友好的一段佳话。"智谋"和"启蒙"号的舰长还特地去医院看望了"属于"他们的娃娃呢。

176. 哪国海军一次来访舰艇最多？

海军舰艇到他国进行友好访问,派出多少舰艇、派何种舰艇并没有规定,这主要看国家的实力和要达到的目的了。

1986年3月,荷兰海军一次派出了5艘舰艇到我国上海进行访问,创下了来访舰艇最多的纪录。这5艘舰艇是"德鲁日特尔"号驱逐舰、"卡伦伯格"号护卫舰、"范·金斯伯根"号护卫舰、"范·布雷克尔"号护卫舰和"普尔斯特"号供应船,访问为时5天。

荷兰是造船业十分发达的国家,荷海军舰艇的来访,除了可以增进双方友谊和了解外,对本国舰艇的远航能力也是一次检验。

177. 哪国海军来中国访问次数最多?

自20世纪70年代后,我人民海军与世界多国海军开始频繁互访。那么,到目前为止,来访次数最多的是哪个国家呢?是法国海军。

到1987年以前,法国就已有4次派军舰来访了,这4次分别是:1978年"迪居埃·特鲁安"号反潜驱逐舰访问上海;1981年"贞德"号直升机母舰和"福尔班"号护卫舰又访上海;1984年"博里"号通信护卫舰三访上海;1987年"拉莫特·毕盖"号导弹驱逐舰则访问山东青岛。

178. 荷兰海军访华的两艘舰名是什么含义?

1995年9月,荷兰海军参加"顺风95"远航训练任务的两艘护卫舰到上海访问,这两艘导弹护卫舰是"范·内斯"号和"范·盖伦"号。在中国海军512号导弹护卫舰的引导下,由吴淞口进入黄浦江。这两艘舰的名字看似兄弟,但又不是兄弟,而是荷兰17世纪两位著名海军英雄的名字。

范·内斯,1626年出生于一个海军世家,他11岁投身海军,15年后成为一名海军上校。在第二次英荷战争中,他率领一支荷兰舰队给英海军以沉重打击。1666年范·内斯晋升为海军上将。在第三次英荷战争中,他再度建立了卓越功勋。

范·盖伦,1604年出生,早年投身皇家海军,22岁时就成为一名海军上校。1639年他参加了对西班牙舰队作战,承担了攻击最大战舰"圣特雷莎"号的任务,取得了辉煌胜利。1652年他以海军地中海舰队司令身份参加了第一次英荷战争,取得了除一艘敌舰逃走外,俘获和击沉英海军参战的全部舰船的胜利。但卓越的统帅范·盖伦也在激战中阵亡。看来,用英雄的名字给军舰命名,不仅可以振奋军心,还可以大扬军威呢。

179. 来中国访问的最大军舰是哪一艘?

1989年5月19日,美国海军的"蓝岭"号到上海访问,它是迄今为止到我国进行访问的最大的军舰。

"蓝岭"号是美国太平洋舰队第七舰队的旗舰,长194米,宽25米,主甲板宽32.9米,排水量18372吨,航速23节,16节航速时续航力为13000海里。这么一艘约有2万吨级的军舰,甲板布局像航母,但只有1架直升机,除有少量近距自卫武器外全是通信天线。原来,它的任务是对舰队指挥、控制,是根据现代战争需要造的一艘指挥舰。

180. 你知道我国舰艇访问美国掀起的"中国热"吗?

1997年3月21日,3艘中国军舰驶进了美国西海岸最大的海军基地圣迭戈海军基地军港。

令人始料不及的是,我"哈尔滨"号、"珠海"号导弹驱逐舰和"南仓"号综合补给船刚进入码头,军港就沸腾了。每天有上万名美国市民前来参观,参观者阶层之多、人数之众,连美国当局也没有料到。海军基地负责公共关系的军官凯里·曼飞说:"有如此众多的市民来参观来访的军舰,这在基地历史上是第一次。"数千名洛杉矶的美国市民,驱车2个多小时专程到圣迭戈欢迎中国军舰,美国洛杉矶"中华之声"广播电台租用了7辆大巴,满载洛城400多名听众集体来参观中国军舰。南加州的49个侨团还联合为中国编队举办欢迎盛会,用惊天动地的500响鞭炮开场,以气壮山河的千人大合唱落幕。南加州华侨各界为欢迎中国海军舰艇编队访美举办的宴会,席开100桌。更能反映海外华侨心声的是"祝贺中国海军从浅海走向深蓝"的巨大横幅。

在舰上参观时,一位86岁的陈志昆老先生说"看不够","中国终于强大起来了",一个四年级的小学生杰森·科普德说,"我很喜欢","看了中国军舰还不够,将来还一定要到中国看看"。

181. 俄罗斯海军近年开展了哪些军事外交?

苏联解体后,俄罗斯虽然经历了前所未有的困难,但它仍不失为海军强国。它频繁地以出访和举行联合军事演习的有效方式来显示自己的实力。俄罗斯海军从1991年开始与英海军进行了一次联合军事演习后,就一发不可收拾,1992年增加为6次,1993年为5次,1994年为10次,以后一直不少于5次。演习区域包括太平洋、巴伦支海、挪威海、北海、波罗的海、黑海、波斯湾和阿拉伯海域。演习国也由英美扩大到十数国。演习内容多为增进海上协同时的相互理解,演习兵力也逐步增加。

除了演习外,近年来还多次对美、英、法、加、意、挪、中、日、韩、印、越等10多个国家进行了港口访问。

182. 你知道有军中"花枪队"吗?

"耍花枪",在中国人眼中是比喻那些"花拳绣腿"、好看不实用的花架子。不知你相信不相信,今天还真的有"花枪队"军队呢。

中国舰艇编队1997年访问泰国时,泰国海军陆战队为中国水兵进行了一次耍"花枪"表演。有近百名头戴白色钢盔、身穿上蓝下白军服的陆战队士兵,手持漆着红色装饰线的步枪在军旗的引导下,正步进入表演会场,随着洪亮的军乐声,"花枪"队不断变换队形,走着走着,士兵们耍起了"花枪",一会儿把枪抛向空中转几圈,一会儿用脚把枪踢到头顶上竖立,使看的人眼花缭乱。突然枪声大作,原来枪里装着空包弹——一种能击响但没有弹头的子弹,顿时使观众从杂技表演中又回到了军事训练场来。

"花枪操典"不仅泰国海军有,欧美一些国家军队也有,传说有上百年的历史呢。当然,各国有各国的礼仪规定,泰国海军陆战队的这套动作,可是一种高规格的接待礼仪,而不是耍"花架子"。

183. 航空母舰上何时进行人体排字?

你知道人体排字是一项什么活动吗?它又是怎样登上航空母舰的呢?

美国是一个喜欢猎奇的民族,特别是大学生群体。在美国大学生体育啦啦队中,有着一种特殊的呐喊助威方式,他们用人体排成各种字样,既方便又壮观,场面宏大也很感人。1933年,有位曾在大学里当过啦啦队队员的小伙子到海军部队服役,恰好分到航空母舰上,他看到

驻日小鹰航母人体排字

那宽敞的飞行甲板和众多训练有素的水兵,产生了"重操旧业"的念头,在一个盛大节日的下午,他被获准在甲板上组织一次规模浩大的人体排字活动。谁知这种形式不仅受到本舰官兵的热烈欢迎,而且迅速传遍了所有的舰艇部队,成为美国航空母舰在各种庆典活动中大受瞩目的独门绝活,也成了新闻记者猎奇的内容之一,有的甚至不惜重金包租直升机前往实地拍摄,然后在各种报刊杂志充分报道。于是,这种壮观的庆贺方式和场面,越来越为人民所喜欢。

1964年,世界上第一艘核动力航母"企业"号和"长滩"号、"班布里奇"号核动力巡洋舰一起完成了环球航行时,兴致勃勃的"企业"号舰员,在甲板上用人体组成著名的质能方程式"$E=MC^2$"来表示他们圆满地完成了任务。

184. 海军阅兵是怎样进行的?

你知道海军单军种阅兵是怎样进行的吗?海军阅兵分为海上阅兵和码头阅兵两种形式。海上阅兵又分为阅兵式和分列式,阅兵式是阅兵者乘坐舰艇通过锚泊的受

海上阅兵

阅舰艇进行检阅,如同检阅的首长走过一队队的官兵,分列式是受阅舰艇按规定队形依次通过阅兵者乘坐的舰艇,接受检阅,如同一队队的官兵通过主席台。码头阅兵,是阅兵者在岸上或乘艇,检阅停靠在码头的受阅舰艇,或舰员在码头上列队接受检阅。海上阅兵和码头阅兵时,所有受阅舰艇都要挂满旗,舰员在舰艇上分区列队,远看彩旗飘扬,黑白分明(军服);近看威武雄壮、整齐划一,使人流连忘返。

185. 英国军舰前的 HMS 是什么意思?

当你在报刊、书籍中碰到英国海军舰艇名称时,会注意到其舰艇名称前常有 HMS 三个字母,这表示什么意思呢?原来这是英文"Her majesty's ship"的缩写,意思是"女王陛下的舰艇"。难道这是英女王私人的舰艇吗?

在英国,女王拥有至高无上的权力,国内的一切都属于女王陛下,因此各种称谓都要冠以"女王陛下的"名义。英国政府称为"女王陛下的政府",就连反对党也要称为"女王陛下忠诚的反对党"。所以英国海军的完全称谓应是"英国皇家海军",那么,将海军舰艇叫"Her majesty's ship"不就是理所当然的了吗。

186. 美国"军人节"是哪一天?

每年的5月17日是美国军人节,又叫武装力量节。节日期间,美军都在华盛顿郊区的安德鲁空军基地举行为期两天的全军武器装备展示和各种军事表演。为了吸引观众,展示和表演安排得活泼多样。如海军的各种武器装备全部搬上展台,有整体的各式飞机和直升机,还有先进的电子、通信、枪械、军需等装备。每天都有多次的跳伞表演。特别是已有50年历史、在世界各地表演达2500多场次的海军航空兵的飞行表演,在显示其高、难、奇、险动作的同时,既展示了军威也宣扬了军人的风采,收到了很好的"名牌"效应。

美国也正是通过一年一度的军人节,增加全体公民对军队的了解,以达到进行全民国防教育的效果。

187. 俄、中、美三国海军是何时举行联合检阅的?

为纪念第二次世界大战结束50周年,俄罗斯、中国和美国的海军各派出舰艇,于1995年9月3日,在俄罗斯的符拉迪沃斯托克(海参崴)附近的阿穆尔湾联合举行了一次舰艇检阅。

这一天,参加检阅的军舰列成单纵队行进,顺序是:俄罗斯的一艘大型反潜舰在前,美国的一艘巡洋舰居中,中国的一艘护卫舰压阵,再后面还有俄罗斯的一艘救护船和一艘破冰船。为什么要这样编队呢?原来,编队的用意是象征着"二战"期间,盟国舰队向俄罗斯港口符拉迪沃斯托克(海参崴)、阿尔汉格尔斯克和摩尔曼斯克运送物资。

俄海军太平洋舰队司令赫梅列诺夫在检阅仪式上发表了讲话,他说,同盟国50年前同法西斯主义和日本军国主义的斗争,给世界数十国人民带来了自由。

俄、中、美三国海军在一起进行检阅,这在战后尚属首次。50年前,这三个国家在反对日本发动的战争上是一致的,并且共同战胜了日本军国主义。然而,50年后,尽管冷战结束将近10年了,当年那个发动战争的国家仍有人在鼓动战争,他们不承认南京大屠杀,不承认侵略,反而积极地发展武装力量,并要干涉周边事务,要警惕啊!

188. 退役后的军舰命运如何?

军舰的退役就同老年人退休一样,是一种历史的必然。那么,退役后的军舰又是如何处置的呢?一般采用下列几种方式:

(1) 暂时封存。将退役或即将退役或暂时不用的舰艇进行技术处理后封存,需要时启封再用。如美国对一些航空母舰、战列舰等舰艇的处置。

(2) 改作民用船。对尚有使用价值的,变卖作商用或转让他国。如一些海军大国将即将退役但仍然具有一定军事价值的舰艇,稍加维修后转卖或租给急于发展海军力量但财力不足的国家和地区。

(3) 作为纪念舰永久保存。不少国家都是选择具有特殊意义的军舰作为纪念舰永久保存,如苏联的"阿芙乐尔"号巡洋舰,它成为进行爱国主义教育和历史传统教育的最好场所。

(4) 改建成海上博物馆。很多国家为向公众普及国防知识、进行军事教育,用退役军舰建成了海军博物馆、航海博物馆等。我国在80年代中期,在青岛建立了全国第一个正规的海军博物馆,馆内陈列有人民海军第一代导弹驱逐舰"鞍山"号和自建的"鹰潭"号导弹护卫舰以及其他各种作战舰艇。

(5) 充当靶舰或作废铁处理。为便于鉴定武器系统的性能,新式武器的试验有时需要真实或接近真实的靶标,退役舰艇正好承担这一"使命"。真正派不上用场的就只有报废处理了。

 189. 军舰下水有什么仪式?

新造的舰船下水时,总是有一定规模的下水仪式。外国军舰下水一般都由一名女士进行掷瓶仪式,如同体育竞赛的胜利者互喷香槟一样。这位掷酒瓶的女士由谁来担任呢?当然是请名人,如位居某要职的夫人、知名人士等,当然是行政长官的夫人居多。但是也有例外,如1941年9月6日,"亚特兰大"号巡洋舰下水时,就没有请亚特兰大州州长的夫人,而是请了《飘》一书的作者玛格丽特·米切尔。"亚特兰大"号巡洋舰在"二战"中被击沉后,美又建造了一艘巡洋舰,仍命名为"亚特兰大"号。1944年2月6日这艘新舰下水时,还是请来了玛格丽特·米切尔掷瓶,一时传为佳话。

海洋军事

新潜艇即将下水

190. 纽约市的"舰队周"是在什么时候?

1998年5月21日,在美国纽约闹市区曼哈顿西侧赫德森河畔停靠的航空母舰上,直升机在匆忙地起降,不停地对水面目标进行攻击,一时间硝烟弥漫,枪炮声大作,一会儿又有直升机前来实施水上救护,乍一看,似乎又一个珍珠港事件,其实,这不过是一场水上实战演习。

从20世纪80年代后期开始,美国海军每年都要举办一次有名的"舰队周"活动,时间定在每年5月的第四周,地点定在曼哈顿航空母舰博物馆的航空母舰上。为期一周的演习不仅有美国海军和海岸警卫队参加,还邀请世界上其他一些国家的海军参加。参加的舰艇停泊在航空母舰博物馆周围。海军除进行军事演习外,军舰也向公众开放,公众可参观军舰的每个部分,并可向舰上官兵提出各种问题,因此深受公众欢迎。此外,纽约市还要为舰员及其家属安排丰富多彩的娱乐活动。

191. 为什么加拿大军舰上到处是"枫叶"？

加拿大以枫叶而自豪，所以在加海军军舰上可以看到，军旗是枫叶，帆布罩上印有枫叶，出访时宣传招贴画和简介上印有枫叶，官兵胸前佩戴的纪念章是一枚火红的枫叶，赠送的礼品也是用枫木板雕刻的枫叶与战舰造型的军徽。

加拿大海军旗

就连到加拿大军舰上参观所得到的礼品，也是包装纸上印有枫叶图案的糖块。

加拿大以枫叶而闻名，它的国旗正中绘制的是一枚鲜艳的红枫叶，与白色的方旗配在一起鲜艳美丽，白底代表辽阔的、千里冰雪的国土，左右红色则表示加拿大是一个横跨太平洋和大西洋的国家，枫叶代表加拿大人民正直、忠诚、热情、不屈和积极向上的性格与信念。加拿大海军旗与国旗相同，它的意义也包含其中了。

192. 船钟是干什么用的？

这里所说的"船钟"可不是钟表的钟，而是船上敲的钟。它的形状如同寺庙的钟，不过个头小得多，直径只有200毫米～300毫米。船上备这个钟用途不多，却很重要。如国际海上避碰规则中规定，船舶（包括军舰）在雾中抛锚或搁浅后，要按规定发出雾号，以警示来船，这个雾号就是用船钟发出的。船钟在军舰上还有另外一个作用，就是敲钟报时（我军舰船已不这样做了）。规定以1

至8响表示不同时刻,自0时开始,单数表示半小时,双数表示整小时。曾经有这样一个故事:一个水兵在学校中上这一课时,听了"半小时敲一响,1小时敲2响,1小时半敲3响",就再也没注意听,在考试时,将"24小时要敲48响"答了上去,由于他没有注意规定只有1至8响,也就是每4小时轮一番,闹了个大笑话。这里有一个有趣的问题:18:30应该敲几下呢?是不是敲5响?不是。传说在1797年,英国海军某舰士兵阴谋叛逃,约定在18:30分敲5响时举事,后因阴谋被发觉,舰长临时更改将18:30分敲1响,因而制止了叛乱。此后,英舰一直沿用这一习惯,就是18:30敲1响,19:00敲2响,19:30敲3响,20:00恢复敲8响。各国海军也仿照了此种报时方式。

193. 俄罗斯海军是怎样过300周年纪念日的?

1996年7月28日,是俄罗斯海军诞生300周年纪念日,他们是怎样庆祝这一节日的呢?

中、俄、美、日、韩官员向纪念碑献花

为了这一天，不少城市在3年前就开始准备了，而庆祝活动也是在1年前开始的。1995年7月30日起，俄政府向400名海军老战士及牺牲的海军人员的遗孀提供了20万卢布的救助；组织海军老战士在俄军中央大楼举行庆祝"大集会"；向各舰队的老海军颁发了"俄罗斯海军300周年"纪念章。在莫斯科举办反映俄海军历史和当代海军生活的展览，首次展出了彼得一世和一些名将用过的海图、珍版书、文件等。有些地方还举行了纪念性的音乐会。民间还举办了36天、行程1.1万千米横穿西伯利亚的摩托车拉力赛，于海军节当天到达符拉迪沃斯托克（海参崴）市，将一袋北极冰的水交给太平洋舰队司令。俄南方俱乐部成员乘坐3艘帆船，沿哈巴罗夫斯克—共青城—阿穆尔航线进行远航庆祝活动。而取名"俄罗斯海洋圈"的莫斯科联欢节、"船舶建造和海洋工艺"和"俄罗斯海军300年，它的过去、现在、将来"等学术会议，则从不同侧面反映了纪念活动的主题。

庆典的当天，大型庆祝活动在海军首都——圣彼得堡举行，在塞纳特广场举行陆上阅兵式，在涅瓦河上举行海上检阅式，最后由各种海军飞机、水兵运动员和陆战队员参加的军事运动节目开始表演，把庆祝活动推向高潮。

海洋军事

海军名人传奇

194. 谁是中国人民海军的第一任司令员？

肖劲光是人民海军的第一任司令员。他1903年1月出生于湖南长沙市岳麓山乡，1919年1月即投身革命。1925年秋参加北伐，1927年9月第二次赴苏联学习。1930年回国后参加了长征、抗日战争和解放战争。1955年被授予大将军衔。1949年，肖劲光出任海军司令。1950年8月主持召开海军建军会议，制定了海军早期的建军路线和建设方针。1951年他又提出海军建设要打好组织、政治思想和技术三个"桩子"，率领海军指战员向文化、科学进军，迅速完成从陆军到海军的转变。他指挥海军协同陆

肖劲光1951年视察华东军区海军

军和空军解放了除台湾、澎湖、金门、马祖、乌丘以外的东南沿海岛屿，保障了海上运输和渔业生产安全。1954年他提出的海军武器装备发展争取外援，转让制造；引进技术，仿制改进；立足国内，自行研制的三个步骤，对我海军装备的发展，具有重要意义。1965年他提出"以发展空、潜、快为主并相应发展其他兵种"的方针，领导编制海军装备科研的第三个五年计划，推动了海军新型武器的研制生产；1971年9月后，他倾注全力抓海军装备建设，领导研制出我国自行设计制造的第一艘核潜艇和导弹驱逐舰，壮大了海军战斗力量。他是中国海军发展壮大的奠

基人。

195. 谁是华东军区海军第一任司令员？

早在解放战争时期,中国人民解放军就成立了第一支海军部队——华东军区海军,毛泽东主席把这一任务交给了只有39岁的张爱萍,任命他为华东军区海军司令员兼政治委员。在他的指挥下,组建人民海军的各项工作轰轰烈烈地展开,成立舰队、修复造船厂,

张爱萍视察海军部队

创办海军学校,很快就形成了一支具有一定战斗力的近岸海军队伍。1955年1月,张爱萍指挥人民解放军首次陆、海、空三军联合作战,解放了一江山岛,随即一鼓作气又解放了大陈岛及浙东沿海国民党军占领的岛屿,粉碎了国民党反攻大陆的企图。华东海军的组建,为人民海军建设提供了经验和打下了良好的基础。

张爱萍原名张瑞绪,1910年生于四川达县。1925年入达县中学即参加革命学生运动,1928年入党,1929年参加中国工农红军,1934年入红军大学学习,毕业后任红3军团第4师12团政委。长征后任中央军委骑兵团政治委员兼团长,1936年再次入红军大学,毕业后在抗日军政大学任教。1937年任中共浙江省委常委、军委书记,1939年1月任豫皖苏省委书记。1941年皖南事变后任新四军

旅长。1945年任中国人民解放军华中军区副司令员。1955年被授予上将军衔。

196. 历经中国三代海军的将军是哪一位?

在我国海军将军的历史上,有一位历经三代(北洋政府、国民党政府、中华人民共和国)海军的军人,他就是邓兆祥将军。

历经中国三代海军的将军邓兆祥

邓兆祥11岁时虚报了2岁考入海军黄埔军校,5年后结业又转入吴淞海军学校、烟台海军学校、南京水鱼雷枪炮学校学习。1923年在北洋政府海军就职,任过"华甲"号舰枪炮副。1928年起在国民党海军就职,任过航海长。1930年赴英留学,回国后任国民党海军"宁海"号舰枪炮正,"通济"号舰副长。1936—1946年,历任国民党海军水鱼雷营营长、第二舰队司令部参谋、"长治"号舰长、"重庆"号舰长,1949年2月25日起义。1949年5月起,历任人民海军安东海军学校校长、海军快艇学校校长、第一海军学校副校长、海军青岛基地副参谋长、海军青岛基地副司令员、海军北海舰队副司令员。1955年,邓兆祥被授予少将军衔,获一级解放勋章。

197. 你了解东海舰队副司令员林遵吗？

林遵，1905年8月生于江苏南京，1924年入烟台海军学校，1929年毕业赴英国学习，1934年回国后曾任国民党海军航海官、副舰长。1937年参加庆祝英皇乔治六世加冕典礼的中国特使团，任海军武官。9月赴德国学习潜艇技术，1939年回国。后曾任副舰长、布雷大队长、国防研究院海军研究员、驻美国大使馆海军副武官、海防第二舰队司令、少将。1949年4月23日，他率舰艇25艘、官兵1271人在南京笆斗山江面起义。在加入人民解放军后曾任华东军区海军第一副司令员、军事学院海军系教授会主任、海军军事学院副院长、东海舰队副司令员。1955年，林遵被授予少将军衔，获一级解放勋章。

198. 谁被誉为人民海军的"钢铁战士"？

麦贤得这一英雄的名字和他不朽的故事，从20世纪60年代起一直激励着几代青年，为国家的强盛和发展而奋斗着。事情发生在1965年8月6日，在南澳岛以东海域的一次海战中，南海舰队某部护卫艇大队611艇轮机兵麦贤得前额骨被弹片击穿，他以惊人的毅力忍受剧痛，不顾头部流下的血浆黏住双眼，一直坚持战斗。为保证轮机正常运转，他摸索着去检查管路、阀门，坚守岗位3个多小时，直到战斗胜利。麦贤得在脑部受伤的情况下，仍以顽强的毅力保证了机械的正常运转，使该艇顺利完成了战斗任务。由于麦贤得在战斗中的顽强表现，战后被誉为"钢铁战士"，记一等功。1966年2月4日，团中央

"钢铁战士"麦贤得

授予麦贤得"模范共青团员"称号。2月23日,中华人民共和国国防部授予麦贤得"战斗英雄"荣誉称号,号召全军指战员学习他对革命事业的高度负责精神和英勇顽强的无产阶级硬骨头作风。麦贤得后任海军某水警区副司令,大校军衔。

199. 毛主席为什么对王昆印象深?

1956年6月11日,毛主席接见海军第一次党代会主席团成员时,一眼认出了王昆,他笑着说:"这个小鬼我认识。"那么,王昆是何许人也,毛泽东主席又怎么认识他的呢?原来,王昆是我志愿军的一位飞行员。1952年,他第一次参战就与敌4架F-86战斗机遭遇,他机智勇敢,奋勇攻击,取得了击落、击伤敌机各一架的战绩。1953年3月27日,他与战友王海成执行长途奔袭任务返航时,发现3架敌机企图偷袭我地面部队,他们立即向敌机猛冲过去,王昆击伤1架敌机,王海成击落1架,保护了地面部队。由于中途执行"额外"任务,多飞行了一段时间,所以在着陆后燃油都用光了。1955年6月27日,他率队在台州列岛巡逻时,发现敌PVB型海上巡逻机一架,敌机依仗优良的性能,想在超低空逃脱,王昆边追边打,从2000米一直打到70米,将敌击落,拉起时,飞机的高度表已指到零了。在毛主席接见后的12月13日,敌2架F-86掩护4架F-84轰炸机来偷袭我三都、沙埕港的运输队,王昆奉命出击,又击落F-86战斗机1架。毛主席之所以认识王昆,那是由于在1955年9月28日毛主席曾接见过参加全国青年社会主义积极分子代表大会的代表时,王昆是3位海军航空兵中的一位。

飞行员王昆

200. 敢与国民党炮舰作战的国民党兵的伙夫是谁?

1950年7月11日,我华东军区海军炮艇大队三分队"03"号炮艇,在参加解放大陈岛的战斗过程中,在琅矶山附近海面单独与一艘国民党大型炮艇战斗。由于双方炮艇的吨位和火力相差悬殊,"03"号炮艇根本不占上风,但为了拖住敌人以减小对登岛部队的压力,"03"号炮艇极力与敌炮舰周旋。战斗中,"03"号艇的艇长和操舵兵均先后阵亡。这时,有一个右臂和右腿已经负伤的枪炮兵爬到了指挥岗位,他单手操舵并指挥炮艇撤出战斗。战后,他被我华东军区授予"甲等战斗模范"称号,并出席了1950年的全国战斗英雄大会。这个人就是曾经在国民党炮艇上当过伙夫,后来起义加入人民海军的赵孝庵。

201. 指挥垃圾尾湾海战的指挥员是谁?

1950年5月25日,中国人民解放军江防部队的8艘陈旧不堪的小型炮艇,参加进攻国民党驻垃圾尾锚地舰艇的海战。由于我江防部队的炮艇性能不一,刚换上海军服的陆军指挥员又不熟悉编队要领,在25日凌晨只有"解放"号按计划到达垃圾尾海湾口。面对湾内20多艘国民党军舰,这艘只有28吨的小炮艇却不顾一切地冲了上去,并立即将敌军第三舰队的旗舰"太和"号击伤,敌舰队司令齐鸿章也被击成重伤。此时,敌舰不知"解放军"来了多少舰,自己乱成一团。我"解放"号乘机对敌舰一阵猛打,又有3艘敌舰中弹起火。战至天亮时分,敌舰才发现只有1艘小艇"解放"号,才集中火力对其攻击。"解放"号在受伤严重艇员大部伤亡的情况下,突出重围,安全返航。这艘冲入垃圾尾湾对敌舰海战的我"解放"号炮艇的指挥员就是林文虎。

202. 首创18000米以上高空击落敌机战例的是谁?

新中国成立后,盘据台湾的国民党空军依仗美国支援的高空侦察机不断到大陆沿海,有时还深入内陆地区进行侦察。他们抓住当时大陆还没有对空导弹和战机达

不到他们侦察机飞行高度(18000米～20000米)的弱点,对到大陆进行侦查就像观光旅游一样来去自由。殊不知从那时起,我海军航空兵已经在积极采取对策。当时的航四师就进行了多次高空飞行和射击试验,取得了许多经验。1958年2月18日,国民党空军又一架美制"RB-57"型高空侦察机窜入大陆进行侦查,一路大摇大摆经山东胶县入海阳。但这次他没想到的是,航四师10团飞行员舒积成早就在此等候了。当发现敌机后,他驾机爬高,再爬高。他利用在试验中取得的数据和经验,猛地向上一冲,对准敌机开炮,一举将"RB-57"击落。这一击不仅打破了国民党空军到大陆侦察无危险的美梦,也创造了世界空战史上18000米以上高空击落敌机的战例。实际上,舒积成驾驶的歼-6飞机的实际升限只有17500米。他之所以能突破这个升限,主要是人的主观努力弥补了物质条件的不足。

203. 你知道我国海军中的名舰"父子兵"吗?

1954年10月,我国从苏联购进4艘驱逐舰,组成人民海军第一支驱逐舰部队,其中"鞍山"舰舰长,由留学归国的苏军担任,后来他又担任大队长,指挥这个大队的4艘驱逐舰,参加过三军合成演习。该大队(后改为驱逐舰支队)组建40多年来,累计航行了130万海里,完成9000多项新装备试验任务,创造了海军史上40多个第一。"鞍山"舰在1964年全军大比武中,获布雷、舰炮射击优秀成绩。"鞍山"舰的舰长换了一任又一任,但始终保持着先行者身份。到1992年,它创造了世界海军史上驱逐舰使用周期和服役时间最长两个纪录。

1992年4月24日,"鞍山"舰举行退役仪式,随着该舰舰长苏海音响亮的"敬礼"口令,分列两舷的官兵一齐向徐徐降下的军旗敬礼,桅杆旁主持降旗仪式的就是该舰第一任舰长苏军,老将军眼噙泪水,双手捧着军旗,神情庄重地将它交给"鞍山"舰第14任舰长——他的儿子苏海音少校。

子承父业是中国旧有的传统,父子同在一条舰任舰长,并一交一接是极为罕见的。父子俩交接的是军舰,更是我海军的光荣传统和作风。

204. 我国海军航空兵有哪些辉煌战绩?

自人民海军诞生以来,在战斗中迅速成长,取得了一连串令人瞩目的战绩:

1954年3月至6月间,分别在浙江南田、松门、一江山、小鹅冠上空击落国民党F-47战斗机6架,击伤2架。

1955年1月,在汕头保卫战中击落国民党飞机5架,击伤4架。

1958年2月至9月间,在温州、山东半岛上空击落国民党F-86飞机2架、RB-57高空侦察机1架。

1964年6月至12月间,在浙江温岭、山东半岛上空击落国民党P2V电子侦察机和RF-101型高空侦察机各1架。

1965年3月至11月间,在万宁、榆林、陵水等地上空击落美国战斗机4架、击伤3架,击落高空侦察机2架。

1967年,在海南岛上空击落美F-4C战斗机一架。

1968年2月,在海南岛万宁上空击落击伤美海军A-1型舰载攻击机各1架。

205. 你知道中国的第一代女水兵吗?

中国和世界多数国家一样,舰船曾是女人的禁地,但在20世纪90年代,在中国海军史上写下了新的一笔——军舰上有了女水兵。

1991年3月14日,南海舰队司令部发布命令:任命海军422医院陈金凤等17名女军人为海军"南康"号医院船的医护人员。从此,中国千百年来女性的禁地被打破,人民海军有了第一代女水兵。

说军舰上拒绝女军人是对女性的歧视,也不尽然,因为女军人上舰后在生活上不方便、在生理上的不适应,必然受到客观条件的拒绝。如居住,即使是庞大的航母,水兵住的也是统舱,女兵上舰当然要"另立门户",而军舰上的空间是按立方厘米来算的,把战斗性放在第一位,没有条件为女兵再辟空间。因此,女兵最早登上的应是辅助船只。但是,在船上别说工作,就是躺在床上,也难度过晕船的难关。"南康"号医院船第一个航次是一个月的巡诊。船出港后,风浪并不大,有的女军人就感到不舒服,为了迈过这道难迈的坎,她们忘我工作,坚持锻炼,克服困难,一个月下来了,一条通向"海洋"之路真的被走出来了。

206. 陈绍宽有哪些传奇的经历?

陈绍宽,1888年生于福州闽侯县胪雷乡,17岁毕业于南京南洋水师学堂,从舰上做实习生起,10年后升任"肇和"舰代舰长。1917年,富有正义感的陈绍宽赴英海军参加第一次世界大战,战后获英女皇颁发的欧战纪念勋章。回国后,他先后担任过"通济"号练习舰和"应瑞"号巡洋舰舰长,1926年升任第二舰队司令,1927年后历任海军署长、海军部长、海军总司令。此后他参加和指挥了国民党海军抗日战争的全过程,处处表现了他爱国家、爱民族的坚定信念。难能可贵的是,在蒋介石发动内战时,他教育官兵不参与政客活动。1945年12月,蒋介石命他率舰去堵截从山东半岛渡向辽东半岛的人民解放军,他拒绝了命令,并拒绝打内战。蒋介石下令撤销海军总部时,他回到福建也不去南京。后来又两次拒绝了蒋介石要他去台湾的"邀请"。福州解放后,他欣然参加革命,致电毛泽东主席和朱德总司令,表示愿为新中国贡献力量。建国后,他先后担任国防委员会委员、全国人大代表、福建省副省长、政协福建省委员会主席和中国国民党委员会主席等职。

207. 我国海军是如何首次收复西沙的?

1945年8月,日本战败并投降,根据1943年中、美、英三国《开罗宣言》和1945年《波茨坦公告》的决定,台湾、西沙和南沙群岛均应回归中国。1946年9月,当时的国民政府外交部、内政部、国防部和海军总司令部会商决定,由海军组织舰艇协助广东省政府接收西沙和南沙群岛,并由海军驻守。因当时补给困难,决定先进驻南沙太平岛和西沙伍德岛,每岛设电台一部,海军陆战队一个排,电台台长为岛上驻军最高指挥官。计划就绪后,就从海军上校林遵刚从美国带回的8条军舰中,抽调"永兴"

号和"太平"号驱逐舰、"中建"号和"中业"号登陆舰共4艘军舰前往。11月24日凌晨,"永兴"号抵达伍德岛海域,派小艇上岛搜索,无敌情后,就运送物资上岛、着手建营房、修工事和架设电台。11月29日,舰队派出仪仗队,全体官兵举行为收复西沙群岛纪念碑揭幕仪式。纪念碑正面刻着"卫我南疆",背面刻着"海军收复西沙群岛纪念碑"和"中华民国三十五年十一月二十四日立"字样。"永兴"舰所登的伍德岛也因此更名为永兴岛。

我海军舰艇在西沙海域巡逻

208. "西沙王"的称号是怎样来的?

1945年日本投降后,根据有关西沙和南沙群岛应回归中国的决定,原国民党政府海军总司令部海事处上尉参谋张君然等4人即开始了对南海诸岛的海洋地理、水文气象及敌情的收集工作。张君然作为海军派出的官员,于10月29日和收复西沙及南沙的4艘军舰一同由上海出航,11月24日凌晨,张君然乘坐的"永兴"号驱潜舰抵达永兴岛(当时称伍德岛)海域,按预定计划,由张君然率一个战斗小组率先登岛,后又在岛上立碑。没过2

个月,来了一艘法国军舰"东京人"号,并派人到永兴岛,开口就要中国撤离,遭张君然断然拒绝,法舰碰了个硬钉子于次日撤走。1947年4月,张君然又率"永兴"和"中业"两舰及一个陆战队加强排进驻珊瑚岛。1947年6月,张君然被任命为海军西沙群岛管理处主任,行使西沙群岛的军政领导权。

1949年6月,张君然从西沙换防下岛后,8月在香港秘密加入中国人民解放军,并作为华东军区海军一员,返回广州做策反国民党海军起义、投诚等工作。由于张君然在接收西沙、驻守西沙的经历和对西沙历史、地理情况的掌握堪称中国第一人,因此有人送他"西沙王"的称号。

209. 帆船可以打退军舰吗?

同学们,木板帆船打败铁壳军舰好像有点痴人说梦一样,但确有其事。此事发生在1950年,解放大军准备渡海解放海南岛,位于琼州海峡的围洲岛是解放海南岛的前进基地,在围洲岛驻有解放军一个营。由于缺少粮食,3月29日,解放军359团派9连指导员王庆文带一个排,乘3艘帆船押运粮食到围洲岛。出发前,王庆文向大家布置了任务,每条船一个班,并携带轻重机枪各一挺、掷弹筒一具,又规定了联络信号和应急措施,在当地船工的协助下,从北海出发前往围洲岛。当船行至半夜时,海峡内刮起大风,将3艘帆船吹散了,王庆文这艘船已被刮到海南岛敌占区附近。王庆文要大家随时做好战斗准备,并派八班长爬到桅杆上瞭望。突然,他们发现一艘敌军舰向他们开过来,王庆文要大家隐蔽,不要开枪。此时,敌舰一面开炮射击,一面冲过来想抢帆船回去"分肥"。当两船相距仅约 10 米时,王庆文大喊一声"打"!轻重机枪一起向敌甲板上的敌人扫了过去,站在甲板上的敌人应声倒下,敌舰长也被掷弹筒的炮弹击伤。因为敌舰的官兵都到上甲板准备拖帆船和看光景,所以没有人还击。实际也没法还击,因为此时一边高一边低,军舰的枪炮打不着帆船。由于舰长负伤、炮位上人员不齐,帆船上的火力又猛,军舰不敢恋战而撤退了。

木帆船周身被打了 28 个洞,都被战士用事先准备的棉被等物堵住了,但指导员王庆文在战斗中光荣牺牲。这艘帆船在八班长指挥下驶回了围洲岛。该船后来被授予"王庆文英雄船"称号。

210. 中国最早的海军留学生有哪些人?

中国最早的海军留学生是在清朝时期(1877 年)派往英国的,第一批留学生有刘步蟾、林曾泰、蒋起英、方伯谦、严宗光(严复)、何心川、林永升、叶祖圭、萨镇冰、黄建勋、江懋祉、林颖启等。

第一批去英国学习驾驶的学生

这是清朝当局面对中国海军装备、战术的落后及受国内洋务派的影响,急切想提升海军总体作战实力而作出的决定。这批留学生也不辱使命,他们于1877年去英国留学,1880年全部学成回国。他们回国后在清政府或海军中均担任要职,为中华民族海军建设和发展作出了贡献。有的还参加了中日甲午战争,除了方伯谦外都有战功,有的还战功显赫,英名长驻。

211. 你知道"抗日战争"中鱼雷艇对日本军舰的攻击吗?

1937年,原国民政府海军将刚从德、英国购进的鱼雷快艇,编成史可法中队和文天祥中队,所以该艇也称"史×××艇"和"文×××艇",它们对日本侵华舰艇曾作战三次。

第一次是在1937年8月14日,"史102艇"由镇江启航,从新龙华绕过十六铺江面的三道沉船封锁线,并从停泊于江面的日、英、法、意军舰之间高速冲过,直扑停泊于上海外滩的日本第三舰队旗舰"出云"号,当距离300米时,将两条鱼雷发射出去,但鱼雷意外地撞在了日本总领事馆侧的邮船码头上爆炸了,使"出云"舰免遭一难。

第二次是在1937年11月12日,"史181艇"由江阴出航,趁夜色袭击下游的日本舰艇。于13日晨4时30分在金鸡港江面与3艘日本驱逐舰相遇,"史181艇"立即对其攻击,谁知鱼雷又被江中浅滩挡住,又救了日舰一命。但日舰在慌乱逃避中,有两艘军舰互相碰撞,除都有破损外,还有1艘舰搁浅在沙滩上。

第三次是在1938年7月14日,"文93艇"到湖口江面袭击日舰,这次虽击中了日舰,但鱼雷艇也被日舰击伤。

这三次鱼雷战虽战果不佳,但也显示了中国人民和原国民政府部分海军将士的抗日精神。

212. "黄安"舰是如何在青岛起义的?

"黄安"舰是原国民党海军的1艘810吨的护卫舰。1948年底解放军逼近青岛时,舰上的地下党组织抓住这一时机,加强了对"黄安"舰起义的策动工作,在核心骨干的秘密组织下,团结争取了一批起义积极分子。1949年2月12日是农历正月十五,地下党利用舰长刘广超回家过节的机会发动了起义,晚上8点30分,各骨干分子占领了舰上重要岗位,并扣押了副舰长等部分人员,仅用30分钟就全部控制该舰。8点50分开始起锚慢速向外海行驶。当时在青岛港外小青岛一带海面上停着很多美国军舰,"黄安"舰就从它们中间穿行而过。当驶出外海加速时,美舰可能感到不对劲,发来信号问"你们要到哪里去?""黄安"机智地回答"这里风浪很大,去避风"。就这样,在第二天凌晨,"黄安"舰驶抵苏北解放区连云港,受到新海连市特委书记谷牧的接见,当天举行了欢迎大会。

"黄安"舰是国民党海军第一艘起义舰艇,加入人民解放军后,被命名"沈阳"舰,曾参加过多次解放沿海岛屿的战斗,并在解放一江山岛战斗中立有战功。

213. 你知道中国水兵在日本长崎的一桩血案吗?

1886年,北洋水师提督丁汝昌率舰队远航,从渤海湾出发,经釜山抵海参崴,留下"超勇"、"扬威"两舰执行其他任务,又率编队南下,8月1日,经日本政府允许,编队驶入日本长崎港。我编队的4艘军舰是"镇远"、"定远"、"济远"和"威远"号,威武雄壮,特别是"镇远"和"定远"两舰,都比日本的主力舰"扶桑"号大得多,这使日本人非常嫉妒,并埋下了冲突的种子。

"镇远"舰

中国4艘军舰进长崎按计划休整的当天,上岸的几名水兵与日本警察相遇,不知何故发生口角,虽经劝解争吵得以平息,但日本警察却怀恨在心,次日布置了众多警察堵住街巷,与上岸的中国水兵无故找碴,继而大打出手,并拔刀伤人,一些日本居民也参与其中。这场由日本警察挑起的大规模殴斗,共有数百人卷入,致使我北洋水兵5人当场致死,6人重伤,38人轻伤。

事件发生后,我数千在日北洋水兵群情激愤,在丁汝昌召集的各舰管带协商解决办法会上,担任北洋海军顾问的英国海军军官琅威理从舰艇的吨位和实力出发极力主张立即对日宣战,然而丁汝昌和刘步蟾等人以中日两国友好的大局为重,否决了琅威理的主张。最后决定通过律师向长崎法院提出诉讼,按照法律程序解决这一事件,从而避免了中日两国间的一场军事冲突。

1887年11月,日本法院经调查审理作出如下判决:中方水兵和日警头目死者各给恤金6000元,一般警察给4500元,因伤致残给2500元。根据双方死伤情况,日方给中方5.25万元,中方给日方1.55万元。就此了结了这桩血案。

214. 美国第七舰队到烟台目的何在?

山东烟台于1945年8月23日解放。在烟台人民正在欢庆解放时,却传来了美国第七舰队要到烟台登陆的消息,烟台市委立即部署保卫烟台的各项工作。

果然,10月1日,美国第七舰队特遣舰队就打着"帮助中国受降"的幌子开始了登陆谈判。可笑的是一个月以前烟台已全部解放,哪里还有日军需要美军帮助受降呢?美舰想借此登陆,中国人民绝不答应。

12月2日,美特遣舰队司令赛特尔亲自出马,这次他以烟台海域有日军布下的水雷,美军来用先进的技术装备帮助消除这些危险物为借口,仍要求登陆。但是,他得到了当时任烟台市长的于谷莺的坚定回答:"我们不需要美军效什么力,如果烟台港口水域有什么危险物,烟台军民能够很快消除它。还是让美国水兵及早回国同他们的国土亲一亲,同他们的家人团聚吧。"

美军见软的不行就来硬的,烟台外海的美舰一下增加到20多艘,飞机也到烟台市上空盘旋。这时,美舰队编队副官来请于谷莺到美舰访问,于也知道美军的用意不善,但立即前往,原来他们安排了听天津受降录音和看美舰的大炮等项目。于谷莺也不客气,说我们用小米加步枪和手榴弹照样把日军打败,不把这些洋货看在眼里,美军的威胁没有成功。可第二天,赛特尔到烟台对于谷莺说,他奉命要到烟台登陆。于谷莺说,这是强盗行为,要将美军的侵略行为公布于世界。10月6日,当第十八集团军总参谋长叶剑英"反对美军在烟台登陆"的声明送到美舰时,美舰在坚定、强硬的中国人民面前退却了。

215. 萨师俊舰长是怎样为国捐躯的?

"中山"舰原名"永丰"舰,1922年广东军阀陈炯明叛变,孙中山避难"永丰"舰,后"永丰"舰改名"中山"舰。

萨师俊舰长像

1938年武昌会战时,担任"中山"舰舰长的是萨师俊,他指挥"中山"舰与兄弟舰艇一起担任湖南城陵矶至武汉间的长江航道空防、巡逻任务,每天往返护送各种船舶航行,用高射武器反击敌机。后来敌机专门轰炸我舰艇,"中山"舰又担任嘉鱼、新堤至武昌金口的警戒。1938年10月24日,日本侵略军已从北、东、南三面兵临武汉,萨师俊不畏压境的强敌,指挥"中山"舰英勇与敌斗争。下午3时,6架敌机对"中山"舰轮番攻击,舰体连中2弹,萨师俊左腿被炸断,但仍坚持指挥。当舰体倾斜下沉时,他命令全体离舰,而他准备与舰共亡。官兵发现后,将他护持上了舢舨。快到岸边时,萨师俊不幸中弹牺牲。

现在"中山"舰已打捞上来了,它将作为历史文物对后代进行爱国主义和国防教育。

216. 我国的破冰船是如何诞生的?

我国的破冰船是怎样诞生的呢?它是被大自然逼出来的。事情是这样的:1969年春节前夕,渤海湾遇到了百年不遇的大寒潮,渤海被冻成一块"冰板"。素有不冻港之称的秦皇岛锚地上的几十艘国内外商船被冰封住。飞向北京的求救电报惊动了周总理。由于我国海区百年也难以出现这么重的冰封,所以过去一直没有破冰的船只。为了实施海区救助,有关部门临时调旅顺港的一条600吨的拖轮前往冰区。拖船在冰层覆盖的渤海湾里艰难地拱了三天三夜才伤痕累累地到达秦皇岛锚地,再要去救助其他船只时已经无能为力了。这次寒潮给国家造成的损失是巨大的。

鉴于这次冰害,在周恩来总理的关怀下,我们自己制造的"海冰721"破冰船第二年就试航成功了。至今,该船已进行了上百次冰况调查和破冰任务,均圆满地完成了任务。

217. 程璧光为什么遭暗杀?

程璧光1861年生于广东香山,11岁投奔在"清远"舰任管带的姐夫,当了一名水手,14岁考入福州船政学堂,毕业后历任"超武"舰帮带、"元凯"炮船管带、"广丙"舰管带。

1895年7月25日,正在港口值班的"广丙"舰发现大东沟口外的北洋舰队和日本联合舰队开战,程璧光即率舰参战,战斗中将日本旗舰"西京丸"击伤,若不是鱼雷有误差,就能将"西京丸"送入海底。甲午战争后,程璧光却获"罪"革职回乡。后来,他秘密加入"兴中会"。1895年"兴中会"起义计划泄露,程逃亡到南洋槟榔屿。1896年,李鸿章出访欧洲路过槟榔屿,劝程璧光回国,并为他请免甲午战争之罪。程回国后仍在海军任职,任管带、船政司司长、统领巡洋舰等职。1911年6月,他率"海圻"号巡洋舰到英国参加英女王加冕典礼。加冕典礼结束后,又率舰到美国、墨西哥、古巴等地慰问侨民,1912年回国。这次出访开创了中国近代海军史上的第一次远航。

　　北洋军阀时代,程出任海军总长,1917年在孙中山的动员下他与北洋政府脱离关系,7月21日率舰南下广州参加护法政府,22日即发出海军护法宣言,并配合护法军攻占长沙、征讨福建,平定了两广地区与北洋军阀相勾结的叛乱。此时,北、南军阀都看出,海军是孙中山护法所能依靠的力量,而程璧光又是关键人物,就决定暗杀程璧光。此时亲友和同事都劝他多加防备,他说我兴义师,除暴乱,纯出于公义,有什么可怕的。他仍坚持步行外出办事,结果于1918年2月26日在珠海遭特务暗杀。

218. 林则徐是如何打败英国舰队的?

　　林则徐接任钦差大臣赴广东禁烟,不足一个月即销毁鸦片2376254斤。他知道英国人不会善罢甘休,就一面着手加强海防工事、增设炮台、在航道上设置障碍(木排和铁链)以防止英舰进攻,一面又发动和武装群众,鼓励群众自动组织"乡勇"和"团练"保卫家乡。本来就恨透了外国侵略者和鸦片贩子的群众一呼百应,很快就武装了起来,仅渔民就有5000人组织起"水勇",他们不断乘夜出击,放火烧英舰,并多次协助水师作战。林则徐还告诉百姓,"如英夷兵船一旦进入河内,允许所有的人痛杀"。在这样的严密海防中,英舰7战7败,不得已只好转移战场。

林则徐除了加强海防工事、严密防守外,还靠发动群众共同抵御侵略,因此不仅顶住了英舰的轮番冲击,并且将其打败,若当时中国其他地域的官员都能像林则徐这样做,就不会出现《南京条约》及后来的中国被欺辱、被分割了。

219. 戚继光有什么海军新战法?

戚继光是我国明代抗倭名将,他整顿军纪,加强国防,操练水军,研讨战法。他经过苦战,历时一年就彻底消灭了浙江、福建、广东一带的各股倭寇,使沿海人民得以安居。他建立了一支拥有44艘战船的水师,进行严格的训练,最后以纪律严明、英勇善战被群众誉为"戚家军"。戚继光还创造了一种名叫"鸳鸯阵"和"兵船束伍法"的新战法,以有效地发挥各种类型战船的协同作战能力。1561年,戚继光曾大摆"鸳鸯阵",取得9战9捷,彻底消灭了进犯台州的倭寇。

220. 你了解海军名将刘步蟾吗?

刘步蟾,1852年生于福州,1867年考入船政学堂,学习驾驶、枪炮技术。1870年到"建成"练习舰实习,曾历经南海至渤海各港口,并于1872年以第一名的成绩结束实习。1884年,刘步蟾升任"建成"舰管带,1875年被派往英、德两国考察武备,1876年作为中国第一批留学生派往英国留学,1879年以优等成绩毕业回国。回国后在"镇北"舰任管带,他与林泰曾将留学心得写成《西洋兵船炮台操法大略》的条陈,陈述了对中国海军发展的意见及对帝国主义侵略应采取的积极防御方针,被清政府采纳。

1880年,清政府派刘步蟾去德国监造"定远"、"镇远"铁甲舰和"济远"快船,并研究枪炮、水雷技术。同年冬又派他到英国接收新购的"超勇"、"扬威"两艘快船。1885年,刘步蟾率领建造完工的"定远"、"镇远"舰回国,被任命为"定远"舰管带。1888年北洋水师成军,他被任命为北洋水师右翼总兵兼旗舰"定远"舰管带,并受提督丁汝昌委托,主持北洋水师的整顿、训练工作。他对日本大力扩充海军之野心早已洞察,建议李鸿章按年添置像"定远"、"镇远"一类的舰艇,没被采纳。

甲午战争中,提督丁汝昌负伤,刘步蟾代为指挥,他指挥"定远"、"镇远"两舰与日本5艘军舰战斗,经过历时4小时40分的战斗,最后将日本旗舰击成重伤,日舰仓皇而逃。

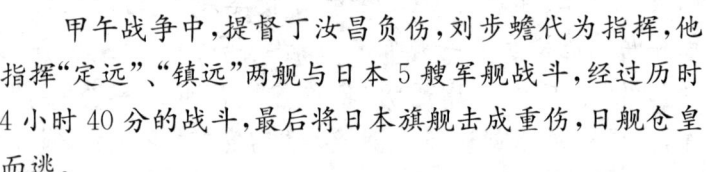

1895年2月5日,日本鱼雷艇偷袭威海港,"定远"舰中雷进水,刘步蟾令砍断锚链抢滩后,用舰炮与日军战斗,炮弹打光后,他下令炸船,自己也自杀殉国,实践了"船亡与亡,志节凛然"的誓言。

221. 你知道施琅其人吗?

施琅,生于福建晋江衙口乡,在郑成功收复台湾之初,任郑成功的左先锋,在驱逐荷兰人的战斗中作出了重大贡献。后与郑成功发生了矛盾,投降了清王朝。

康熙二十二年(1683年)6月14日,施琅率2万水师、战船300艘前往收复台湾。他要所有战船均在船帆上用大字写上带兵官员姓名,以便战后赏罚。他自己也乘战舰上前督战,既实施现场指挥又鼓舞士气。在他的带动下,士兵作战勇敢,台湾官兵不想恋战,最后递交降表投降。

施琅收复台湾后,他不顾昔日与郑成功的矛盾,亲自撰写祭文,表达他对郑成功驱逐荷兰殖民者、收复台湾光辉业绩的崇敬。

台湾自古就是中国不可分割的领土,过去不容侵略,今日也不许分裂,捍卫这个美丽的宝岛是我们每个中国公民义不容辞的责任。

222. 谁是"振威将军"?

1905年,曾为北洋水师建设奋斗一生的叶祖圭,因劳累不治,在7月29日逝于军中,为表彰叶祖圭的功绩,清廷追授他"振威将军"称号。

叶祖圭,1852年生于福建侯官(福州市),1866年考入福建船政学堂,1877年被选为海军首批留学生赴英海军学院深造,曾在英舰上远航过地中海、大西洋、太平洋。1880年学成回国,任"镇远"舰管带,1881年以都司衔管带"镇远"舰,1889年升任中军右营副将,兼任"靖远"舰管带。在1894年的抗击日寇进攻中,他的军舰曾3次起火,死伤多人。在被日舰包围时,叶祖圭巧妙地冲出重围,驶向浅滩,一面抢修,一面轰击日舰,迫使日舰不敢靠近,当日下午抢修完毕带伤归队。

1895年1月10日,日舰又向我威海基地进攻,"靖远"舰勇拒敌舰,战斗中"靖远"受重创,叶祖圭见保舰无望,即驾舰冲向敌人。由于船舱进水太多,舰首下沉,不便驾驶,没能撞到敌舰。叶欲与舰共亡,被水兵拥上小船抢救上岸。叶祖圭的行动大大鼓舞了北洋水师的斗志。叶祖圭的事迹深受人们的崇敬,所以当只有54岁的叶祖圭不治而逝的噩耗传来时,北洋水师的官兵都痛哭失声。

223. "黄海之战"逃将方伯谦的下场如何?

1894年9月24日,是"黄海之战"后的第七天,在旅顺港内停泊着"镇远"、"定远"、"靖远"、"来远"等舰,各舰官兵面向东南,肃穆地悼念600多名在海战中英勇献身的烈士,同时也在回味发生在黄海海面上的那场5小时的拼死搏战,他们亲眼目睹了邓世昌、林永升在激战中舍生忘死、各率本舰官兵浴血奋战直到舰沉人亡的悲壮场面,但也看到了贪生怕死、在战斗最激烈时驾舰逃离战场的"济远"舰管带方伯谦。他的逃离并引起"广甲"舰随逃,致使这一仗仅打了一个平手,但北洋舰队损失惨重。

战后北洋舰队广大官兵纷纷谴责方伯谦这个怕死之徒。提督丁汝昌更是愤恨难忍,他带伤提审方伯谦,摘掉他的顶戴花翎,撤销他的"济远"舰管带职务,痛骂方伯谦是一个卑鄙小人,是北洋海军的败类。痛骂之余,他电请清政府,要求严惩方伯谦。9月23日丁汝昌接到清政府告谕,批准立即将方伯谦斩首示众。24日方伯谦被拉上了设在黄金山下大船坞边各舰官兵均能看到的刑场上执行死刑。从此,逃将方伯谦被"历史老人"列进了千古罪人的名册。

224. 抗英名将关天培驻守虎门有哪些建树?

关天培是江苏山阳(今淮安)人。从军以后历任守备、都司、游击、参将、副将、总兵、提督。清朝道光十四年九月(1834年10月),他由江南提督调任为广东水师提督,驻扎虎门。关天培一直主张守备为本,以逸待劳,以静制动的防御作战方针。他积极筹划水师和海防建设,尤其以珠江口虎门防御为重点;整顿水师,加强训练;部署和建设防御阵地设施,增设虎门的"永安"、"巩固"、"靖远"诸炮台,在横档水面设置木栅、铁链等障碍。他竭力协助清政府钦差大臣林则徐、两广总督邓廷桢查缉鸦片走私,并于1839年虎门销烟后,在虎门外穿鼻洋亲自指挥水师击退了英国舰船的进犯。1841年2月25日,在英侵华舰队18艘舰船再次进犯横档各炮台时,关天培督率"靖远"炮台守军奋勇抗击,不幸阵亡。

225. 你知道清末海军将领邓世昌的业绩吗?

邓世昌出生于广东东莞。1867年,18岁的他进入当时的船政学堂驾驶班学习。毕业后先后任"海东云"、"振威"、"飞霆"等舰艇管带。1879年调到北洋水师。1881年随丁汝昌赴英接收订购的"超勇"、"扬威"两艘巡洋舰回国,担任"扬威"舰管带。1887年以参将衔管带的身份再次赴英国接收订购的"致远"、"靖远"、"经远"、"来远"4艘巡洋舰回国。1888年北洋海军正式成立,他任中军中营副将、"致远"舰管带,晋总兵加提督衔。1894年9月17日,在中日黄海之战中,他率领"致远"舰全体将士英勇奋战。在该舰遭受重伤且已倾斜后,他仍力战日本旗舰"吉野"号,并以舰首向"吉野"号冲击,不幸被鱼雷击中而沉没,同全舰250余名官兵一起壮烈牺牲,以身殉国。

226. 蒋介石为什么要杀害"中山"舰舰长李之龙?

李之龙是湖北沔阳(今仙桃市)人。他1912年参加国民党,1916年考入烟台海军学校,1921年在上海结识董必武、陈潭秋。他1921年12月加入了中国共产党,曾任湖北全省工团联合会委员、中共汉口地委委员,参加过京汉铁路工人"二七"大罢工。他于1924年入黄埔军校第一期学习,毕业后分配到黄埔军校教导团,1925年2月任营党代表。同年10月,他升任广东国民政府海军局政治部主任。1926年他又升任局长、参谋厅长兼"中山"舰舰长,晋升海军中将。因为他粉碎了蒋介石的嫡系欧阳格劫舰、篡权的阴谋,被蒋介石于1926年3月20日以"中山"舰擅自行动、阴谋暴动为借口,派兵劫夺"中山"舰,并将李之龙拘捕,酿成了震惊中外的"中山舰事件"。1926年6月释放后,他随军参加了北伐战争,在攻克武汉后任中央人民俱乐部主任兼血花日报社社长。在"四一二"反革命政变后,他曾奋笔写下讨蒋檄文《三二〇反革命政变真相》,并秘密组织海军社,联络海军中的革命党人准备起义,事发后避难于香港、日本。他于1928年初又回到广州继续从事海军兵运活动,后被捕入狱。于同年2月8日以"策动海军叛乱"罪名惨遭杀害。

227. "重庆"号是如何起义的?

"重庆"号是国民党海军中最大的军舰,1948年8月从英国开到中国时,国民党统治已快要垮台了,舰上官兵多在考虑自己的前途。11月该舰到上海进行维修时,舰上的进步官兵与中共地下党员开始接触。接受了先进思想,提高了觉悟的基层官兵开始反对内战并酝酿起义。很快,舰上出现了两个秘密组织,其中一个是"士兵解放委员会",有27人,另一个有16人。此时,中共中央上海局、地下党南京市委、上海市委、上海市外县工委等都对该舰的人员进行了一些争取工作,起义条件趋于成熟。

1949年2月25日晨,"士兵解放委员会"成员集体发动起义,另一起义组织的进步官兵,包括舰长邓兆祥等也相继参加了起义。在舰长邓兆祥亲自指挥下,"重庆"号顺利地开到烟台,尔后又到了葫芦岛。

228. "重庆"号起义后的情况如何?

"重庆"号巡洋舰起义到达葫芦岛后,受到东北解放区军民的热烈欢迎。但十几天后,美蒋飞机侦察到了"重庆"号的位置,并对"重庆"号进行了连续三天轰炸,尽管舰上和陆地的对空火力进行了英勇还击,"重庆"号还是中弹被炸伤,舰上人员也伤亡20多人。那时,我们没有空军,其他兵力难以保证"重庆"号的安全,鉴于这种情况,党中央决定撤下人员,军舰自沉。于是将舰上能够撤下的设备和物资全部撤下,然后打开了海底门,"重庆"号

"重庆"号巡洋舰

缓缓没入水中。到 5 月份,起义官兵根据党中央指示,到安东市(今丹东)去组建新中国的海军学校去了。

229. 江防舰队是如何起义的?

中国人民解放军渡江战役后,将国民党海军的江防舰队隔在长江上游,此时国民党当局令上游的江防舰队退防重庆,江防舰队 7 艘舰航经万县时,被国民党"川鄂边区绥靖公署"主任孙震截留下,"永安"和"郝穴"两舰归其指挥。11 月 28 日,孙震所部 47 军军长严令这两艘舰装运弹药、物资,增援被解放军围困的重庆。此时"郝穴"舰副长王内修、枪炮官梁子绮、轮机长丁永才和军医杨元礼等密商借机起义,舰长李世鲁知道后也加入了起义组织。此时王内修又去找"永安"舰舰长聂锡禹联络,也同意一起举义。

29 日晨 8 时,两舰同时起锚,起锚后立即缴了国民党陆军派到舰上的 27 名押运人员的枪,掉头向下游驶去。

沿江虽遭到了国民党陆军的炮击,一路战斗近10小时,但两舰平安地驶抵巴东解放区。

"永安"、"郝穴"起义后,在重庆江面的"常德"号、"英山"号、"英德"号、"永平"号和旗舰"民权"号,以缺乏燃料为借口拒绝了开往江津待命的命令,又拒不执行蒋介石要他们破坏军舰,撤退人员的命令,舰队司令叶裕和令参谋长程法侃通令各舰戒严,官兵及家属迅即回舰,断绝与岸上交通,准备起义。30日晚,舰队派人到重庆与南岸二野先头部队取得了联系后,江防舰队随即举行起义,回到了人民怀抱。

230. 为什么称"笆斗山江面起义"是南京江面上的壮举?

1948年秋天,经中共中央副主席周恩来批示,在国民党海军杂志《中国海军》月刊社任社长、在第一次国内革命战争时期参加中国共产党的郭寿生光荣"归队",并令他策动国民党海军海防舰队司令林遵起义。从1948年10月到1949年2月,郭寿生先后多次做林遵工作,最后得到了林遵起义的许诺。此后中共党组织和解放军有关部门也多次派人与林遵进行联系。

在南京解放的当天早晨,国民党海军总司令桂永清在逃离南京前召见林遵,令他率驻泊在南京的30余艘舰艇撤往上海。林遵表面答应,后即召集各舰舰长和艇队长开会,共商下一步行动,实际是相机发动起义。会上意见不一,但多数同意留下。林遵抓住时机,宣布按多数意见行动!会后,林遵率领25艘舰艇,1271名官兵在笆斗山东面举行起义。

笆斗山江面起义是国民党海军舰艇起义中舰艇最多的一次起义,所以毛主席、朱总司令称他们的起义是"南京江面上的壮举"。

231. "长治"号是如何起义的?

"长治"号军舰是国民党海军海防第一舰队的旗舰,1949年2月在上海修理时,中共上海局外县工委的地下党员约见了该舰军士陈仁珊,对他讲了革命道理和当前形势,并通过他去做其他人的工作。陈仁珊回舰后,先后发展了林寿安、李春官二人。他们又在福建籍士兵中发展组织。因福建籍士兵在舰上特别受歧视,因此最同情革命,很快发展到43人。1949年5月上海解放后,陈仁珊与中共党组织失去联系,但他和起义骨干仍继续进行起义准备。9月中旬,"长治"号奉命由舟山去长江口执行封锁任务,陈仁珊认为时机难得,遂通知起义人员以鸣钟为号,举行起义。19日凌晨2时5分,舰上钟声大作,起义人员立即占领指定的岗位,打死了11名顽固派,并扑灭了在搏斗中引起的大火,控制了全舰。此时又有37名官兵参加了此项起义活动。最后他们将"长治"号开到了上海解放区。

232. 保姆出身的美国海军女将军是谁?

家住美国纽约州腊丘兹镇的盖尔·里尔斯,因家境贫寒,14岁就给人当保姆,19岁时参加海军陆战队,在完成艰苦的新兵训练后,分配到匡蒂科陆战队机关当打字员。由于她文化基础差,适应不了打字工作,常受上司的训斥,骂她是废物、笨蛋。她流过泪,但没退却,边学文化边打字,还硬着头皮向经常训她的上司请教,因此进步很快,不仅过了打字关,而且学会了写文章。她的精神感动了她的上司,送她到专科学校培训,毕业后到陆战队司令部当秘书。在这个新环境里,有许多有阅历、有成就的高阶军官,他们成了她讨教、学习的好老师。她更加勤奋,如饥似渴地学习,但绝不谈恋爱,她知道,女军人一旦结了婚,就很难在军队里发展了。

里尔斯优异的表现为她赢得了到法国担任美军驻欧洲总部秘书一职,她又在任上学会了法语并自修了大学文化。到此时她才被提升为军官。1972年被任命为新港海军学院院长,几年后又到冲绳岛任海军第一陆战队航空联队助理参谋长,1980年被授予上校军衔,1985年晋升为少将。

233. 美国海军史上的第一位女中将是谁?

1996年3月,美国海军陆战队晋升了一位女中将,这是美国海军中的第一位女中将,也是当时美军108名中将中唯一的一位女性,她叫卡罗尔·穆特。

穆特1946年出生,1968年参军,在男人都难以适应的海军陆战队中一干就是28年。穆特生性不怕难,干什么爱什么,样样完成得很出色,因而不断得到提升。在穆特之前,有一个从打字员升到准将的盖尔·里尔斯,穆特就以她为榜样处处鞭策自己。她说,我也要像她那样成为一名将军。果然,由于她成绩突出,在80年代末期晋升为少将,并担任海军陆战队系统司令部司令。

1996年3月,由海军陆战队司令查尔斯·克鲁拉克将军和海军部长约翰·多尔顿提名,呈请晋升她为三星将军(即为中将)。克林顿总统批准了这一提名。

穆特有一个幸福家庭,丈夫也是海军陆战队的一名高级军官,他没有妻子那样幸运,干到退休也只是一名上校。尽管如此,穆特也像小学生一样,经常向他讨教军中一些成熟的经验,共同的事业给他们的家庭生活带来了许多情趣。

234. 侵华战争中最先被击毙的日本海军将领是谁?

加藤仁太郎是在侵华战争中最先毙命于中国战场的海军将领。

加藤仁太郎,1885年生于日本山形县,毕业于日本海军兵学校。1937年8月16日,加藤率舰队进入中国东海,配合陆军在上海作战。后率舰队游弋于长江下游,配合南京作战和以武汉为中心的作战。阴险狡猾的加藤,一面调集舰船运送陆军和海军陆战队,增援在江岸作战的日军,一面亲自指挥舰艇炮击岸上的中国防守部队,甚至连渔船也不放过,他为日军攻陷中国军队的长江防线和取得长江战区的主动权出了大力。

1938年7月,不可一世的加藤率舰在长江中巡江作战,企图协助陆军逆流而上占领九江、黄梅,但钻进了以打击加藤舰队为目标的中国军队的伏击圈,立即被岸上炮火包围,军舰在江中机动不便,连连中弹,加藤也在此役中被击毙,率先到另一个世界里去当他的将官去了。

235. "中山"舰有哪些重要的历史?

"中山"舰,是1910年10月清政府的筹办海军大臣

海洋军事

"中山"舰

载洵、萨镇冰赴日本考察时向三菱船厂订购的一艘炮舰,命名为"永丰"号,造价68万日元,1913年建成归国后,编入海军第一舰队。其所参与的重大历史事件有:

1916年"永丰"号参与了反对段祺瑞把持北京政府的行动。

1917年7月21日,参加了海军前总长程璧光和海军第一舰队司令林葆怿率10艘军舰通电加入孙中山领导的反袁"护法运动"。

1922年6月16日,军阀陈炯明在广州叛乱,围攻总统府,孙中山与夫人宋庆龄突围,被迎上"永丰"舰,并在该舰指挥反击叛军达50多天。翌年8月,孙中山偕夫人重登"永丰"舰,与海军将士纪念蒙难一周年。

1925年3月12日,孙中山先生在北京病逝。4月16日,广东省省长胡汉民颁令将"永丰"舰命名为"中山"舰。6月,广东革命政府代理大元帅胡汉民和廖仲恺坐镇"中山"舰,指挥陆海空军平息了滇、桂军阀的叛乱。

1926年3月18日,蒋介石制造"中山"舰事件,拘捕并驱逐了"中山"舰舰长共产党员李之龙。

1937年7月7日卢沟桥事变发生,全面抗战爆发。9月23日在江阴保卫战中,第一舰队主力"平海"号和"宁海"号被日机炸沉后,海军部长陈绍宽乘"中山"舰赴前线指挥。

1938年10月在金口至新堤一带担负掩护任务的"中山"舰,于24日15时许与日机激战中中弹沉没。

236. "中山"舰是怎样打捞出水的?

"中山"舰26年的一生,先后经历了护法运动、孙中山先生广州避难、"中山"舰事件和武汉保卫战四大历史事件,是中国近代史影响深远的见证。因此,将"中山"舰打捞出水,对向后人诉说中华民族的沧桑与荣辱具有重要的意义。但打捞不是一件容易的事,第一是要找到水下的"中山"舰;第二是论证是否符合打捞条件;第三有无能力打捞。为此,湖北省文化厅请来了南海舰队38618部队的同志进行水下探摸,因资料缺乏加之是轻潜水,虽摸到一艘船,也捞出了几发炮弹,但不能确定就是"中山"舰。1994年3月又请来了北海舰队防救船大队的同志,使用重潜水探摸,经半个多月的水下搜索,终于找到了"中山"舰,摸到了船体上的"中山"二字,并摸清了舰体情况,为打捞提供了可靠的依据。打捞任务由重庆长江救捞公司承担,先后设计了许多打捞方案,最后采用了"抬撬法"。就是在沉船底部铺设若干根钢缆,把船体"抬"出水面。打捞的第一步是派潜水员下水将"中山"舰仓内的泥沙用高压水龙吹除干净,然后用江面上的两艘1500吨的驳船,通过20台卷扬机,慢慢地一点一点地起抬,最后于1997年1月末把"中山"舰抬出了水面。

"中山"舰出水经整修处理后,安置在武汉江夏区金

口镇专门建造的"中山"舰综合展览馆内。

237. "逸仙"舰有哪些轶事?

"逸仙"舰是在我国江南造船厂自建的一艘巡洋舰,1930年建成,3月29日试航完毕。6月1日是孙中山先生奉安(安葬)纪念日,又逢国民党海军部成立两周年,因此用孙中山先生的字(孙中山姓孙,名文,字逸仙,号中山)命名为"逸仙"舰。1931年9月就被派往武汉巡视水灾形势。救灾结束后,即去南京参加检阅,担任指挥舰。因它和"中山"舰编在同一舰队,两舰官兵经常互励技艺,互攀训练高峰。

1937年卢沟桥事变后,"逸仙"舰与海军广大官兵一样,怀着誓死报国的信念投入神圣的民族抗战。是年9月,江阴封锁战打响,它和"宁海"号诸战舰与日军展开了一场被称为自一战以来最激烈的海空战,虽"平海"号负伤,但击落5架敌机。9月25日敌机改用低空轰炸,16架飞机分三批空袭"逸仙"舰。战斗正酣时,舰上高射炮故障,虽急改用150毫米主炮对空射击,也击落了两架敌机,但150毫米主炮射速低,无法应付多方向、多批次的敌机攻击,最后舰体中弹,自救无效而沉没,"逸仙"舰伤亡20余名官兵,他们用鲜血为"逸仙"舰舰史写下了最光彩的一页。

238. 是谁泄露了山本五十六的动向?

1943年4月18日,日本的2架"壹"式陆上攻击机和6架"零"式攻击机,由日本向所罗门群岛飞行时,与美国的18架"P-38双躯恶魔"式战斗机相遇,美机集中力量攻击日机中的一架陆上攻击机,一举将其击落,这架飞机就是日本联合舰队司令山本五十六的座机,山本与飞机一同"解体"。

从美机截击的时间、攻击的目标看,这次是有预谋的。那么,又是谁泄露了山本行动的秘密?战后美国公布了这一详情。1942年下半年,日本在东南亚战场的形势急转直下。1943年2月,日军被迫撤走了在瓜达尔卡纳尔岛上的13000多名驻军,对日军士气影响很大,为给前线将士"打气",山本决定亲自到前线视察藉以鼓舞士气。4月17日向所罗门群岛发的有关山本去视察的电报被美军截获并破译,时间是18日上午,GF这个代号就是山本五十六。美国立即拟订了截击山本的计划,最后如愿以偿。这一事件原来是日本自己泄了密所造成的,侵略者痛饮了战争的苦果。

239. 到底是谁击落了山本五十六的座机?

第二次世界大战期间偷袭珍珠港的策划者、日本联合舰队司令山本五十六,在东南亚战场上被充满仇恨的美国空军送进大海,美国人报了一箭之仇。

山本五十六是乘飞机由几内亚到所罗门群岛巡视时,被埋伏在这条航线上的美国战斗机将其座机击落,山本与座机同亡。这一仗给日军在心理上造成极大的震撼,被美国空军视为伟大的战果。那么山本的座机是谁击落的?当时美国公布的是飞行员兰菲上校和鲍勃上校。因为兰菲在战后率先对外公布了自己击落了山本的座机,曾大出风头。但当时首先击中山本座机是鲍勃的事实是被普遍接受的,而兰菲只是说他也曾经开火,由于当时飞机上没有摄像装置,因此真相无法澄清。目前,由至少击落过5架飞机的飞行员组成的"美国空军天王协会"裁决,山本的座机是鲍勃在独自和无人协助的情形下击落的。但这并不会变更官方的记录,击落山本座机的仍旧是兰菲。

240. 你听说过纳尔逊这个人吗?

霍雷肖·纳尔逊,1758年出生。少年时的艰苦生活造就了他的冒险性格。13岁时,在他舅舅——"理智"号舰长萨克林的帮助下进入了海军。纳尔逊一生参加过多次海战,有1779年的对美洲殖民地战争、1793年反对土伦的战争、科西嘉战役,并以英勇善战而闻名。在1797年的圣维森蒂会战中,他突破原有的死板的作战框框,指挥单舰冲入西班牙舰队,同7艘敌舰格斗,最后大胜并俘获2艘敌舰。这一胜利使他获得爵士封号,并晋升为少将。1798年8月,纳尔逊以其高超的海战指挥技巧和顽强勇敢的精神,率舰队一夜之间全歼法舰。一些权威性历史学家有"他在海战中突出的指挥和巧妙的冒险精神,使他受到了

纳尔逊上将像

公众的敬仰"的评价。在1805年的特拉法尔战役中,面对强敌,他佩戴上全部勋章和奖章站到醒目的后甲板上鼓舞士气,由于勋章和奖章引人注目,被敌发现,纷纷向他射击,他毫不惧怕,海战后期他中弹而亡。

纳尔逊的死,震动了整个英国,据说最先出现在英国水兵帽上的黑色飘带,就是为纪念纳尔逊的。

241. 为什么米切尔在死后十年才获勋章?

米切尔生于1879年,1897年参军,参加过美西战争。1909年毕业于美国陆军参谋学院,1916年自费学习飞行,翌年远征欧洲作战,任航空部队司令,曾十多次指挥美法两国的近1500架飞机进行空战。他在《空中国防论》一书中强调,空中力量是维系国家生存、发展、繁荣与安全的决定性力量,必须建立一支轰炸航空兵、驱逐航空兵和强击航空兵组成的独立空军。他认为"大炮巨舰"模式的海军将在来自空中的打击下威风扫地。但美国当时奉行以马汉"海权论"为核心的军事思想,将航空兵仅列为航空勤务队。米切尔心急如焚,到处宣传他的"空军制胜论",遭到陆海军派的反对,米切尔并不气馁。当得知1925年9月美军接连发生几起重大飞行事故后,他大发脾气,指责这是陆军部和海军部的无能,是犯罪性的失职,是对国防进行的几乎是叛国式的管理的结果。但军事法庭却指控米切尔"制造混乱",无视乃至损害政府秩序与军纪,宣布他有罪。米切尔难以忍受这种侮辱,愤然退役。此后10年间,米切尔仍为自己的理论奔波呼号,但无人赏识,他最后带着无奈和失望离开了人世。1941

年12月7日,日本依靠舰载航空兵偷袭珍珠港得手,美国军政首脑这时才清醒过来,为没有早些接纳米切尔的理论而追悔莫及。因此,在1946年将一枚"特殊勋章"追授给这位先进军事思想的殉道者——米切尔。

242. 伍德沃德是个什么样的人?

伍德沃德这个人是谁?他就是英国参加与阿根廷因领土争端而进行的马岛战争的最高指挥官。

伍德沃德生于1932年,这个没打过什么大仗的"海军后代"却一直希望再创造昔日帝国"殖民的辉煌"。他在海军军官学校学习时,对历史特别是海战史很感兴趣,对英国海军作战史非常熟悉。他学习前人,但不迷信前人,他认为前人的经验固然宝贵,但不一定适合于今天。他这种穷其究竟的思维习惯,使他在学习时经常提出一些在教官看来近乎于愚蠢不值得回答的问题,但他总是说,不知道一加一等于二,怎么去解方程。

伍德沃德毕业后到舰上任职,那些经历过第二次世界大战的"胡子兵"是很难接受一个没有任何经验的学生兵的指挥的,处处刁难他。但他没有畏缩,一面扎扎实实地工作,尊重老兵,一面虚心向老军官学习,求得他们的帮助和支持,最后得到全体的拥护。

伍德沃德14岁加入海军,先后在皇家海军军官学校、皇家海军学院、皇家国防研究院学习过,曾长期在潜艇上工作,当过二等兵、工程师、航海官、舰长、国防部海军计划处处长、第一分舰队司令、皇家海军潜艇司令、国防部副参谋长、海军本土司令部司令等职。

243. 谁被尼米兹称为是"将军中的将军"?

在第二次世界大战时的太平洋战争中战功卓著,战后接替尼米兹出任太平洋舰队司令,继而担任了海军战争学院院长的斯普鲁恩斯,为美国海军的建设和发展倾注了毕生的心血,被后人称道是"一位卓越的战略家、杰出的领袖和无畏的战士",尼米兹则称他是一位"将军中的将军"。

斯普鲁恩斯1886年7月3日出生于美国马里兰州巴尔的摩,17岁考入印第安纳波利斯海军学校,毕业后到驱逐舰见习。1941年出任珍珠港第五巡洋舰支队司令时结识了"海上巴顿"哈尔西,在中途岛战役前出任第十六特遣舰队司令,奉命与第十七特遣舰队一起参加中途岛海上决战。在指挥作战时他机智灵活,圆满地完成了任务。他指挥航母只用百多架飞机的代价就击沉了日军4艘航母,然后果断地下令后撤,避开了山本主力的寻歼,挽救了太平洋舰队。中途岛之战结束后,他升任太平洋舰队参谋长、中将。继而出任太平洋舰队司令,接着又率兵与日军展开了逐岛争夺战。他以高超的指挥艺术使海空优势在每次登陆作战中都得到最大程度的发挥。特别是在夺取马里亚纳群岛时,他制定的以夺取岛屿为目标,以歼灭日舰队为目的的作战原则,一举取得了航母大拼杀的最后胜利,同时也为自己赢得了"两栖作战大师"的美誉。

244. 你了解苏联海军司令戈尔什科夫吗?

戈尔什科夫,1911年2月生,1927年参加海军,先后毕业于伏龙芝海军学校和海军学院高级进修班。1931年他在黑海舰队任职,1933年调太平洋舰队,担任过护卫舰、驱逐舰舰长,1940年调黑海舰队任巡洋舰支队长。1941年9月在敖得萨保卫战中,他指挥登陆兵在格里戈里耶夫卡成功登陆,10月担任亚速海区舰队司令。1942年夏,他指挥区舰队支援南北高加索方面军作战。1944年4月,他领导多瑙河区舰队参加雅西-基什尼奥夫战役,不但保障了乌克兰第三方面军强渡德涅斯特河湾,而且突入到多瑙河三角洲,遣送登陆兵上陆,占领了许多港口和基地。他还参加了解放南斯拉夫贝尔格莱德和匈牙利首都布达佩斯的战斗。从1945年1月起,他任黑海舰队分舰队司令,1949年任黑海舰队参谋长,1951年8月任黑海舰队司令,1955年7月任海军第一副司令,1956年任海军司令、国防部副部长,军衔晋至元帅。20世纪50年代至60年代初,戈尔什科夫一面赞同赫鲁晓夫优先发展陆基战略导弹,一面大量建造远洋舰只和强化海军航空兵,并使舰艇走上导弹化的道路。勃列日涅夫执政后,戈尔什科夫更加紧了海军的扩充步骤,至20世纪80年代,苏联海军已成为一支较为均衡的远洋海军了。

245. "日德兰海战"英方的总指挥是谁?

第一次世界大战时,在日德兰半岛以西海域,英德两国曾进行过一次大规模的海战——日德兰海战。这场海战英军的总指挥,是皇家主力舰队总司令约翰·杰利科海军上将。

杰利科1859年12月5日生于英国南安普敦。受当船长的父亲及在皇家海军服役的一位亲戚的影响,他自幼立志投身海军事业。他13岁作为一名见习士官到训练舰见习，24岁入皇家海军学院进修，毕业后曾任职于该校，后调舰上任枪炮官、舰长等职。1900年，他作为英国侵华海军参谋长，率部队"支援"北京各国使馆，被义和团击成重伤，差一点要了他的命。

1905年，杰利科出任海军军械处长，1908年又改任监造、装备修理的审记官。1911年升任英国本土舰队第二舰队司令，晋中将衔。此后他以主要精力组织部队进行战役和战术训练，并对传统的海军战术原则进行了深入的研究。1914年第一次世界大战爆发，他被任命为皇家海军第一舰队司令，它的主要打击对手就是德国的海军主力——公海舰队。1915年1月24日，他率部赢得了多格尔沙洲的胜利，3月晋升为海军上将。

1916年，德国主战派的舍尔出任公海舰队司令，他决心打破英海军对他们的封锁，在5月31日进行了举世闻名的日德兰海战。这一仗尽管英国舰艇损失较多，但完成了从海上包围德国海军的战略任务，使德军没有摆脱被封锁的困境。

杰利科在日德兰海战后不久离开了舰队司令的位置，1919年被授予海军元帅，1935年病逝。

246."海豹"潜艇艇长为什么受审？

1946年4月，朴次茅斯英国军事法庭审理"海豹"号潜艇被俘一案，起诉书指控"海豹"号潜艇艇长在一次海战中，人艇均被德军俘获。

1940年4月17日，英国空军轰炸斯塔万格时，"海豹"号在萨福克海域完成警戒任务后,又到文加海域布了50枚水雷,后被德舰发现并遭攻击。"海豹"号在被德舰追赶了22个小时后,遭到深水炸弹的攻击,艇尾破损,电池舱的蓄电池电解液外漏,产生了大量有害气体。为避免毒害,艇长下令浮起。浮至水面后发现火炮已被炸毁,已无法自卫,就下令销毁机密文件,准备弃艇。当他看到这60多名已疲惫不堪的艇员后,感到他们落入冰冷的海水中是无法生存的,于是打消了引爆炸药沉艇的念头。他向司令部发出绝密电后,就让潜艇在海上漂浮。不久,德国水上巡逻飞机发现了他们。潜艇用轻机枪对抗飞机的轰炸,又增加了几处伤痕。眼看抵抗无益,为保全艇上士兵的生命,艇长就提出了投降。潜艇被德舰拖到基尔湾,艇员被关进了俘虏营。

这是"二战"中唯一完整落入敌手的英国潜艇。战后,英国对"海豹"号艇长的投降行为感到很不光彩,在军事法庭对艇长提起了诉讼。但当"海豹"号潜艇艇长详细回顾了当时事情经过后,法庭就休庭进行磋商。45分钟后重新开庭,宣布"海豹"号潜艇艇长布朗斯代尔无罪释放。

247. 美国海军作战部长为何饮弹自杀?

1996年5月16日下午2时左右,美国海军作战部长布尔达自杀在自己的官邸里,起因是两枚V字战斗铜质勋带徽章。

布尔达是一位出身卑微、靠自学成才的军官,他克己坚韧,在任何时候、任何岗位都工作得很出色。所以他从地勤官、军舰驾驶长、舰长一直升到航母战斗群司令。

布尔达像

1988年8月,他晋升为海军中将,1991年10月晋升为海军四星上将,1994年4月23日任海军作战部长。这时一些记者盯住了布尔达佩戴的两枚V字徽章。原来,这两枚徽章是布尔达在越南战争荣立战功所获,和他一起战斗过的另一艘舰的米歇尔·凯勒尔斯也受同样奖励,但布尔达证书上没注明他有佩戴V字战斗徽章的权利,加之20世纪70年代V字徽章泛滥,所以布尔达成了新闻界怀疑、攻击的对象。一向坚强的布尔达竟没有经受住这一挫折,饮弹而亡。

248. 是谁最早提出了潜艇电力推进方案?

潜艇潜入水下,完全与大气隔绝,在没有空气来源的情况下,要继续使用柴油机(当时还没有研制出通气管装置)作推进动力,显然是不可能的。如果潜艇不能潜水,将不成为潜艇。

为了解决潜艇水下航行的动力,1886年,西班牙海军上尉珀尔提出了一艘以本人名字命名的电力推进潜艇设计方案。方案的推进能源为400块蓄电池所提供的电能,驱动两台30马力的主推进电机和3台5马力的用于排除压载水用的辅助电动机。由于电池性能等方面的原因,这个方案没有得到官方的支持,使设计化为泡影,但他的这一设想,却是潜艇电力推进的先驱者。

249. 为什么称黎可维是美国核潜艇之父?

1954年1月21日,在美国柯罗顿市一家造船厂下水了一艘潜艇。这艘潜艇从外表看与其他潜艇并无多大区

美国的核潜艇

别,但却惊动了美国军界的许多要人。原来这艘潜艇是以核燃料为动力的,命名为"鹦鹉螺"号。

"鹦鹉螺"号是世界上第一艘核动力潜艇,它的出现不仅标示着核能源在舰船上的应用成功,而且也向人们宣布,潜艇从此也上了一个新台阶,在作战中再也不用因电能的消耗而无法高速前进,或因电能不足而必须上浮充电而暴露自己了,它可在水下环球航行,其速度尽可超过驱逐舰。正是由于当年的"鹦鹉螺"号核潜艇的首次下水并试航,才有了今天的"洛杉矶"级核潜艇。所以美国

将设计、建造"鹦鹉螺"号核潜艇的黎可维称为核潜艇之父,这是当之无愧的。

250. "海权论"的创立者是谁?

"海权论"的创立者是美国著名海军战略理论家马汉。他在《海权对历史的影响,1660—1783年》、《海权对法国大革命和帝国的影响,1793—1812年》、《海权与1812年战争的联系》及《海军战略》等近20部著作中,全面、系统地阐述了他的"海权"理论。他认为,以贸易立国的国家必须掌握海权,这是国运昌盛、经济繁荣的主要因素。海权不仅能够决定海上和陆上战争的胜负,而且对于世界历史的进程具有决定性影响。要夺取并保持海权,最重要的是拥有优势的海上实力,而且规模庞大、装备精良的强大舰队是海上实力的主体。马汉的"海权"理论,适应了19世纪末要求重新瓜分殖民地、争夺世界霸权的欧美列强的需要,因而受到极大欢迎,在许多国家的海军建设和海洋扩张中产生了深远的影响。如美国迅速地建立了一支强大的远洋舰队,在美西战争中夺取了西班牙的殖民地古巴和新加坡,占领了菲律宾和夏威夷,控制了巴拿马运河。1906年,美国政府为表彰他的业绩,还晋升他为非现役的海军少将。

251. "狼群战术"的创始人是谁?

邓尼茨是德国军事家、海军元帅、潜艇部队创始人。邓尼茨1891年9月16日生于柏林近郊格吕缁,1910年参加德意志帝国海军,参加了第一次巴尔干战争、黑海作战。1916年秋他调潜艇任职,1918年2月在4B-68号潜艇任艇长,曾击沉4艘商船。同年10月被俘,1919年获释,后仍在海军服役。1935年,邓尼茨受命秘密组建纳粹德国潜艇部队,并任作战潜艇指挥官,1936年任潜艇部队司令,晋升海军准将。邓尼茨总结第一次世界大战中作战的经验教训,创立以潜艇战为核心的海军作战理论。他认为

邓尼茨(中)

德英战争不可避免,英国海军占据了地理位置和实力优势,但英国是个岛国,海上航道是他们赖以生存和进行战争的生命线。因此提出对英国施行慢性绞杀战略,主张以足够数量和质量的潜艇集群攻击护航运输队,切断英国的"海上生命线"。邓尼茨利用仿生学原理,根据狼有群居性,一旦其中任何一只发现猎物就会立即跟踪,同时呼唤同伴,待同伴到来后再一起进行攻击的这种习性,制订了一种战术运用到潜艇作战,称为"狼群战术"。邓尼茨对这一战术进行多次演练,使潜艇艇长们比较熟练地掌握了各个环节,因此旗开得胜。仅1940年下半年5个月的时间,他们就击沉敌国或中立国商船278艘,1941年击沉428艘,1942年达1100多艘。战果如此辉煌,而自身损失的潜艇很少,仅相当于每击沉13.6艘商船损失1

艘潜艇。英国人惊呼邓尼茨是一头名副其实的海狼,正在用打掉商船的方式慢慢地咬死英国。1943年1月,美英在卡萨布兰卡召开对付"海狼"的会议,采取了有效措施后,才逐渐摆脱困境。

252. 飞机能俘获潜艇吗?

1941年8月27日,一架英国赫德逊式飞机载着4枚深水炸弹在大西洋上空巡逻,任务是搜索在一个半小时前发现的一艘潜艇。10时左右,天气变坏,海面上白浪一片,低空还漂着雾。尽管飞机一再降低高度,还是什么也没有发现。机长汤普森和领航员科尔爱说,德国潜艇使用白天潜航夜间水面航行的战术,使我们白天的搜索成为无效的行动,看来今天不会有什么收获了。正说话间,突然在正前方不到1海里处浮出1艘潜艇。飞机立即攻击,投下了4枚深弹。原来这艘潜艇是德国的U-570号,因为他计算在水下航行无法按时与另一艘潜艇会合,才决定浮上水面航行。谁知刚一浮起即遭攻击,虽艇长立即令潜艇速潜规避,但为时已晚,潜艇被击中,蓄电池的电解液外流,与舱内海水相遇,产生有害气体,艇长决定浮起,让艇员到上甲板避难,飞机正在观察攻击效果,看到受伤的潜艇浮起,立即用机枪扫射,已感绝望的潜艇艇员举起了白旗。这一近似天方夜谭的战例,至今仍是人们谈论的热门话题。

253. 美国女兵是何时踏上军舰的?

"禁止女军人参加作战部队"是写进1948年美国《国家安全法》的,但不断遭到包括男性在内的美国军内外人员的反对,迫于压力和其他某些原因,1993年4月,美国国防部长阿斯平正式宣布废除1948年《国家安全法》规定的"排除女性"条款,新的命令允许女飞行员驾驶作战飞机;包括航母在内的作战舰只对女兵开放,陆军和海军陆战队炮兵和防空导弹部队配备女军人。但参加肉搏战的步兵、装甲兵及舱内空间狭小、无法保证女兵在艇上居住的潜艇和小型舰艇,仍禁止女性参加。

禁令一开,女兵上来。1993年12月1日,有2名女兵首次编入"独立"号航母,一个是电子专家,一个是情报分析员。1994年,美太平洋舰队旗舰"蓝岭"号也开始编入女军人,目前该舰已达90多名女兵。到1999年,美海军将有3500名女兵在7艘航母上服役。

254. 美国海军的五星上将有哪几位?

美国军事将领中最高的是五星上将,美国海军中只有4位五星上将。他们是:

威廉·莱布(1875.5.6—1959.7.20),曾任美海军参谋长,美国参谋长联席会议主席。1944年晋升为五星上将。

欧内斯特·金(1878.11.23—1956.6.25),曾任美海军舰队司令、美海军作战部长。1944年12月晋升为五星上将。

尼米兹上将像

切斯特·尼米兹(1885.2.24—1966.2.20),曾任美太平洋舰队司令,美海军参谋长。1944年12月晋升为五星上将。

哈尔西(1882.10.10—1959.8.16),曾任美海军第三舰队司令,美海军司令。1945年12月晋升为五星上将。

哈尔西是迄今为止最后一名授衔的海军五星上将,此后美国未再授过五星上将。自1966年尼米兹去世后,美国海军就再也没有五星上将了。

255. 为什么称"狼"号潜艇是"将军的摇篮"?

1915年,俄罗斯在彼得格勒市波罗的海机械造船厂建造了1艘潜艇,1916年编入海军序列时命名为"狼"号。尽管这艘战果不丰、服役时间不长,在1933年就退出现役的潜艇当时并没有引人注目,但后来有不少将军却出自该艇,又使海军人员羡慕和感叹。如弗拉基米尔·卡萨托罗夫,1954年任北方舰队司令,军衔升至海军元帅;阿尔谢尼·戈洛夫,1940年至1946年任北方舰队司令,上将;谢拉菲姆·丘尔辛,1962年任黑海舰队司令,海军上将;亚历山大·奥列尔,1956年至1959年任北方舰队潜艇部队司令,1959年升任波罗的海舰队司令,海军上将。这些当年在"狼"号潜艇上服役的水兵给"狼"号潜艇增添了不少光辉。

"狼"号潜艇培养了这么多海军将领,因此,被誉为俄海军"将军的摇篮"。

256. 为什么称乌沙科夫是俄罗斯海军军魂?

1766年从彼得堡海军武备学校毕业的乌沙科夫,历任巡洋舰舰长、战列舰舰长和黑海舰队司令等职。他在任舰长期间敢于突破旧的框框,用"秋千上练兵"模拟舰艇在风浪中作战,获得了良好的效果。当他在担任分队指挥官时,又提出战术上的突然性和连续性的作战原则,强调用奇兵、出奇兵以达到战役目的。他用这一战法打败了拥有优势的土耳其阿里舰队,成为西方注目的"18世纪轰动全世界的人物"。乌沙科夫担任黑海舰队司令后,又一次打破海军舰队只能实行封锁,不能对陆实施进攻的常规,首开了历史上海军由海上发起的登陆作战的记录。为此,乌沙科夫获得"两栖作战之父"的称号。当然,最值得称道的是,在第二次俄土战争和拿破仑战争期间,乌沙科夫牢牢地控制住了黑海这一俄国出海口,使俄海运畅通无阻,因而当时被俄国军人称为"俄国海军军魂"。后人为表示对乌沙科夫的敬仰,在阿纳德尔湾和鄂霍次克海都有以乌沙科夫的名字命名的湾名和地名,历史上有多艘军舰以乌沙科夫命名,苏联还设立过一级、二级乌沙科夫勋章和奖章。

257. 谁被誉为美国的"海上斗士"?

哈尔西曾被誉为美国的"海上斗士",他是如何赢得这一称号的呢?

1882年出生于美国的哈尔西,17岁进海军军官学校,毕业后到驱逐舰服役,因作战勇敢,多次立功。当时他就瞄上了尚不被人重视的航空母舰,在51岁时才通过了"航空观察员"的培训,当上了"萨拉托加"号航母舰长。他运用学得的知识,在1942年1月率两艘航母突袭马绍尔和吉尔伯特群岛获得成功,首获"优异服务勋章"。10月中旬,瓜岛成了盟军与日军争夺战略主动权的焦点,日本派出重兵支援,在瓜岛战事危急之时,哈尔西奉命接管了三军指挥权,上任12天后就挫败了日军的进攻,扭转了战局,哈尔西也因此被破格提升为海军上将。

1944年6月,哈尔西出任第三舰队司令,在进攻所罗门群岛的3天激战中,以9架飞机和伤亡10人的代价,取得了毁伤敌480架飞机、击沉敌舰船100余艘的战绩。哈尔西不仅注意作战的战术,更看重战略方向,由他建议的"由南向北、逐次推进"的进攻菲律宾的战法,被罗斯福称为"加速了菲律宾的解放和最后胜利的获得"。哈尔西在战斗的一生中战功卓著,先后获得4枚"优异服务勋章",被人们称为"海上斗士"。

258. 法国军舰上有女兵吗?

法国海军成军很早,但和其他国家一样,认为女性无论在身体条件和生活上,均不适宜在军舰上工作。随着形势特别是舰艇装备的发展及兵源等方面原因,不少国家陆续改变了不准女性上舰工作的规定,但法国直到20世纪90年代中期才宣布女性可以上舰工

法舰上的女兵

作,而且一上来就很"革命",不断增大女性的比例。

在此之前,法国海军中大约有2300名女性服役,她们多在军事院校、医疗卫生单位和后勤部门。这次宣布在2000年前至少派500名女性官兵到舰艇上工作,甚至包括潜艇。最后这一点又走在了其他国家前面,因为潜艇受舱室容积所限,加之环境特殊,至今还没有哪个国家的潜艇上有女兵。

259. 为什么说罗斯福总统差一点葬身鱼腹?

1943年11月14日,美国海军驱逐舰编队在墨西哥湾举行防空演习,总统罗斯福、总统顾问霍普金斯、上将马歇尔等亲临"依阿华"号战列舰观看。演习中,突然发现一条拖着白色航迹的鱼雷向"依阿华"奔来,舰员们大惊失色。久经沙场的"依阿华"舰长反应迅速,立即令右满舵,同时令舰炮向200米外的鱼雷射击,并下达了全舰队停止演习,搜索潜艇的命令。人们认为这一定是德国

罗斯福总统乘坐过的"依阿华"战列舰

潜艇发射的鱼雷,都做好了攻击潜艇的准备。就在此时,参加演习的一艘驱逐舰发来信号,报告说这条鱼雷是他们舰在操练时不小心"走火"打出去的。这次事故令人吃惊不小,幸好"依阿华"发现得早,规避正确,又将鱼雷击爆,否则,鱼雷撞在弹药库上引爆了舰上炸药,"依阿华"就可能不存在了。而总统先生呢?事后继续观看演习,并不知一场大难与他擦肩而过。真要把总统弄到海里去,即使不葬身鱼腹也是天大新闻。

260. 美国海军何时曾向海盗称臣?

17世纪—18世纪,西方海盗活动猖狂,直到19世纪初,某些海域的海盗势力仍很强盛,不论是谁的船只都敢抢。这时正是资本主义经济发展、海上贸易走上繁荣之时,一些海运国家纷纷发展海军以保护海上运输。美国建国初期,由于在"不需要建立常备的海军,战争时期只要把民船武装起来就可以形成战斗力"这一理论影响下,海军不但没有得到发展,原有水兵也纷纷跑到民船上去挣大钱。这样,力量薄弱的海军就无力去保护民船,以致经常发生商船被劫事件。即使这样,他们算了一笔经济账,认为拥有一支海军的经济负担,还不如按海盗的规定定期向他们缴"贡金"合算,于是出现了一国海军岁岁向海盗称臣的怪事。1800年9月,美海军"华盛顿"号战列舰带着巨款向海盗缴纳贡金时,受到了海盗头子的横加凌辱,这次激怒了美国人民,纷纷指责当局这一低下的做法,要求建立海军,讨伐海盗。在人们的强烈要求下,美国才扭转了原来作法,海军逐渐强大起来,再不去称臣了。

261. "列克星敦"号航空母舰有哪些辉煌的战绩？

列克星敦是美国独立战争的圣地,以它命名的航空母舰与圣地一样有着光辉的历程。第一艘"列克星敦"航母在著名的珊瑚海之战中沉没,1942年6月,美海军又将刚下水的一艘航母命名为"列克星敦",奔赴反法西斯战场。

1943年9—11月,"列克星敦"在太平洋首战击落29架日本飞机,12月在夸贾林战斗中,虽自己被一枚鱼雷击伤,但还是击落30架日本飞机。日本海军认为"列克星敦"已被击沉,可第二年4月,"列克星敦"又出现在亚普拉登陆战中。这次战斗后,日军宣布又击沉一艘"列克星敦"。1944年6月,"列克星敦"在日本鱼雷机的围攻下艰难脱险,日本宣传机构又一次宣布它被击沉。至此,"列克星敦"已被击"沉"3次了。

1944年在菲律宾海战中,"列"舰曾创下了一天击落300多架日本飞机的战绩。在第二次世界大战的最后3年中,"列"舰共击沉日舰11艘,其中有"武藏"号战列舰,"瑞鹿"、"瑞凤"号航母,"那智"号重巡洋舰及另外3艘巡洋舰,荣膺美国总统特别嘉奖。

海洋军事

海军趣闻轶事

262. 鲁迅有什么样的海军生涯？

1898年,鲁迅不顾家人的反对,毅然投奔了在南京江南水师学堂当管轮堂监督的叔祖周椒生。周椒生觉得出身书香门第的鲁迅弃文从武有辱家门,但他又看到鲁迅态度坚决就不便拒绝。鲁迅经考试后被水师学堂录取为试习生,开始了自己的海军生涯。在学堂里鲁迅对所有课程均感兴趣,唯独不让学员练习游泳令鲁迅深感失望。原来此前曾有两名学员因游泳而淹死在游泳池内,因此,从那时起水师学堂就不许学生游泳了,还迷信地每年请来和尚念经消灾。半年的海校生活并没有使鲁迅感到报国有望,反而使他在精神上感受到极大的压抑。于是下决心退学,同年他又考入了矿路学堂。

鲁迅先生像

263. 谁是由打兵舰打成了海军司令员？

1949年,中共中央在西柏坡召开七届二中全会,第三野战军司令员陈毅急匆匆地前来向刚作完报告的毛泽东主席报告说,九兵团副司令陶勇在长江边上与英国海军打了一仗,重创英舰"紫石英"号。毛主席严肃地问:"他打了盟军的兵舰?"毛主席马上吩咐警卫员找周恩来一起商量对策。最后,毛主席嘱咐周恩来要注意英国上下议院对此事的反应,一有情况即来报告。布置完后,毛主席就一声不响地踱起步子来。此时的陈毅正焦急地站在旁边等待主席的问话,他实在为自己的兵团司令担心。突然,毛主席在陈毅面前停住脚,面带微笑地说:"既然他那么喜欢打兵舰,以后就让他干海军吧。"果然,建国后陶勇被调到了海军,担任了我国人民解放军的海军副司令兼东海舰队司令。

264. 你听说过飞机用扳手打潜艇的事吗?

1918年7月21日是星期天,德国U-156号潜艇在离美国海岸很近的地方攻击一艘拖船,被岸上一名军医发现。他立即打电话到值班室,值班的伊东上尉以为这是个玩笑,太勒医生讲,你听听岸边的炮声就知道了。原来,德潜艇为了节省鱼雷,浮到水面用火炮轰击拖船。伊东放下电话对同伴加德说:"走,我们去击沉它!"他们来到停机坪一看,飞机上没有挂任何炸弹,也没有看到作战值班的人。他们好不容易找到一个军士,让他装深水炸弹,但这个军士也不会。后来,他们几个人总算装上炸弹起飞了。飞到海上后,他发现潜艇正在炮击拖船,就俯冲了下去,开始炸弹怎么也扔不出,乱捅一阵总算扔出去了,但又没爆炸,后来才知道是没有打开保险。他们当驾驶员的会开飞机却不会摆弄深水炸弹,几个人又气又急。德潜艇看到飞机后开始很害怕,立即停止了炮击,准备潜水离开,但看到飞机扔的炸弹不爆炸,就命令调转船头继续攻击拖船。伊东见扔下的炸弹不爆炸,快把肺气炸了,顺手从工具箱中捞起一个大扳手砸了下去,正好砸在一名运弹药的艇员肩上,潜艇艇长捡起扳手一边看一边寻思,这是什么意思,给我们一把扳手?又一看拖船已远去,无法再攻击了,就下令"下潜"离开了。第二天,美国普林斯城日报上说,德国潜艇射击准确度太差了,用了很多炮弹也没打着拖船,但比美国飞机用扳手打潜艇还要强。

265. 油船被 13 枚鱼雷击中却不沉的秘密是什么?

在第二次世界大战前,美国发明了一种磁性引信的鱼雷。这种鱼雷就是在它的头部装有磁力线圈,当接近敌舰时,由于舰体磁场的感应,使线圈工作引爆鱼雷。这种引信比触发引信有独到之处,即使鱼雷稍有误差不能命中,只要在目标附近通过也会引爆,击毁敌舰。但在使用的过程中,曾有潜艇报告这种磁性引信鱼雷工作不正常,不是提前就是推后爆炸。

1943 年 7 月,美国海军"黑鲹"号潜艇在潜望镜中发现一艘船,立即向其接近,不久看清这是一艘大型油船,潜艇艇长大喜过望,因为猎获到一个大家伙。这艘油船是日本开战后用一艘捕鲸船改装的,排水量达 19260 吨,现正在运油途中。油船在航行中突然听到船体有撞击声,接着就发生了两声爆炸,动力系统被炸坏了。不能动的船成了鱼雷的靶标,船长以为必死无疑了,谁知不久只听到船舷有撞击声但无爆炸响,船长在纳闷,潜艇艇长也不明白,前 4 枚鱼雷爆炸了 2 枚,为什么后发射的 9 枚一条不中呢?他哪里知道,这 9 枚鱼雷全部命中,只是没爆炸而已,都是引信出了毛病。算油船"命大",暂时躲过了这一劫。

磁性引信在当时算是高科技了,但各国的产品都不过关,德国曾因此出现过鱼雷饥荒,数月后才逐渐解决。

266. "明斯克"号航空母舰有什么奇特的命运?

俄罗斯远东地区瓦宁海关接到一个报关,报关物资是一个作为废钢铁处理的船体,价格为45.83万美元。手续履行后,瓦宁海关派员前去检查,发现船上根本不像报关单上写的已进行过保密处理,这个船体上面还有不少武器。随后,瓦宁海关立即向俄联邦安全局和海军反间谍机关作了报告。反间谍机关立即请来了太平洋舰队各行专家进行检查,发现船体竟是"明斯克"航母,舰上的装备几乎原封没动,不仅有对海、对空警戒雷达,有情报收集、整理自动化系统、导航系统、舰炮射击控制系统、反潜导弹装填机和舰空导弹发射系统,还有完好无损的主机锅炉。这些装备不仅多数能用,即使报废,也是别国间谍不惜重金购买的资料,如果不是海关负责,差一点就拱手送人了。既然发现了,就得坚决纠正。最后,"明斯克"航母的设备被拆卸后,还是作为废钢铁处理了。

267. 灾难连连的"夏伦荷斯托"号战列舰最终命运如何?

在第一次世界大战期间,德国海军建造了一艘4万吨级的战列舰"夏伦荷斯托"号。德国倾其所有,在该舰上配备了最先进的电子装备和武器系统。但在该舰的舰体即将完工时却突然发生了倾倒,死伤170多名在现场作业的工人。造船厂又花费了3个月的时间将舰体扶正。该舰完工之后,在德海军部准备召开盛大水下典礼之时,该舰又突然自动滑进了水中,使庆典会乱作一团。

该舰服役以后,奉命入侵波兰但泽港,当开炮令一下,就有数门舰炮自行炸裂,致使主、副炮手死伤20多人,又只好未战就撤出战斗,进了修理厂。该舰修好后,又被派去参加了入侵挪威奥斯陆的战役,却被对方击成了重伤,只得用一艘驱逐舰将它拖出战场,才免被击沉的命运。在返航途中,它又被英国飞机发现,遭到一轮轰炸和扫射。当回到埃尔贝港时,它夜间进港又与"布列门"号驱逐舰相撞,结果把"布"舰撞沉海底,自己也遭重创。当经过了很长一段时间修理后的"夏伦荷斯托"号战列舰,完工首次试航时,就被英舰发现并击沉。

268. 被炸沉在珍珠港的战列舰最终命运如何?

1941年12月7日,日本突袭了珍珠港,美太平洋舰队损失惨重。其中有3艘战列舰被炸沉、1艘倾覆、1艘受重创、3艘受轻创。珍珠港事件后,这些战列舰被从泥淖中打捞出来。除"俄克拉荷马"号未能修复、"亚利桑那"号作了沉舰纪念馆供人参观外,其余6艘:"加利福尼亚"号、"西弗吉尼亚"号、"内华达"号、"马里兰"号、"宾夕法尼亚"号和"田纳西"号,经过修理又重新投入了战斗。如1944年10月,美日海军爆发莱特湾海战,美海军少将杰西·B.奥尔登多夫率6艘战列舰、4艘重巡洋舰、4艘轻巡洋舰和28艘驱逐舰,在苏里高海峡北口迎击日舰,一举将日本战列舰"扶桑"号、"山城"号及多艘驱逐舰击沉,日本几乎全军覆没。在美参战的这6艘战列舰中,其中有5艘是从珍珠港打捞起来的。正因为如此,就增加了这次胜利的戏剧性。

269. 鱼也能骗人吗？

1967年，第三次中东战争时的一个晚上，以色列的一个海岸巡逻队沿西奈半岛海岸巡逻。突然，他们发现海岸边有点点微弱的光点，巡逻队长分析一定是阿拉伯军队登陆偷袭，遂决定从侧面包抄过去消灭敌人。30多个巡逻队员在队长的带领下向目标奔去。当他们觉得已进入杀伤距离时，队长喊了一声打！队员们先是投手榴弹，然后用冲锋枪一阵打，并向海边冲去。当到达滩头时，他们既看不到活着的敌人，也见不到敌尸，这一现象引起巡逻队的疑问，特别是在攻击时，敌人为什么一枪未放？此时看看海中还有点点亮光，如果真是敌人，不会撤得如此快吧？有一个大胆的队员下海将发光物捞了起来，原来是一条被打死的鱼。为弄清原因，他们请教了有关专家，专家说这种鱼的眼睛下边有一对绿色发光体，鱼在游动时这对发光体时隐时现，远看如灯火，使你们误认为登陆者偷偷地使用照明工具，因此上当。

这一"仗"使巡逻队很尴尬，因为无法向上级报告开火的原因，但是他们也因此知道了"鱼也会骗人"，今后不再上当了。

270. 潜艇有火攻的手段吗？

1932年，日本建造了一艘带有耐压机库、能载一架可拆开的小型水上飞机的潜艇，命名为"伊-5"号。这种技术经检验证明可行，后来又造了一批。开始，日海军用它进行战前敌情或战后战果侦察，如袭击珍珠港后，就是派出伊-7和伊-19潜艇的载机对珍珠港进行侦察的。后来，日本军令部潜艇作战参谋井浦祥二郎从美国西海岸常发生森林大火中得到启发,提出用潜艇载机到美西海岸投掷燃烧弹以引发森林大火的计划,得到了山本海军大将同意。1942年8月,日海军"伊-5"号潜艇开赴美西海岸执行"放火烧林"和攻击美舰船的任务。9月9日凌晨,潜艇在距海岸25海里处放出了载机,载机上挂装了2枚76千克的炸弹,每枚弹内有520个燃烧弹丸,爆炸后散布范围100米,能产生1500度高温。使日军不解的是,这次投弹后并没有引起大火。原来此处刚下过大雨,看来不注意天气导致了出错,下次就注意了。于是日军选择了个干燥天气,在9月29日,"伊-5"号潜艇又将飞机派出,投弹后立即燃起了大火,但被森林监视哨发现,火很快就扑灭了。两次"纵火"效果不大。

271. 法国水兵帽上为什么有个红绒球?

世界各国的水兵服虽然各有特点,但大致相同,如披肩上的白条纹,有两道的、三道的,还有四道的,但不仔细辨别还看不出来。而法国水兵帽上的红绒球,则既显眼又特殊,使人感到既新鲜又好奇难忘。法国水兵帽上为什么还有一红绒球呢?

在早期,法国战舰的舱室都很低矮,舱室上部又有很多突出的构件,如管路、阀件等,水兵在

法国水兵帽上的红绒球

舱内行动、作业时经常被碰伤头顶。一次,有个水兵偷偷在水兵帽内垫上一团棉花,效果还真好,一时被大家效仿。虽然大家都在水兵帽内垫了棉花,但有时还是有碰头的,而且碰得很厉害,流出的血把白色的棉团也染红了,后来就演变成今天的红绒球。随着时间的推移,舰艇吨位增大和注意到了对舰员居住环境的改善,舱室的空间也逐渐增大,水兵们就免受碰头之苦了。但帽顶上增添的红色绒球却作为装饰物被保留了下来,成为表示"祝你走好运,不会碰破头"的吉祥物。

272. 为什么水兵服带披肩、裤子又肥大?

为什么水兵服有披肩,裤子也"肥"一些呢?这里还真的有一定的说法呢。

有一种说法是古代帆船上的水手们整天与缆绳打交道,他们经常把缆绳挽成卷跨在肩上,这样对上衣的肩部磨损较快,为减少磨损,开始出现了垫肩,这个垫肩最后逐渐演变成今天的披肩,成了水兵服特有的样式。而另一种说法是古代男子流行蓄长发,水兵们在海上操作长发妨碍动作,开始他们把长发扎成辫子,并在上面涂油以求美观。但问题又来了,头发上的油经常沾污了水兵服,于是他们又在肩上披一块方巾来保洁,这块方巾历经数百年的演变,逐渐成了今天别具一格的款式了。

关于水兵裤裤筒肥大的来历,说法较一致的是,那是因为水手们常年在海上,经常与惊涛拼搏,一旦落水,便于解脱从而减轻负重。另外,裤腿肥大也便于工作,如冲刷甲板,裤腿可套在靴筒外,以免溅进水。

273. 海魂衫是如何诞生的?

当你看到海军士兵穿着简洁明快、蓝白相间海魂衫时,你会联想到那蔚蓝色的大海和在大海上飞翔着的海鸥吗?海魂衫是世界上大多数海军官兵喜爱的服装。那么,海魂衫是怎样诞生的呢?这里还有一个动人的故事。

早在19世纪,英国国王格奥尔格二世有一次到伦敦海德公园散步,正巧碰到布列特福尔公爵夫人骑着白色的骏马在草地上飞驰。公爵夫人一身蓝色长服,腰间扎着一条白色绸带,显得神采奕奕,给国王留下了很深的印象。当时,国王正在与海军部大臣商讨设计海军服式的问题,公爵夫人蓝白相间的服装色调对他启发不小。后来,经过设计师的精心制作,蓝白相间的海魂衫就诞生了。这种海军服一问世就立即受到海军官兵的热烈欢迎,其他国家也纷纷效仿,于是,海魂衫就成了世界海军的重要标志。

274. 美国军舰上的官兵为什么没有"将军肚"?

人在优裕环境中和步入老年时,免不了有"将军肚"出现,但美海军舰艇人员则少有这种现象。我们从来青岛访问的美国"麦凯恩"号驱逐舰和"日耳曼城"号两栖登陆舰上看到,从将军到士兵个个身体匀称,确实没有"将军肚"。这是为什么?这绝不是他们的膳食不好、营养不够,而是他们平时非常注意锻炼身体的缘故。在美舰停靠的码头上,从早到晚都能看到在码头上跑步、练单双杠的美军官兵,有时他们还爬水泥电线杆,10多米高的电线杆,一口气就爬上去了。靠岸时这样,在航行时也如此。

军舰上专门为水兵设有健身房,里面有各种现代化的、多功能健身器械,供长期在海上航行时舰员进行身体锻炼。

据说美军舰艇部队有专门的身体锻炼标准,对身高与体重的比例也有严格的规定,超标者不能提升。看来这一规定有一定的作用,怕影响前程,就得加强锻炼。

275. 英国首相丘吉尔与德军鱼雷有什么不解之缘?

1939年10月14日,因停泊在斯卡帕湾的英国"皇家橡树"号战列舰被德国潜艇击沉,这使刚上台的英国海军大臣丘吉尔很难堪。为平息公众舆论,他亲自乘"纳尔逊"号战列舰前往斯卡帕湾处理这次灾难的善后。10月30日凌晨,"纳尔逊"号在奥克尼群岛海面行进时被德军潜艇U-56号盯上了。经接近后,德军艇向"纳尔逊"号齐射了3枚鱼雷,这三枚鱼雷还全部命中"纳尔逊"号。这三枚鱼雷与舰华的三声沉闷的撞击声令

丘吉尔首相像

"纳尔逊"号上的舰员大吃一惊,但等来的并不是爆炸声,而是一片平静。原来,这三枚鱼雷不知什么原因都没有爆炸,使"纳尔逊"号免遭可灭顶之灾。丘吉尔也逃过了一劫,否则,英国历史上也就没有他这个首相了。

276. 打出去的鱼雷为什么又返回来？

1942年3月，第二次世界大战正在紧张进行之时，英国有一支向苏联运送物资的船队，为避免与德国海上的巡逻舰艇遭遇，选择了一条航行条件较差的北冰洋海区的航线。谁知在这冰冻雪封的季节里，还是遇上了德国的军舰。你说德国法西斯封锁得有多严。英国护航舰"特立尼达"号为保卫商船，来了个先下手为强，立即向德舰发射了一枚鱼雷。舰员们望着在冰海中航行的鱼雷，他们多么希望它能击沉德舰，打开一条通道完成运输任务啊。可是事与愿违，这条鱼雷向前航行了不远，就开始转向，最后划了一个圆弧，又向英国护航舰"特立尼达"号奔了回来。大家一齐惊喊"鱼雷回来了"！大家知道鱼雷撞上自己后的下场和人员落在冰海里的后果。舰长急忙下令转向规避，还算幸运，军舰避开了这条装有上百千克炸药的鱼雷。

那么，是什么原因让发射出去的鱼雷又掉头回来呢？事后分析的原因是：鱼雷中给舵下达指令的转向机构，在冰冷的海水中被冻在某一转舵位置上，鱼雷出管后按这一舵角航行，最终形成一个圆形航迹，奔向了自己的军舰。

277. 太平洋战争第一枪是在哪里打响的？

人们通常把日本偷袭珍珠港看做是打响太平洋战争的第一枪，而实际上，日军在马来半岛开始登陆的时间要早于偷袭珍珠港的时间。

日军发动太平洋战争是采取多路进攻的战法，为达到战役的突然性以增大战果,日本大本营要求各路部队必须在偷袭珍珠港之战打响之后才能开始攻击。偷袭珍珠港的时间原定拂晓开始,舰载飞机在拂晓前2小时起飞,拂晓到达,但参加偷袭的6艘航母中有2艘舰上的飞行员不具备夜航能力,为此将飞机起飞时间推迟到拂晓,这样就使偷袭珍珠港的时间由6点延迟至8点。而此时,进攻马来半岛的日军的枪声早在珍珠港的第一枚炸弹炸响前一个半小时就打响了。因此可以认定,打响太平洋战争的第一枪是在马来半岛,而不是珍珠港。

278. 一枚鱼雷能航行多长时间?

1916年5月31日,在"日德兰海战"中,英国海军"鲁普斯"号战舰在攻击德国战舰时施放了一枚鱼雷,这枚鱼雷没有命中敌舰却向远海跑去了。奇怪的是,这枚鱼雷并没有像一般的鱼雷那样耗尽燃料而沉没,因为后来人们在许多海域又看见了它。12年后,也就是1928年7月12日,美国船员在百慕大三角区碰到过它,之后它又在佛罗里达州的坦帕湾出现过,为此美国海军派出两艘军舰去"处理"这个"危险物",它却趁夜晚"冲"出了重围。1941年12月7日,有人在太平洋上又发现了它,成为当时报纸的一大新闻。之后,瑞士一名医生在巴西亚马逊河三角洲又发现了它,并拍下了照片。直到1972年,这条鱼雷才在海上灭迹。前后算起来,这条被好奇的人们称之为"日德兰"的鱼雷在海上已连续航行了56年。

这枚鱼雷长5.5米,重655千克,以压缩空气为动力。单从储存的空气而言,它只能航行几千米,为什么却海洋军事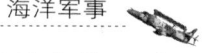

航行了 56 年？据推测，一是随波漂流，二是鱼雷的金属外壳被锈蚀后，与海水起化学反应产生了能量，但确切的原因至今仍是一个谜。

279. 第二次世界大战中法国海军的舰队命运如何？

1942 年 11 月，盟军在非洲登陆成功，法西斯德国随即撕毁协议，27 日，德军第 2SS 机械化装甲师团就急速杀向土伦。在土伦港的法国舰队得知这一消息后，已来不及离开或采取更有效的行动了，遂决定自沉。这时法国海军尚有 77 艘军舰，他们各自采取行动，有的打开了海底门，让海水灌进舱内，沉入海底，有的就引爆弹药库自爆，一时间爆炸声、海水入舱的咆哮声和冲天大火搅乱了整个港湾。

在土伦自沉的法国军舰有：3 艘战列舰、4 艘重巡洋舰、3 艘轻巡洋舰、16 艘潜艇、32 艘驱逐舰和鱼雷艇。曾经显赫于世的法兰西舰队就这样自我"免遭灭顶之灾"了。

280. 坦克能打沉潜艇吗？

第二次世界大战期间，游弋在大西洋的一艘德国潜艇从潜望镜中发现了一艘单独航行的英国运输船，艇长立即下令攻击。攻击行动很成功，一举命中，运输舰被炸得四分五裂。艇长激动地向全艇宣布了这一战果，引来舱内官兵的一阵欢呼。此时的艇长有点忘乎所以，竟下令潜艇浮起，他想让大家亲眼看一看他的"杰作"——运输舰下沉的景象。谁知潜艇刚刚浮出水面，猛听到一声巨响，一辆坦克砸在了潜艇上。这辆坦克是哪里来的呢？原来，这艘英国运输船装载的全是坦克，当它被鱼雷击中时引起舱内爆炸,巨大的冲击波将坦克抛向空中,一辆坦克落下时正好砸在德潜艇上。3吨多重的坦克,加上落下时的冲击力,将潜艇一下砸成了两段,很快就沉没了。这艘潜艇违犯规定随意浮起,造成了乐极生悲的后果,英舰也碰巧临死拉了一个垫背的。

战后查得这艘英国运输船是"奥立夫·伯朗奇"号。

281. 航空母舰甲板上人员的衣服为什么五颜六色?

我们在电影或电视中看到飞机在航母上起飞降落时,上甲板有不少人来往穿梭工作着,有的站着,有的蹲着,用各种手势向飞机表示着什么,而且他们的工作服是"五彩纷呈"的。原来,因为航母上为飞机服务的人员多、项目多,为使工作有序和便于指挥,人们就想到用服色来区分人员的分工,他们是用工作服的颜色来表示担负着不同的工种的。如飞机要从航母上起飞的时候,先由着黄色服装的舰员引导飞机移到弹射器上,然后穿绿色服装的舰员将飞机前起落架(轮子)与弹射器的往复车连接,之后穿黄服装的舰员发出信号让飞机松开刹车、加大功率,这时着黄色装、戴绿头盔的飞机弹射官才伸出二指,"OK",一切正常,接着穿蓝色服装的传令兵发出起飞信号,下令按弹射器按钮,飞机被弹射飞出。其他颜色如紫色为加油员,白色为安全观察和飞机降落信号官,棕色为地勤组长,红色为武器操作手和抢救员,绿色为飞机维修与刹车操作手。

这种用不同穿着区别工种的办法也是在工作中逼出来的。航母上飞机起降时的工作人员多、分工细,为不出错和便于指挥,有人就想出了这个办法,还真管用。同样的道理,有些星级宾馆的服务员也因工种不同穿着不同颜色的服装,也许是向航母学来的呢。

282. 航空母舰上的数千人是如何用餐的?

美国海军舰艇,尤其是航空母舰战斗群的舰艇,常年在海上值勤,长时间工作在高温、潮湿、噪声及风浪颠簸的环境中,舰员们体力消耗大、情绪易受波动。为尽快消除工作和环境给舰员带来的疲劳,保持战斗力,各航母国海军很注意环境的改善。舰员的就餐和服务质量的优良,就是一例。

美海军舰艇根据吨位和就餐人数,一般设有数个餐厅并实行士兵、士官和军官分别用餐制,餐厅布置得漂亮、雅致,厅内光线柔和,每当开饭时,就播放音乐、电视或录相,如同在宽敞、舒适的家中一样。在航空母舰上也不因人多、舱内容积有限而"亏待"了餐厅,反而更现代。以"肯尼迪"号航母为例,舰上有6个餐厅,分别供将官、军官、士官和士兵用餐,按舰员6%的比例配置炊事员,5000人的航母上的炊事员多达300人。每天供应4餐,2000多份膳食,工作量相当大。开饭分两轮,士兵以自助餐的形式从几十种食品、水果中拿取自己喜欢的食物,而军官一般是点菜,由餐厅勤务兵送到桌上。

283. 美国海军是怎样禁烟的?

1992年初,美军进行了一场轰轰烈烈的禁烟大战,海军冲在这场"战争"的最前沿。海军作战部首先发布了新的禁烟令,把吸烟定为不良嗜好,并进一步扩大禁烟场所,禁烟条例内容有:① 在新兵训练中心和预备军官学校,禁止教官、工作人员和来访者在有新兵和学员在场的情况下吸烟;② 禁止在不足6小时的飞行期间吸烟;③ 禁止在任何海军舰艇上吸烟;④ 禁止在海军医疗系统出售香烟。为了帮助吸烟者戒烟,海军在各医院和诊所开设戒烟班,为吸烟者提供咨询服务和医疗帮助。但这一活动收效甚微。原因之一

美国兵抽烟

是烟民不配合,他们认为吸不吸烟是个人的事,别人无权干涉。另外,这场"禁烟战斗"并未使吸烟者陷入四面楚歌的境地,海军消费合作社和舰艇商店不仅香烟照卖,而且比市场上的价钱低得多。军人烟照吸,商店钱照赚,海军在2000年成为"无烟军"的目标是无法实现的。

284. 美国"国舰"为什么会沉没?

美国的"国舰"是"印第安纳波利斯"号重巡洋舰。1932年11月下水时,该舰的吨位、火力都比其他舰大,被美军称为"海军的骄傲"。罗斯福总统也很欣赏它,1934年曾乘坐它出访过南美国家,将其誉为"国舰"。

1945年,"印第安纳波利斯"号装着两个写有"无线电零部件"的大箱子运往提尼安岛,实际上这是两颗原子弹。10天后,由提尼安空军基地起飞的轰炸机将它们扔

到了日本的广岛和长崎。

"印第安纳波利斯"号运送原子弹后,又接到命令去莱特岛,与战列舰"爱荷达"号会合后进行射击训练,并被告知沿途水域没有敌潜艇活动。该舰开始还走"之"字形航线,进行防潜曲折航行,但不久即放松了警惕。天黑后,舰上指挥官麦克威上校命令停止防潜曲折航行,而此时正好有一艘日本的"伊-58"号潜艇相向而来,它发现"印第安纳波利斯"号后立即进行攻击行动,占领射击阵位后齐射了6枚鱼雷,有一枚命中弹药库导致弹药爆炸,使它在12小时后沉没。

285. 是谁阻止了哈尔西的一次进攻?

1944年12月16日晚,拥有20多艘航母、8艘战列舰、数十艘驱护卫舰的美国哈尔西舰队,分成3个特混大队驶向中国南海,目标是进攻吕宋群岛的日军。17日黎明,海风越来越大,到18日中午,风速已达12级,原来他们钻到台风中心来了。数层楼高的巨浪和像撒石子一样的暴雨使官兵们惊慌万状,巨大的军舰任狂风推搡,不仅编队溃不成形,轻型航母甲板上的飞机也一架架被掀到海里去了。有几个水兵想去固定被风吹断的固定飞机的绳索,一上甲板就像树叶一样被风卷走了。直到18日下午,风才开始减弱,哈尔西赶紧收拢编队,一清点,少了3艘驱逐舰,远近没有踪影,无线电也叫不出来,最后证实是沉没了。航空母舰也报来了令人懊丧的消息,各航母共损失了146架飞机。这场台风使哈尔西舰队元气大伤,仅官兵死亡或称去向不明的,就有790名之多,无法进行作战了,只好取消了这次进攻吕宋岛的计划。

286. 纳尔逊对伤残金的幽默说明了什么?

纳尔逊在担任英国海军舰长时,在战斗中失去了右臂,英国国会通过了给他每年1000英镑的伤残金。当他去领取伤残金时,一个办事员对他说:"钱确实太少了,只相当于一个上校的年金。"可纳尔逊却说:"不忙,这只是一条臂的数目,我还有另一条臂呢,将来还可以加上一条腿。"纳尔逊就是这样一个雄心勃勃地期待着在未来的战争中夺取更大胜利的人。

287. 你了解航空母舰上的士兵生活吗?

舰员在航母上,尽管生活在面积和空间非常庞大的舰体里,但长时间(一般是半年)在拥挤的人群、刺耳的噪声、繁忙的值勤与单调的工作这样的环境里,难免让人烦闷、犹疑。在动力舱,有8台双鼓式D型锅炉,当要加速时这里就一片忙碌,一个士兵在室温高达50℃的舱内一次要值4小时的班,每昼夜8小时,有时可能还要多。住舱内每人只有2米长、0.66米宽、0.61米高的一个铺位,士兵们拉上布帘,暂时在这个小天地里消除一下值更的疲劳,但一听到战斗警报又必须迅速跑到自己的岗位上,谁也没有例外。舰上为帮助水兵消除疲劳,也采取了许多措施,但效果有限。尽管起床后可以洗个淋浴,但人满为患。舰上有6个厨房,昼夜提供食物,但就餐时可能要排30分钟的队。只有军官可以例外,他们在两个军官食堂就餐,有侍者为他们端菜送水。繁忙的士兵工作是三班轮值,有时一周见不到阳光,甚至连日子也记不得了,只有吃到比萨饼时才想起今天是星期五了。当然舰上有图书室、电影室、电视室可以去消遣,但疲劳的身子总想到床上去消除疲劳,所以多数人是有消遣的地方而没有消遣的精力。

288. 美国水兵一日三餐吃什么?

美国海军官兵的早餐供应有:黄油米饭、煎鸡蛋、牛排、烤火腿片、碎牛肉面包、热点心、蛋奶烘饼、肉丁烤菜、咖啡、茶和牛奶等饮料;午餐有:包肉馅鱼、土豆泥、牡蛎、黄油胡萝卜、芦笋、肉汁、西红柿汤等;晚餐有:日式牛肉火锅、烤小牛肉、雪片土豆、黄油甘蓝、豆汤等。三餐中都有小糕点供应,中晚餐有蒸米饭、什锦面包、各式沙拉等。三餐的花样虽多,但要排队领取,费时较长。为此每餐都有快餐供应,但只有鸡肉汤面、炸蛋卷等。

美国海军有规定,体重不能超标,更不允许有"将军肚",为此,在膳食上也作了考虑,即平衡膳食,注意营养搭配。美国对给养勤务系统供应的1.6万种食品进行营养分析,专门制订了一套营养标准指南,供配餐搭配作参考,并在外包装上用各种颜色标示,粉色的表明脂肪量较少,绿色的表明盐量低,黄色的含糖量较低等。并大力提倡多吃鱼、鸡和植物油及蔬菜等富含纤维的食品。

289. 美国海军有几种特殊旗帜?

在无线电出现之前,舰船的通信是靠旗帜来进行的,一面或几面旗组成一个意思,用旗来指挥行动或报告情况。尽管今天有了无线电,发展了航天技术,随时可与地球上的任何地方通信,但仍保留了通信旗,作近距离通信

用。除了通信旗外,有的国家海军还有一些特殊的旗号呢,以美国为例:

舰首旗,美国军舰的舰首旗是一面与国旗右上角完全一样但尺寸稍小的旗帜,即在蓝色底上有50颗白星。

嘉奖旗,是美海军特有的一种旗。它是三角燕尾形,由蓝、紫、黄、绿四条水平条纹组成,凡获嘉奖和立功的舰艇,每获一次嘉奖,在旗面上添一颗青铜色五星,但一面旗只能缀五颗星。

美国军舰的舰首旗

作战效率三角旗,是同类舰艇竞赛的获胜旗。它是一红色三角旗,中间有一黑色圆球。如舰上已挂有其他奖旗,就把它挂在奖旗下面。

教会旗,这是唯一可挂在国旗上面的旗,白底,中间有一蓝色十字架,若舰上挂出这种旗就表示"本舰官兵正在做礼拜"。

远航返航旗,是美国舰艇在海外连续值勤9个月以上,返航回国时悬挂的一种巨幅长旗。该旗由蓝白两部分组成,如舰艇在海上值勤满9个月,便在旗帜的蓝色部

海洋军事

分加一颗白星,然后以6个月为一档,每满6个月加一颗星。那么,旗的长度是多少呢?它是将已在海外值勤满9个月的总人数乘1英尺,但旗的总长度不得超过舰的总长。

290. 水兵服上有什么趣味故事?

世界上各国的水兵服大致相同,基本上是套头上衣、披肩、紧袖口、宽裤脚。而不同处也只在袖口上,多数用紧袖,少数是敞口。

可有的水兵服在胸前挂一黑领结,这是什么原因呢?一说它源于英国,是为阵亡的海军英雄纳尔逊致哀,是从当时佩戴的黑布演变成今天的黑领结的;另一说是古代军舰在作战时,水兵身上都带有急救包扎布,黑色领结是由包扎布演变而来。不论哪种说法,到现在只是一种装饰品罢了。

水兵服的标志是披肩,披肩上白边的情趣也不少,三条白边,有代表英国通过三次战役打败法国之说;也有说一条白边是代表一等强国,两条白边代表二等强国。你知道人民海军的披肩上有几道白边?它代表什么意思呢?人民海军的水兵服是四条白边,它代表周边是四个海。

有的国家的水兵服披肩的两角有两枚国徽,美国的是两颗白星。假如少女能够抚摸到披肩上的装饰物,还会给她带来好运呢。

291. 你知道法国海军着装的特点吗?

法国海军服分常服、礼服、工作服和热带地区服四大类。在如何着装上,与其他海军相比有些特殊规定。

在海外的军舰,何时穿什么服装,由舰长说了算,包括出访在内;法海军的服装是个人订做而不是上级统一发放,军官要自己掏钱,士兵是发给足够的服装费后由个人去订做。在集体活动时,要求必须穿体面、崭新的军服,否则就要受到处分。但在日常生活中,法海军军人对衣着又很不讲究。多数舰员觉得衣服称身合体就可以了,平时穿什么,条令没有规定,所以穿T恤、茄克、猎装、休闲服、牛仔服等什么服装的都有。这种平时穿衣"五花八门"的现象,可能与法兰西民族惯于标新立异有关。

292. 在美国军舰上有中国产品吗?

1997年3月,中国海军舰艇编队访问美洲四国,在夏威夷和美国本土,中国舰员曾参观了美国海军基地、海军学院、舰艇和军事设备。在参观中有一件事使大家感受很深,那就是在美国先进的军舰上,发现了中国的产品。

3月13日,根据访问日程安排,中国海军部分官兵到美国"戴维·雷"号驱逐舰参观。这是一艘"斯普鲁恩斯"级驱逐舰,这一级驱逐舰是美国第一种按标准化、模块化设计的军舰,各方面相当先进,每个部位都吸引我们关注,但在一部导航雷达的电源控制部分,我们发现了标着"中国制造"的设备,大家不约而同前来一观。

293. "基洛夫"级巡洋舰为什么一艘一个模样?

1996年4月,被誉为俄海军的骄傲的"基洛夫"级核动力导弹巡洋舰"彼得大帝"号建成。该级舰1975年开工建造,第一艘1980年7月建成服役,共建造4艘,前后拖了近30年最后一艘才完工。因为拖的时间长,这期间世界形势和军事思想发生了演变,所以出现了4艘舰的装备各不相同的现象。

首舰"基洛夫"号的建造正是潜艇大发展之时,因此"基洛夫"号侧重反潜。第二艘"伏龙芝"号建造时又是航空兵扬威之时,所以它就侧重防空,将在"基洛夫"号安装反潜导弹装置的位置换成了防空导弹垂直发射装置。第三艘"加里宁"号与"伏龙芝"号差不多,也属防空型,但将原装的30毫米近防炮换成了2套"卡什坦"弹炮结合近程防空武器系统,舰载电子装备也是当时最新型的。第四艘"彼得大帝"号集当今俄海军舰艇的最新成果于一体,代表了当今世界军用舰艇的先进水平,其综合作战能力是"基洛夫"级中最高的。"基洛夫"级的"步步高"现象,首先是设计人员在设计时充分考虑到今后发展的需要,给军舰留下了很大的改进余地,否则要改也没有条件。另外,这4艘舰前后造了30年,研制部门有足够的时间来充分利用最新的研究成果。

苏联解体后,俄海军将"基洛夫"号改名为"乌沙科夫上将"号,将"伏龙芝"号改名为"拉扎列夫海军上将"号,将"加里宁"号改名为"纳希莫夫海军上将"号,"彼得大帝"号则是由"安得罗波夫"号改名的。

294. 俄罗斯有多少"莫斯科"号舰艇?

历史上俄罗斯海军以"莫斯科"命名的舰艇很多,仅18世纪就有7艘。

首次使用"莫斯科"命名的是一艘舷号为62的战列

炮舰，服役 20 年后在 1732 年退役。第二艘为 66 号战列炮舰，1750 年下水，1758 年触礁沉没。第三艘也是一艘战列炮舰，1771 年退役后将名字授给了另一艘战列舰。那艘接受了"莫斯科"命名的战列舰 1809 年卖给法国后，国内另有 3 艘辅助舰也用了"莫斯科"之名。

19 世纪只有一艘从德国购进的汽轮被命名为"莫斯科"，只使用了 4 年就触礁沉没了。

20 世纪，最先使用"莫斯科"为名的是一艘从英国购进的运输船。1914 年，该船被德舰击沉，将名字给了另外一艘从英国购进的军舰，这艘军舰后归太平洋区舰队，更名为"安格拉"号。1917 年，英国转给俄罗斯一艘运输船，又命名为"莫斯科"号。1891 年俄生产了一艘江河拖船，起名"莫斯科"。1940 年，一艘平底运输船战时被征用，命名"莫斯科"。1951 年，一艘在建的重巡洋舰定名为"莫斯科"，但 1953 年还没完工就被拆掉了。1958 年建造的直升机母舰，首舰被命名"莫斯科"，1995 年退役后，将"莫斯科"给了原名叫"光荣"号的导弹巡洋舰。由此看来，俄海军对莫斯科是情有独钟的。

295. 德国海军"企鹅"号的下场如何？

"二战"期间，德海军派出"企鹅"号巡洋舰，到大西洋用游猎的方式搜捕盟国的船只。它根据已破译的盟国的密码发现了一支捕鲸船队的踪迹，立即前往，并轻而易举地捕获了 14 艘挪威的大型捕鲸船。"企鹅"号舰长看到捕鲸船船型与自己的军舰相似，立即心生一计，将"企鹅"号外部用油漆涂成挪威船的颜色，假冒挪威船。1941 年

5月,"企鹅"号在印度洋游猎时被一架英国巡逻机发现,这架飞机飞抵"企鹅"号上空时,从船舷油漆颜色、烟囱上的标志看认为是一艘盟国挪威的船,即行离去。但在即将离开的一刹那,飞行员感到有点不对劲,因为飞机飞临上空后,船上竟然没有一个人像往常一样热情地挥手致意。飞行员将这一情况报告了总部,英军立即派出在这一海域执行任务的"康瓦尔"号重巡洋舰前去检查。德"企鹅"号舰长见英机转了一圈后离去,正在庆幸伪装成功时,突然发现向自己驶来的英国巡洋舰,心说不妙,立即撕下伪装首先向英舰开炮。在两舰炮战中,英舰只用了几个齐射就击中了"企鹅"号的弹药库,引爆了弹药,将"企鹅"号送到了海底。

296. 埃及海军官兵的宗教信仰如何?

埃及是一个信奉伊斯兰教的国家,因此埃及官兵中绝大多数都信伊斯兰教。他们对宗教活动十分重视,军队在日常生活中都留有宗教活动的时间和内容。我们看到,在来华访问的军舰上,舰艇官兵每天早晨、中午和黄昏三次面向西方进行祈祷,口中念着《古兰经》,神色庄严。每次祈祷大约持续7分钟~8分钟。因为经常跪拜碰头太多的缘故,他们当中有不少人的前额上方都磨出发黑的茧子来了,由此可以看出他们是多么虔诚。

那么,舰艇上的官兵每天多次诵经礼拜是否会影响军事训练?一点也不影响,相反他们对军事的学习和训练抓得很紧,这也可能是宗教信仰的原因,一定要干好你所担负的工作。看来,宗教信仰与保卫祖国在他们国家并不矛盾。

297. 第二次世界大战时中国军队是如何击退法国军舰的？

1945年日本无条件投降，根据《波茨坦公告》精神，中国远征军负责在越南接受日本的投降部队。越南原是法国的殖民地，法国对让中国人接受驻越日军投降一事十分不满，公然于1946年3月派出一支舰队直逼越南海防港，企图赶走中国的受降部队。当时驻守海防港的中国远征军是曾泽生部，该部已基本完成了接受日本部队投降的任务，海防港附近还有大批投降的日军和他们所交出的武器。当前沿阵地报告有法舰驶来时，曾泽生命令发出信号，说明此处为中国远征军接受日军投降人员的防区，外国舰队不得无理驶进，但法舰不予理睬。为维护《波茨坦公告》和履行自己的职责，曾泽生下令鸣枪告警，岂料法舰以开炮相对，并击中了原日军的一座弹药库，发生了爆炸。此时，中国军队既无重武器还击法舰，对日军仓库里的重武器性能又不熟悉，有大炮也无法使用，情势危急。此时，有不少战俘营的日军前来讨战，这是为什么呢？原来他们十分清楚，如果不击退法国舰队，他们可能性命难保。迫于战况紧急，中国远征军司令部最后决定同意日本人助战。那些日本炮兵战俘立即与中国远征军一起从仓库中拉出一门又一门大口径火炮，迅速在岸边开设炮兵阵地，以猛烈的炮火向法舰还击。一阵排炮过后，一艘法舰中弹起火，法国人立即乱了阵脚，纷纷夺路向外海逃去。又是一阵排炮，炮弹又击中了落在后边的一艘法舰。就这样,仅仅几个回合,法舰就伤亡惨重,从此再也没敢靠近海防半步。他们在海上漂泊了几天后,就撤回国去了。

298. 兰里岛的日军部队是被鳄鱼吃了吗?

1945年2月,一支英国舰艇编队在孟加拉湾发现了一支企图从海上撤往日本的侵缅日军船队,英舰立即发起攻击。已成惊弓之鸟的日军舰船无心恋战,多数被击沉击伤,有几艘运兵船侥幸逃到了一个叫兰里岛的小岛上。上岛后,日军来了精神,用火炮轰击英舰,双方战至黄昏,遂停止战斗,英舰将小岛团团围困起来,准备明日再战。入夜后,忽听岛上枪声大作,并伴有一片喊叫声,英舰以为日军要趁天黑突围,加强了戒备。但奇怪的是只有枪声和喊声,并不见有人行动。不久枪、喊声渐弱,但一直持续到下半夜才停息。天亮时,英舰派一小艇抵近兰里岛侦察,至岛边也不见日军动静,以为日军已逃走,就大胆登岛,却发现满岛都是尸骨不全的日军尸体和不少死鳄鱼。原来,兰里岛是当地著名的鳄鱼岛,白天被炮战吓得藏于水中的鳄鱼,入夜后被日军尸体的血腥味吸引爬上岛来,上万只鳄鱼一齐扑向日军,枪声和喊声就是因此而来。这一战,鳄鱼虽死了近百只,但大获全胜,全岛只剩下了二十几名死里逃生的日军。

299. 军舰为什么要"涂脂抹粉"?

军舰外部涂漆除了防锈外,用的颜色也是为了隐身,至于涂什么色,要根据海区、岛岸背景及气候等外界因素而定。1945年,美国从关岛派往日本海执行任务的潜艇就特地将外舷的浅灰改为深灰,这是探明了这一海区的最佳隐蔽色才改换的。

涂了防护色的舰体

20世纪初,舰艇的观察以目力为主,英国一位在海军服役的美术家提出对军舰实施迷彩伪装,当这艘涂了白、黑、蓝三色的军舰在沿岸出没时,警卫队竟没有发现它,这是首次出现的迷彩伪装。这种迷彩伪装1917年10月传到了美国,也被美海军采用。

1939年,英国一位叫丘里的迷彩设计家又提出了防空迷彩,并建议用无光泽油漆,以免因光线反射被发现,收到了良好的效果。此外,英国海军元帅蒙巴顿设计过粉红色迷彩,1991年一批英国画家为舰桥和炮塔设计过上浓下淡的迷彩,均有满意的效果。

现在已不是目视时代了,军舰的"迷彩"也升级了,涂上了有吸收雷达波功能的涂料和防护层。

300. 军舰上为什么不准喝酒?

所有军舰上都规定不准喝酒,即使在重大节日,值班的舰员也不准喝酒,不值班的也只能适量饮点果酒、啤酒之类的低度酒。这是根据历年来发生事故总结出来的:喝酒要误事,喝酒可能发生事故。但在来访的马来西亚军舰上,我们却看到了不准喝酒而天天喝酒的事。

1993年8月,两艘马来西亚皇家海军的舰艇来我国访问。每天晚餐后,除值班人员外,几乎所有的舰员全部外出,逛夜市、唱卡拉OK,更多的是去喝啤酒。原来,马来西亚海军有个规定,只要没有紧急、特殊任务,晚上时间归个人支配,可自由上岸,怎么去玩、玩什么、玩多长时间都不管,只要第二天早晨能起床就行。在马来西亚舰艇上是绝对禁止饮酒的,但不禁止你到岸上去饮,所以马来西亚的水兵在舰上不饮酒,天天可以到陆地上饮酒。

301. 有用黄金作压舱铁的事吗?

压舱铁,是放在舰船底部为保持舰船的平稳性而放置的压重物,形如两块砖大小的铸铁,数量是根据舰艇平稳性要求,通过均衡计算得出的,且要放在规定的位置上。既要前后、左右平衡、重心尽量向下,又要使舰船有足够的供人员活动或运输装载的空间。

"二战"期间,美太平洋舰队的"鳟鱼"号潜艇,奉命为前沿几个岛屿运送弹药和补给品。为了尽量多的装些物品,潜艇卸下了部分压舱铁,装满物资后就悄悄出航了。潜艇途经中途岛又补充了一次燃油,就昼夜兼程赶路,路上也没有遇到敌情,顺利地到达科拉多吉尔岛。卸下货物后,麻烦就来了:在全岛找不到合适的东西来替代压舱铁。没有压舱铁是不能出航的,因为重心上升使稳定中心高变小,甚至变成负值,不要说出航,在码头上也可能翻掉。正在一筹莫展时,有人提出可否用黄金作压舱铁,艇长说可以是可以,但哪有那么多贵重的金属?别说,还真有。原来,战争开始后,美军把马尼拉银行仓库的金条、银币抢运到岛上,现在感到在此存放也不保险,不如趁此机会把它们充作压重物运回美国。于是,2000千克金条、18000千克银币装上潜艇作了压舱铁,使潜艇顺利出航。

302. 卡住远航潜艇脖子的装备是什么?

潜艇可以在没有外界补给的情况下,深入敌后作战,时间可长达1个~2个月。另外,它利用海水的屏蔽,可以出其不意地对敌发起攻击。但以上特点有个前提,就是必须有良好的通信联络。

潜艇失去隐蔽性就无所谓潜艇,而为了通信又不得不浮到或接近水面处,因为中、短波无法穿透海水。解决的办法,就是使用能穿透海水一定深度的长波电台。

第二次世界大战中,德国利用"哥里阿斯台"有效地指挥了200多艘潜艇作战。战后,苏联拆走了德国的长波电台,美国则请去了德国的长波专家,所以这两个国家都建立起数座长波电台,完成了对全球各地潜艇指挥的任务,尤其对那些具有周航全球能力的核潜艇,这更具有非常重要的意义。

长波台可以将岸上指挥所的命令、指示及时传达给在世界各个角落的潜艇,当然长波台要建在适当的地点,潜艇也必须浮到能收听的深度才行,但无论如何比浮至水面或接近水面要隐蔽得多。做到了隐蔽才真正具有威慑力,由此可见,长波电台对保障远航潜艇的战略作用是必不可少的。

303. 女兵在军舰上工作轻松吗?

女军人上舰工作,看来是争得了妇女的权利,但女军人在舰上的工作也不轻松。她们要和男兵一样站岗放哨,还要干污染严重的诸如刷油漆的活。她们在舰上要穿粗布军服、扎绑腿、系武装带、剪短发。尽管在专门为她们改装的居住舱内全是女兵,但不到熄灯是不准脱军装的。她们不准染指甲、涂口红,不准在舰上会男友,即使男友在同一舰上工作,见面时也不准拥抱、

澳大利亚"埃克赛特"
舰甲板值更女水兵

亲吻和谈情说爱,连拉手也不准,每天也只是吃饭时能在饭厅里见个面而已。谁违犯这些规定就要受到惩罚。

女兵上舰前,一般要到训练中心进行8周的训练,除队列训练和站岗放哨外,还要学习与舰上有关的救火、救护及防原子化学等内容。考试合格后,要先到非战斗舰上工作,然后选择到航母上工作。如果女兵在航母上担

任了飞行员,那就更辛苦,因为她们一般都要在加油机、电子战飞机上工作,出航条件复杂。但无论如何,女兵还是上舰了,而且多数干得不错,已多方面显示出她们的才能和智慧。

304. 你了解南非海军的生活吗?

南非海军的水兵都是合同制,凡公民年满16岁～30岁,只要身体健康,都可以报名当水兵。但报名不难,通过挑选却不容易,要经过严格的体检和计算机考试,最后再接受一次海军心理学专家的谈话,才能确定是否合格。按规定,新兵可签订3～22年的服役合同,若要提前退役,则要向政府交纳高额赔偿费。

南非海军官兵之间等级森严,水兵的集会只能在同级之间进行,准尉和军官不会同时出席一个集会。在有下级参加的正式场合,军官要举止端庄,不许手忙脚乱和快步行走。

南非水兵80%信仰宗教,为此,早晨有半小时的祈祷时间,不论停泊在码头还是在海上,都有牧师主持早礼拜。

除节假日外,每天的训练安排得很满,上午9点到下午3点是海上训练时间,有时日以继夜。即使靠在码头上,军事训练也不停止。每艘南非军舰都备有健身器材,舰员也很重视锻炼,因为身体素质关系到提升。南非海军实行每周4.5天工作制,从每周五中午至下周一早晨为水兵的假日时间,已婚的水兵可回家与家人团聚。

南非舰艇的居住环境较好,水兵舱内有电视机,邻舱就是淋浴室,昼夜有冷热水供应。水兵睡上下铺,床边有一专用的放脏衣服的布袋,有专人收、洗、熨烫后送回。

南非水兵收入高,军官更高,一个上尉每月约1000美元,而一切开销不到工资的三分之一。奖惩也是用钱来进行的,表现突出的可获得最多25美元的奖励,若犯错误就罚款,但大家很珍惜自己的薪金,很少有犯错误的。

305. 海军陆战队员为什么要抹成"大花脸"?

现在的海军陆战队员为了隐蔽自己,一般都将自己抹成个大花脸,以提高单人的隐蔽效果。为什么过去没看到陆战队涂"花脸"呢?因为过去的侦察器材不如现在的先进,过去防白天被发现,现在夜晚也要防。

刘华清与"化装"士兵

海军陆战队员除担负登陆作战任务外,大多负有特种作战使命。有时要穿插到敌后,有时要摸进敌营内,穿着伪装服隐蔽了身体,但面部和裸露的手臂也能暴露,所以面部和手臂也都要"化装"。

那么,这个"化装"是否随便一涂就算完了?那可不行,这要根据任务,是到丛林中还是去沙漠地带,伪装服和伪装色就不一样。至于脸如何涂,也要有科学依据,一个大红脸或一个大黑脸也容易被发现,涂成像伪装服的花纹就难以发现了。可是,这种色彩涂在皮肤上不难受吗?绝对不会,这也是经过研究的了,涂上色彩不但不难受,它还有防晒、防蚊叮虫咬的功能,既不会被汗、雨水冲掉,也便于洗净,是一种无毒、无味、不刺激皮肤的保护色。当然它也有另外一个作用,当你突然接近敌人时,可能把他吓一跳,趁此机会就把他"解决"了。

306. 骑兵与军舰作战谁能赢?

一般情况下,军舰赢骑兵是肯定的,在个别情况下,也可能出现奇迹。

18世纪末,为了镇压法国新兴的资产阶级革命,荷兰与英国、普鲁士和奥地利联合在一起,发动了历史上第一次反法联盟战争。1795年初冬,荷兰派舰队到法国土伦港附近海域,企图配合普、奥联军进行登陆作战。荷兰军舰在此等了几天不见普、奥在陆上向法国进攻的消息,眼看天气越来越冷,再不行动军舰将被冰封在此地,遂决定不论有无消息,明天返航。可就在夜里,寒流来临了,整个舰队的几十艘舰被冰冻在土伦岸边。法国侦察部队发现这一情况后报告了指挥部,皮舒格利将军立即派法国的龙骑兵团前往。到海边一看,荷兰军舰正在砸冰准备离开,骑兵就冲了上去。但因冰面光滑,战马纷纷摔倒,引得荷军一阵大笑,继续破他的冰。过了不久,骑兵又返回来了,这次马匹没有摔倒,直奔舰队而来。荷军慌忙上舰开炮,因射界不对,军舰又不能活动,眼看着骑兵冲到船边,只得乖乖地当了俘虏。荷军下舰一看才知道,原来法军马蹄上缠了厚厚的一层棉布。

307. 美国曾导演过"珍珠港演习"吗?

军事演习是廉价的战争实践,就像戏剧演出前的彩排一样,可以检验不足,进一步探求胜利的"门路"。1932年,美军为了检验珍珠港的防卫能力,曾组织了一次相应规模的检验性实兵演习。担任进攻一方的指挥官雅奈尔上将采用新的战法,指挥攻击部队利用周末的不良天气突然发起攻击,大获"全胜"。不久,日本间谍搜集到了这次演习的全部情报。谁也不曾想到,这些情报竟成了9年后日本为消灭美海军太平洋的主力,以便在向西南"发展"时去掉后顾之忧而制订的偷袭珍珠港计划的蓝本。请看过程何其相似:也是周末、凌晨,突然使美军的太平洋舰队遭到了毁灭性的打击。一些当年参加过演习的美国飞行员痛心地说:"完全和9年前的演习一模一样!"由于没有保守住军事机密,美国无意间帮日本制订了一个消灭自己的军事计划。

308. 旅游地图能变成军事情报吗?

1983年10月25日,美国海军第六舰队突然接到命令,要舰队派出舰艇到格林纳达执行作战任务。接受命令的军舰按规定完成了出航准备,但在整个舰队却找不到一张格林纳达的地图。因为这次任务是在格林纳达登陆,需要有格林纳达地区的详图,否则登陆点的选择、对岸上目标的攻击、上陆部队运动的方向等计划的制订是难以完成的。这时一位指挥官想到,格林纳达的旅游业相当发达,或许当地的旅游地图可提供有用的资料,于是他便从曾经去格林纳达旅游过的官兵中搜集导游图。还真有不少保存格林纳达旅游图的,立即交了上来。当指挥官从旅游者手中拿到导游图时,不由大喜过望。原来,格林纳达的导游图不但印制精美,而且十分详细清楚,海岸、街道、重要目标都有记载。这对登陆前的火力袭击和登陆后向纵深发展非常有用。美军立即将导游图复制、分发给各舰,很快完成了入侵格林纳达的准备。而格林纳达人做梦也没想到,为发展旅游业而自己印制的导游图,却成了向敌人入侵提供的一份情报。

从上例可看出,尽管我们在对外开放的城市里该公开的都公开了,但对一些重要目标还是要注意保密的。

309. 纳粹德国海军为什么没有航空母舰?

在"二战"中,各主要参战国都拥有航空母舰,唯独德国例外。有人说,假如纳粹德国当时在横扫欧洲时再拥有几艘航母,"二战"的历史也许会重写。那么纳粹德国为什么没有航母呢?基本有以下三个原因。

一是军事战略方针的制约。在"二战"爆发前,德国就计划建造2艘航母,但"二战"爆发后,由于希特勒推行陆上军事战略,将主要军事力量和战争潜力全部用于陆上战场,把海军仅作为配合陆上作战的一种辅助力量。

所以不仅将第二艘航母建造计划取消,连正在建造的第一艘航母也被推迟,直到7年后纳粹投降也没建起来。

二是被一时的潜艇优势所迷惑。"二战"爆发时,德海军水面舰艇实力不如英国,但组建不久的潜艇部队却威力无比,鼎盛时曾发展到1000多艘,几乎完全切断了英国的海上交通线。这就使纳粹德国误认为已具有足够的海上作战优势,从而减慢了建造航空母舰的步伐。

三是派系之争阻止了航母的诞生。以德国空军元帅戈林为首的"空权派"强烈反对海军拥有航母,怕因此而分散其对空中力量的专断权。戈林多次说:"一切会飞的东西都属于我",并说:"就是第一艘航母建造完工,我也不配给它飞机!"

由于希特勒站在戈林一边,迷信"空军制胜论"的观点,所以海军多次为争取建造航空母舰的努力都归于失败。

以上是军事分析家们对德国在"二战"时为什么没有航空母舰的分析。

310. "墨尔本"号航空母舰为什么被称为"丧门星"?

英国在1943年开工建造的一艘航空母舰,在1945年2月下水后命名为"尊严"号。后来,由于军事科技的发展,英军又对"尊严"号进行了几次改装,如将原来的直甲板改成斜角甲板,使飞机可以同时作起飞降落作业;又安装了蒸汽弹射器和反射助降装置,可以适应更先进的飞机起降。但这艘改装后已成为先进武器的航空母舰反而无事可做了,因为此时"二战"已经结束。这艘舰在英国一直服役到 1955 年,在 10 月 28 日转让给了澳大利亚海军,澳海军重新命名为"墨尔本"号。

自澳大利亚接手"墨尔本"号航空母舰后,它连续出现了几次事故。看来对一种新装备的掌握是需要有一个过程的,但澳大利亚海军没有注意到这一点,而是消极地对待事故。特别是在 1976 年出现一次特大事故后,使澳海军对"墨尔本"有点悔之不及。1976 年 12 月,"墨尔本"机库发生大火,除了 3 架飞机幸免外,其余飞机全部烧毁,这更增加了澳海军对"墨尔本"的看法,认为它是个不吉利的"丧门星",为此将其提前退役。1985 年 5 月卖给了韩国,后来韩国又把它作为废钢铁处理了。

311. 你了解中国人民海军首次远洋护航历程吗?

1963 年,第一届新兴力量运动会在印度尼西亚举行,我国政府决定组团参加,乘"光华"轮前往,并命令海军派军舰护航。为什么要护航呢? 因为这一时期台湾当局叫嚣要窜犯大陆,当他们听说我体育代表团将去雅加达的消息后,就派护卫舰、登陆舰各一艘,进驻南沙的太平岛,在海上设了关卡。再说,"光华"轮还乘有朝鲜、越南和阿尔巴尼亚的体育代表团,所以不能有任何闪失。

10 月 22 日 15 时,"光华"轮启航,由"南宁"号护卫舰和"锦州"号、"扬州"号猎潜艇组成的护航编队紧随其后。第二天黎明驶出珠江口不久,就发现美国侦察机飞来,低空盘旋、侦察拍照之后飞走了,以后再没有敌人的影子,大概这架侦察机认为"光华"轮是例行的航班,军舰是在例行训练吧。到第三天他们才反应过来,立即派出舰艇追赶。我编队的后方出现了美军和台湾的军舰,护航队立即做好了战斗准备。可能敌人看无便宜可赚,尾随了一段时间就离去了。据分析,由于我们保密工作好,行动又隐蔽,出航后一直不使用无线电器材,敌无法侦知我行动,所以3天后才发现我编队,当"光华"轮驶过北纬10度、过北交礁后,编队完成了护航任务,转向返航。

这是人民海军组织的首次远洋护航,通过完成这次任务,不仅检验了舰艇部队的远航能力和实践了护航行动,也取得了对敌斗争经验。

312. "跃进"号沉没之谜是如何解开的?

1963年5月1日,日本全亚细亚广播电台发布了一条消息:"中国国产的第一艘万吨级远洋货轮'跃进'号在开往日本途中,因腹部中了3发鱼雷而沉没……"这一消息立即引起世界各国政府的关注。我政府从多方面分析,认为最大可能是触礁沉没,而不是被击沉。为弄清"跃进"号沉没的真相,有关方面决定进行调查。5月19日8时,由护卫舰、扫雷舰、猎潜艇和打捞作业船组成的编队,在东海舰队司令员陶勇中将的率领下,从吴淞港启航,21日到达"跃进"号失事海域,首先找到了在水下9米深的苏岩礁,然后用声呐在其周围探测。10时11分,猎潜艇"金州"号发现回波,是金属性质。编队指挥员立即令"成都"号护卫舰去进一步鉴别。"成都"舰在水下回波附近海面发现油迹和气泡,经分析肯定是沉船,但不能确定是"跃进"号。他们又用拖扫的办法探查,发现在锚钩上刮有白、绿两色油漆和夹有玉米,这正是"跃进"号的船舷漆的颜色和装的货物。根据周总理一定要把"跃进"号沉没原因搞清楚的指示,编队指挥员又派潜水员去探摸。潜水员经过与风浪、急流搏斗,终于在水下50米深处找到了沉船,先是捞起了29件能证明是"跃进"号的物品,又探摸了"跃进"号被礁石划破的漏洞及礁石被撞击的痕迹,还捞上了带有"跃进"号船舷漆的礁片。至此真相大白,"跃进"号是因触礁沉没的。

313. 我国的维和部队是如何到达柬埔寨的?

1992年初,根据联合国规定,中国组建了由400多名官兵和200多辆机械车辆的赴柬埔寨维持和平部队。但如何前往柬埔寨却成了大问题,因为如果采用空运,柬埔寨只有金边一个能降落大型飞机的机场,而且一次只能降落一个架次,加上对机场导航设备情况掌握不准,很难按时完成任务。若从陆上走,我国与柬埔寨又不接壤,那只有海运一条路了。在选择运输工具时,大家首先想到了"郑和"号训练舰,因为它不仅可运载所有维持和平部队官兵,且航海能力强,有条件通过这段生疏、复杂的航线。但联合国有规定,国际维和部队派遣国运送维和部队的交通工具不能用军事舰船和飞机。"郑和"号虽不是战斗舰艇,但却是海军舰艇学院的实习舰,属军事舰船性质。对此,当时任联合国秘书长的加利先生给予了充分的理解和支持。于是,"郑和"号与"南运831"船,及广州远洋运输公司的"赤峰口"轮承担了跨海运兵的历史使命。

1992年4月19日12时,以"郑和"号为旗舰的"蓝色编队"启航,于 23 日 16 时到达柬埔寨磅逊港。

314. 南沙岛群上有哪些"礁趣"?

南沙群岛的成因有个美丽的传说:有位仙女到南海游玩,看到这美丽如画的海域非常喜欢,便将佩戴的珍珠撒了下去,变成了南沙群岛。南沙群岛风景优美,海域内资源丰富,但岛上缺粮少水,因此,驻守南沙的海军陆战队的官兵们的生活是很单调、艰苦的。但这些"守礁兵"却以苦为荣,并从中悟出了不少"礁趣"。

南沙气温高,有时他们头顶 60 摄氏度的太阳站岗,因出汗多身上都结了盐,但无水洗澡。后来有人用毛巾包住全身,捂出一身大汗,再用毛巾擦搓全身,还真的解决问题。之后,各礁的守礁官兵都采用了这个"洗浴"方法,他们把这种洗澡法和下雨时全体"泡雨"定名为"礁浴"。礁上无土种蔬菜,平时靠罐头过日子。有一回,一个战士在脸盆里栽了一棵黄瓜,居然结了一个筷子粗细的小黄瓜,他们把黄瓜切成小片含在嘴里,感到比酒宴还过瘾,就称"礁宴"。为解决"守礁兵"单调的生活和鼓舞斗志,他们自办了《南沙卫士》报,油印,每周一张,自编自乐,内容还算丰富,而且自从作了一次广告后就更加活跃了。这是怎么回事呢?原来,有一位东门礁守岛干部的妻子在北京临产,她通过《南沙卫士》为未来出生的孩子征求名字,最后同意"守礁兵"集体"参谋"的成果,给孩子取大名"震南",小名"东门",既好叫又有意义。当然《南沙卫士》自然也就被称为"礁报"了。

此外,驻华阳礁、渚碧礁、赤瓜礁、南薰礁、东门礁和永暑礁的战士都为本礁撰有对联刻在礁上,如华阳礁的对联是"铁骨成壁垒,热血铸长城",战士们称这些对联为"礁联"。

守礁官兵以苦为荣、以苦为乐的作为,向祖国和人民表现了他们的赤诚之心。

315. 你了解我国直升机大洋收"星"的事吗?

1980年5月18日,我国进行远程运载火箭飞行试验时,记录了运载火箭数据的数据舱在10时30分准确溅落在预定海域。负责打捞数据舱的两架直升机早就待命在上空,179号机组不仅提前发现了拖着长长白烟的数据舱、拍摄了箭头的落点,同时判明了数据舱的位置,及时引导172号机组前往打捞。

172号机组在179号机组的引导下,快速向数据舱落点冲去。突然,前面出现一片浓积云,这种云里气体对流很强,飞机也不敢穿,直升机更加危险,可绕过去要误时间的,怎么办?172号机组当机立断,将高度由1000米降到了500米,从浓积云下冒雨穿了过去,准确地悬停在数据舱的上空30米。机门打开,潜水员刘志友由钢索徐徐吊下,他扔下几个驱赶鲨鱼的药袋后,就一手握吊环,一手将数据舱抓住。眼看就要成功了,谁知就在直升机绞起潜水员时,吊环与直升机的钢索脱开了,潜水员抱着数据舱被直升机螺旋桨产生的气流搅得不停地旋转。这时,机智的刘志友果断地用力捅破数据舱漂浮用的气囊,并顺势抓住绞车员荡过来的钢索吊钩。他想,人掉下去可以爬上来,但数据舱是不能丢的,就将吊钩挂住吊舱,然后又用双臂抱、两腿夹住吊舱,唯恐失去了这个全军关注的宝贝。在机组人员的配合下,只用了5分20秒就安全地吊进了机舱。

当172号直升机将数据舱捞起后,又来了两架外国的直升机,它们在低空盘旋了一阵,见无物可捞,就打了一桶被荧光剂染绿了的海水飞走了,只能在心里嘀咕"来晚了一步"。

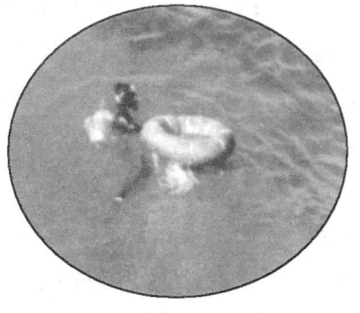

潜水员打捞数据库

316. 运载火箭的仪器舱捞起时有哪些国家的舰船在场?

1980年5月,我国计划向南太平洋预定海域发射远程运载火箭。这个预定海域一下成为世人关注的地方,因为从这里可看到火箭的航程及落点的精确度。由于有关数据在最后一级火箭的仪器舱里,这个记录着火箭飞行数据的仪器舱一定要捞回来。因此,中央军委令海军派舰艇编队去执行这一任务。因为任务区是在公海,根据国际有关规定,我国政府宣布这里为临时禁区,告知过往舰船、飞机不要进入,避免发生事故。但是,有的国家还是派船到此观察,并要进入禁区。在接近运载火箭发射的前几天,澳大利亚的一艘训练舰和新西兰的一艘调查船先后到此,我驱逐舰随即向他们发出"你已驶进我作业区,为了你们的安全,请你离开"的信号,他们以软中带硬的口气回答:"谢谢你们的劝告,我有在公海航行的权利!"我们就加重了口气,又发了一个"你应尊重我国公告,我正在作业,请让开"的信号,他们又回了一个"我有公海航行的自由,我们互不干涉"的信号,口气软了下来。因为离火箭的发射只剩两天了,不能再这样下去。鉴于我们与这两个国家的友好关系,既不能硬向外撵,又要让其离开这一"危险"地域,就采取了另一种办法。5月18日,只剩下新西兰的调查船时,我驱逐舰邀请新舰舰长来做客,新西兰船长欣然同意,立即派二副(即航海官)前来,调查舰在附近漂泊,也不向任务区活动了,当时新西兰舰二副在驱逐舰受到了友好的接待,就这样一直待到火箭溅落在预定海区后他们才离开。看来,在国际活动中还真得用心计呢。

317. "阿思本舰队"为什么只存在了5个月?

在中国近代史上,提起北洋水师大家比较熟悉,但在北洋水师之前曾出现过的"阿思本舰队"却鲜为人知,可能是它仅存在了几个月的缘故。

鸦片战争后,清政府与英国签订了一系列不平等条约,这些条约遭到举国上下的反对,以太平天国为首的农民起义在全国迅速发展。为挽救摇摇欲坠的封建王朝,清政府的一些实权人物提出了"借师助剿"的主张,即购买外国船炮,增强清兵战斗力,剿灭农民起义军。此时,英国侵略者也从鸦片战争的实践中认识到,向他们屈服的是清政府而不是中国人民。为此,当他们知道清政府有"借师助剿"的主张时,即令英驻上海领事巴夏礼向清政府提出了一个购买外国船炮以增强清军战斗力,从而最后剿灭太平天国起义的计划。清政府接受了这个建议。1862年2月27日,中英最后议定,从英国购买中号兵船3艘、小号兵船4艘以及船上的火药炮械。但英国在卖船的同时,竟私自招募英国海军官兵上船,并聘用了海军上校阿思本为这支舰队的"总统",企图控制这支舰队。1863年5月下旬,阿思本率舰队到达中国,当即遭到清政府反对。清政府提出舰船遣返英国,收回购船资金,英国不干。几经交涉,清政府同意解散舰队,舰船由英国变卖。这一买一卖,清政府损失白银663351两。就这样,历时一年多,在名义上仅存在5个月的清政府舰队(又称阿思本舰队)消失了。

318. 你知道清朝的军舰曾经威震拉美等国吗?

1911年,墨西哥爆发革命,墨国内政局一片动荡。5月13日,反政府武装占领了墨西哥北部城市托雷翁,该市的约600余名辛勤守法的华人,成为动乱的牺牲品,反动武装大肆屠杀和洗劫那里的中国商户,10多个小时之间就有300多名华人当场被杀死。与此同时,古巴等地也掀起一股排华高潮。大清国驻墨西哥代办沈艾孙当即向墨西哥提起交涉,要求惩办凶手,抚恤死难者家属,设法保护华侨并给予经济赔偿,但当时的墨西哥政府连3000万墨西哥银元的赔偿费都不想出,其他事项同样也拖着不办。此时,正在大西洋上航行的我国北洋水师巡洋舰"海圻"号首先抵达了古巴首都哈瓦那。古巴总统被迫谒见"海圻"号舰长汤廷光,并签订了讨好华侨的城下之盟。此时清政府也向墨西哥发出最后通牒,要求对排华事件给个满意说法。墨西哥政府看到"大兵"压境,立即就排华事件正式向清政府赔礼道歉,也偿付受害侨民生命财产损失,并缉捕暴民。

"海圻"号战舰

319. 船舶在海上遇险时可发哪些求救信号?

如果船舶在海上出了事故不能自航、无法自救时怎么办?人们在长期与自然灾害的斗争中总结出一套救助措施,这就是由各航海国一起参与制定的《国际海上避碰规则》。该规则不仅规定了行动的准则、避让的规定,也为方便这些规则的执行而规定了号灯、号型。如果你看到船舶在夜间于舰桥两侧挂出左红右绿的灯,它既表示了左右舷,也表示了行动的方向。当船舶在海上遇险(进水、失火、爆炸)时,应按《国际海上避碰规则》发出遇难信号。遇难信号有下列几种:

(1) 用无线电报发出"SOS"。

(2) 用无线电话发出"MAYDAY"。

(3) 发出音响。用雾笛等声响器材发出连续音响;

鸣炮或任何发声物；渔民可敲击任何发声物。

（4）挂出"N、C"两面信号旗，夜间使用发光物（信号弹、焰火等）。

（5）在桅杆上挂一球形物体，并在其上或下方挂一方旗。

（6）手持发烟、发光的物体。

在海上的船舶，当收到遇难船发出上述任一信号时，应立即前往救助。

320. "接"字号军舰的含义是什么？

在20世纪50年代，有的老水兵对一些老式护卫舰称"接"字号。这个"接"字是什么意思呢？原来是泛指从战败的日本海军手中接收的舰艇的一种简称，也就是说，称"接"字号的军舰，都是接收日本海军的。

第二次世界大战结束后，盟军总部决定将日军装备就地销毁，除将一部分航母、巡洋舰作了原子弹试爆场的靶船、一部分拆卸解体外，将剩下的142艘驱逐舰、巡防舰及运输舰由美、英、中、苏四国均分，作为日军战败的象征性赔偿。

1947年6月28日，在盟军总部驻地——东京第一大厦礼堂举行了均分日舰典礼。为使各方满意，将142艘舰艇分作4份，用抽签方式确定。中国抽到二号标，标内是7艘驱逐舰、4艘护卫舰、13艘巡防舰、6艘扫雷舰，还有运输舰等其他舰船，共34艘，总吨位达35000吨。这34艘舰艇自1947年7月起陆续驶抵上海和青岛，编入国民党海军。按规定，军舰入役应命名，但此时难以一下子为几十艘舰选名,就暂以"接1"、"接2"、"接……"称之,善于用词的水兵们就统称它们为"接"字号。解放战争后期,这些"接"字号军舰大部分起义回到了人民的怀抱,并在沿海对敌斗争中作出了应有的贡献。

321. 军舰为什么怕进水更怕失火?

军舰活动在海上,既怕水也怕火。三国时的赤壁之战,东吴就是以火攻取胜。现代的军舰,对水、火也视之如虎,把防沉和防火放在了首要地位。近几十年来的舰艇事故有许多与火灾有关,尤其是前苏联的核潜艇,曾多次发生火灾,有几次造成艇沉人亡。平时是这样,战时更几乎全是"火灾"。这是因为舰艇装载了大量的弹药、燃料,舱内还有大量的易燃物品,一旦中弹必将引起大火或弹药爆炸。马岛战争中,英舰"考文垂"号护卫舰被"飞鱼"导弹击中,按理水面以上部分被炸是不会"丧生"的,但导弹剩余的燃料一直在燃烧,在舰上引起大火,致使该舰最后沉没。因此,火是舰艇的大忌,军舰的许多地方不准有明火(电焊、划火柴之类),并配有许多灭火器材,如各种灭火器、海水灭火系统、灭火工具,自动报警系统、自动灭火装置等。舰上的每个人都要学习防火灭火规定和知识,操练灭火方法,学会使用灭火工具,并组织有专门消防队,称损害管制区队。

322. 水雷在水里怕风吗?

1942年5月3日,一艘从牙买加出航装满香蕉的运输船,在海上被不明物体炸沉。7月7日,又有一艘货船在香蕉船附近被炸沉。究其原因,是它们触上了水雷。

这一海区不属战略航线,也没有人在此布雷,那么水雷是哪里来的呢?原来,1942年4月,美国为保卫其墨西哥湾锚地,防止德国潜艇的袭击,在基韦斯特布下了一个有3400多枚水雷的雷阵。没想到这一带风很大,大风掀起的涌浪把固定水雷的锚索冲断,水雷就在水中随流漂去。有一些漂到牙买加附近,就出现了上述几艘船被炸事件。还有一部分冲到了英属洪都拉斯,也造成了一些船只被炸事件。因当时是战争年代,没法去论理,更无法索赔,当时船东也就认了"命"了。但通过这一事件,人们弄清了风对布雷和布设的水雷的影响严重,在某些风大的海域布雷就要考虑加固锚索,最好是不在风浪大的海域布雷。事情总是有两个方面,这一知识也给对方军舰提供了可乘之机,为免遭水雷攻击,尽量选择风浪大、敌不便布雷的海域航行,也是一条防水雷措施。

323. 自杀飞机的战果为什么不如鱼雷?

在"二战"后期,日本军国主义为挽回败局,曾提出使用自杀飞机和人操鱼雷等武器,他们认为用人驾着载有炸弹的飞机去撞击军舰,特别是那些体积庞大的航母,命中率是很高的,这样就有可能扭转对日本不利的战局。但他们想得也太天真了:一是不是所有的人都甘愿为天皇卖命;二是美舰防空炮火密集;三是撞到军舰上也不是如日本战犯想像的那样立即沉没或失去战斗力。从战后统计数字看,自杀飞机攻击了16艘航空母舰,只击沉了2艘,重创6艘,轻伤8艘。而使用鱼雷攻击的23艘航母中,击沉20艘,击伤3艘。这个统计数字看出两者相差太大了。是不是因为鱼雷用得多,所以效果才好呢?完全不是,统计是选用了命中1、2、3、4枚鱼雷攻击航母,自杀飞机也是用1、2、3、4枚鱼雷攻击航母的数字。关键在哪里呢?原来,鱼雷是在水下航行,有一定的隐蔽性,当靠近时发现了它,规避也困难,鱼雷又是在水线以下命中,炸一个大洞很容易使军舰沉没,而自杀飞机则没有这些优势,因此战果比鱼雷差。

324. 军舰是如何对付自杀飞机的?

第二次世界大战后期,在太平洋战争中,日本海军节节败退。为挽住败势,日本军国主义分子不惜用日军生命去硬拼。他们制作了一种比较粗糙的飞机,挂上炸弹,当发现敌舰后,就放出飞机直接去撞击军舰。日军给这种战法冠以美名叫"神风",但多数人称其为自杀飞机。日本军人以武士道精神的"自杀战术"的确给美海军舰艇带来不小的麻烦,不断有舰艇被炸沉、炸伤。如何对付这种战术呢?太平洋舰队组织了以海军少将贝克和海军上校撤奇为首的一帮人专门研究这一问题。他们还是运用运筹方法,统计分析了477个与"自杀飞机"作战的战例,从中找出了一个合适的对付办法。即大型舰艇先用火炮抗击,当飞机到达一定距离时,军舰急剧转向,使飞机来不及修正而坠入海里。小型舰艇则不转向,但要用火炮抗击。这一方法果然有效,有的自杀飞机被击中,有的坠海,而军舰的损失与采取该战术前相比减少了18%。

325. "马岛战争"中英军使用激光武器了吗?

1982年,阿根廷在英阿"马岛战争"期间有3架飞机损失的原因不明。据一名阿飞行员讲,他在驾机攻击英"亚尔古水手"号护卫舰时,突然遇到一股强烈的闪光,迫使他放弃了攻击行动。这股强烈的闪光从何而来?成为战争中的一桩"悬案"。

1989年11月,西班牙一记者在北约举行的"威慑部队"演习中破例获准登上英舰采访,他偶然发现甲板上有一帆布盖得很严实的东西,似枪非枪,有点特别,因关注演习,这件事也就放在一旁。过后他查阅了大量资料,认为这一物件可能是一种新型武器——激光炮,最后得到了证实。原来,英军早在1981年就研制成功舰载激光武器,并装备了部分舰艇。这种激光炮若对准来袭飞机照射时,不仅可使驾驶员眼花缭乱,也能致盲。所以这种武器也叫"激光眩目照射器"。英国海军在1981年就装备了这种武器,马岛战争中阿军飞行员发现的"强光"和3架"死因不明"的飞机都是激光武器搞的鬼。

326. 在"马岛战争"中英军用过拖网渔船扫雷吗?

拖网渔船拖的是鱼网,网上来的是鱼,扫雷舰拖的是扫雷具,扫上来的是水雷。用拖网渔船去扫雷,听起来有点风马牛不相及,但细一分析,既然能拖网,为什么不能拖扫雷具?在马岛战争中,英国海军就曾用拖网渔船扫过雷。

在马岛海域,由于水太深,多数海域不宜布雷,只在斯坦利港附近的浅水区可以布雷,阿根廷海军就在这里布了不大的两个雷区。因为布雷时很隐蔽,英军只知阿方布了雷,布了多少是不知道的。为进攻斯坦利港,只好动用扫雷舰艇事先扫雷,这就显得扫雷兵力不够用了。英军临时征用了5艘1500吨级的拖网渔船,稍一改装就参加了扫雷行动。幸好阿海军布设的都是触发式锚雷,拖网渔船用了不长时间就扫出了20枚水雷,扫清了进攻斯坦利的航道。

327. 现在有编有女兵和载有商人的军舰吗?

战斗舰艇上编制有女兵是极少见的,而在荷兰皇家海军中却为数不少。

1995年9月6日到上海访问的荷兰皇家海军导弹护卫舰"范·盖伦"号,舰上150多名舰员中竟有26名女军人。她们并不是作为"花瓶"放在舰上,在这26名女军人中,有一名海军少校和一名海军少尉,都负责技术工作,其他24名女水兵的工作与男水兵一样,同样要带缆、扛邮袋和垃圾袋,搬啤酒桶,她们用行动证明了女水兵的能力和价值。人们也看到女少尉在训斥一名擅离岗位的男水兵,没有因为自己是女性而不敢对男兵发号施令。

令人感到新鲜的是,在出访的荷兰海军舰艇上,有许多荷兰厂商与军舰同行,原来他们是推销产品的。军舰每到一地,这些厂商们就搭设展台,向前来参观的人们介绍他们的产品。看来,荷兰商人是十分精明的,这种沾他人之"光"的廉价实物广告,一定很有收获。

328. 美国海军是如何选拔核潜艇艇长的?

在美国海军,要成为核潜艇艇长必须经过挑选、学习、实习及4次进校培训和两次考核过关才能实现。

首先,要经过具有上将军衔的核动力主任的挑选,合格者入核动力学校,进行12个~15个月的学习和实习,成为核潜艇军官。在三年的服役中,必须达到使用潜艇核动力装置和担任操纵部位值更合格者才能留下,不合格者即被淘汰。合格者有进入加利福尼亚的蒙特雷海校学习的机会,毕业后不仅可获得硕士学位,两年后有可能再次进潜艇军官高级班学习。高级班结业后可被任命为部门长,在2年左右有可能选为副艇长,距潜艇艇长只有一步之遥了。在副艇长岗位上干3~4年后,有培养前途者,将调到高一级司令部工作,以开阔视野和提高指挥能力,了解核潜艇的组织指挥关系。至此,就具备了被选拔为核潜艇艇长的资格了,当然也要通过6个月的培训,最后被任命为除了"俄亥俄"级弹道导弹核潜艇之外的潜艇艇长。

当然,对核潜艇艇长的选拔这样严格并不是有意挑剔,因为核潜艇的装备尖端、复杂,因此对技术要求也高。另外,它担负的任务也特殊,不经过这样刻意的挑选确实也不放心。就这样也只是担任一般核潜艇艇长,要到"俄亥俄"级上任职还要再过关呢。

329. 你了解美国海军学员的学习生活吗?

美国海军军校学员的日常活动有其独自的特点,如各年级的学习模式不同,低年级学生的学习和训练是在高年级学员的管理下进行的等。如美海军著名的安纳波利斯海军军官学校,全校学生分为2个团、6个营、36个连,各团虽有专职团长,但日常生活是在高年级学员的指挥下进行的。如一年级学员在四年级学员的监督下学习舰艇和航海知识、操练枪炮及各种轻武器,三年级学员协助四年级学员对一年级学员管理。新学员除学习海军有关课程外,还要操练步兵队列、到巡逻艇上航行,以增强自豪感和集体主义精神。此外还要通过拳击、阅兵、业余歌手演唱会等活动来增强学员的竞争精神和求胜心。在第一学期结束时,新学员的父母可在某一周末来学校参观,与自己的孩子度过一个愉快的周末。

在二年级时,要在四年级学员的陪同下到海上进行两个月的训练,这除了将学到的知识学以致用外,也为了熟悉舰上生活和今后担任指挥官的一些基本知识。

到三年级时,再进行专业学习和熟悉海军航海、观通、枪炮及水武(即水雷、鱼雷武器)等专业为目的的训练。为此,他们将去核潜艇参观并出海体验生活,参观现代化驱逐舰,驾驶教练机飞行及进行陆战队登陆训练。

在四年级时,除再进行一次海上训练外,还要学习社会礼貌、礼节,熟悉舰上军官会议室集会时的要求。另外,还要轮流担任学员指挥官,负责指挥整个学员队的阅兵式和组织日常工作。四年的学校生活,为他们将来担任一名军官打下了良好的基础。

330. 美国海军人员为什么可以在"家门口"服役?

现在美国海军人员已结婚者,从7年前的55%上升到目前的61%,与此同时,冷战后舰艇在海上值勤的天数不但没有减少,反而大大增加。1996年5月的一天,竟有占舰艇总数61%的舰艇在海上。由于军费一再削减,薪金不可能增加,出海天数又在增多,必然给军人家庭增加

海洋军事

了负担和给队伍的稳定带来不利的影响。为了解决这一矛盾,美海军当局制定了一项"不远离家庭"的新政策,规定70％以上的海军人员在服役期间,可以自己选择服役地点。也就是说你可以就地服役,这样既缓解了军人的家庭矛盾,也可减少一大笔调防、探亲等经费的支出。

331. 潜艇最初是用什么造的?

潜艇是一种既能潜入水下,又可浮出水面的船。今天的潜艇不仅能潜入水下,而且可潜得很深,最大的下潜深度可达900米,不但可在水下待几个月不上来换气,还可在北极冰冠下航行。你知道世界上第一艘潜艇是用什么造出来的吗?1620年,侨居英国的荷兰物理学家科尼利斯·德雷布尔用木材和牛皮建造了世界上第一艘潜艇,给它起名叫"隐蔽的鳗鱼"。这个艇体的构架是用木材做成的,然后在外面蒙上了一层涂了油的牛皮。艇内装有用来盛水的羊皮囊,潜艇下潜时向内注水,上浮时将水从中挤出。潜艇的动力由12名划桨手人工推进。这艘潜艇在英国泰晤士河试航时虽然只潜到了3米～5米,待了很短的时间,但却为潜艇的发展打下了基础,至今潜艇的潜浮和结构框架也没有离开这个原型。

332. 中国最早的潜艇是什么时候建造的?

我们中国是什么时间开始建造潜艇的呢?

据了解,天津机器局于1880年就制造出了中国第一艘潜艇。当时的报纸介绍说,该船入水后半浮水面,样式如橄榄,能驶往水底暗送水雷并置于敌船之下。船上装有水标及吸气机,且其水标缩入船一尺,船即入水一尺。

259

中国早期的潜艇

中秋节下水试行,非常灵捷好用,因当时河水不深,船入水后水标仍然浮出水面。如果涉大洋,可令水面一无所见。这些描述,与当时世界潜艇的发展水平极为吻合。

333. "海龟"号潜艇的首战是怎样的?

"海龟"号潜艇是美国耶鲁大学毕业生布什内尔1776年为从水下击毁强敌,精心设计出的一艘能在水下行动的船,木质壳体,从仿生学的角度采用了模拟龟甲的外形。为了出奇制胜,以小胜大,布什内尔还大胆地设想出潜艇用的水雷雏形。该雷装药150磅,壳体由橡木雕制,在水中略有浮力。携带时将它驮伏在潜艇的背侧,攻击时借助手摇钻头将它系留在敌舰腹底木板上,然后启动钟表定时装置延时引爆炸药,保证潜艇有足够时间撤出爆破现场。

1776年9月6日的夜晚,纽约港外桅樯林立,英国舰队摆开一副封锁海岸的阵势。"海龟"号沿河顺流而下,潮水几乎将它送过目标,几经努力才悄悄划回到拥有十四门大炮的英"鹰"号旗舰腹底。由于夜深人静,操纵"海龟"的军士竟能听到英国水兵在甲板上夜巡的步履声。也许由于钻头意外碰到船体某一金属部位,或者水下钻孔作业时,因悬浮水中而难以使上劲,水雷无法在敌舰底部定位。根据艇内半小时的空气量,如果沉着应战,另觅他处试钻也是可能成功的。但不知是由于缺乏经验还是因为潮流湍急而被冲离现场,潜艇失去了再次攻击的良机,潜艇在水面徐缓漂泊逐流。

首次参战的"海龟"号潜艇

一艘英国巡逻艇发现了这个水中怪物,并通知其他巡逻艇包围了它。正当英国巡逻艇企图接近察看之际,怪物附近突然发出一声震耳欲聋的巨响,吓得英国人再也不敢去惹它了。原来,"海龟"号操纵者发现自己已陷入英国人包围,便急中生智,解脱水雷并引爆,打响了海战史上潜艇以水雷自卫的第一炮。

可惜,当年这艘反对殖民主义者的水下利器,初征失利,未获战果。

334. 潜艇为什么不能使用蒸汽机和汽油机作推进动力?

有些舰船使用蒸汽机或汽油机作推进动力,比人工划桨推进前进了一大步,但潜艇是无法使用的。

潜艇使用蒸汽机作推进动力,首先是当潜艇舱盖密封潜入水下后,灼热的锅炉余热难以散发,将会使舱室温度达到难以忍耐的程度;其次,潜艇水下运动产生纵倾或横倾时,锅炉内的存水将产生自由晃动,在惯性的作用下,不仅使潜艇变得十分难以操纵,而且将发生难以想像的后果。最后,潜艇发现敌情后,要迅速潜入水下,但停锅炉就需数十分钟,使潜艇的下潜时间加长,丧失了潜艇本身的作用,难以满足战术要求。

汽油、煤油的易燃性特强,若在潜艇狭小密闭的舱室内出现星星之火,后果则不堪设想,危险性太大,所以也不能使用汽油机。因此,潜艇最后选择了柴油机和电动机这一较为安全的动力。

335. 当今潜艇设计有哪两大流派?

当今潜艇的设计主要有两大流派,一派是以美国为代表的西方派,而另一派则是以俄罗斯为代表的俄罗斯派。

前苏联和美国在"二战"时的潜艇都是双壳体的,就是在透水的外壳中包有一层耐压的

澳大利亚"科林斯"潜艇

固壳。"二战"后两国都得到了德国潜艇的一些技术,两国潜艇的设计都有德国潜艇的影子,但后来却各有自己的特色。以俄罗斯为代表的俄罗斯派,延续了"二战"以来的潜艇线型,即采用双壳体、大储备浮力、双螺旋桨推进。而以美国为首的西方派则走上了单壳体、小储备浮力、单螺旋桨推进、水滴形线型的设计思路。但从今后发展方向看,为求得水下的高速度和更好的操纵性,单壳

体、单螺旋桨推进的水滴形将成为主流。

336. 潜艇能打飞机吗?

自潜艇问世以来,面对空中飞机的威胁一直就没有好的应对办法,既不能对它实施攻击,也不能进行驱赶,只能一味地躲藏。潜空导弹技术的出现首次使潜艇具备了主动攻击空中反潜平台(飞机)的作战能力,从而扭转了潜艇面对空中反潜威胁被动挨打的局面,大大提高了潜艇的生存能力。

"独眼巨人"潜射防空导弹作战示意

法国和德国联合研制的"独眼巨人"潜空武器系统就是其中的一例。该系统首先由艇上声呐设备根据反潜飞机叶片发出的声响或根据投放的吊放声呐、声呐浮标或鱼雷的入水音响测出目标的大致方位(或仰角),然后由鱼雷发射管按目标方位发射出装有导弹的运载器。运载器先在水下按设定轨道以15米/秒的速度航行上升,大约在距发射位置1千米处飞出水面。出水后运载器脱落,导弹助推器和发动机点火,导弹的红外制导头或电视摄像机启动,在空中搜索目标。捕获到目标后,通过光纤将其视频图像传递到控制台的显示屏上,由图像操纵员操纵导弹接近目标,并发出指令控制导弹将目标击毁。整个攻击过程均通过光纤控制导弹,使该导弹系统具有很高命中概率。

337. "二战"后第一次常规潜艇战是哪一次?

"汉果尔"号是巴基斯坦海军在1970年购进的法国"女神"级常规潜艇。1971年12月,印度和巴基斯坦爆发了第三次印巴战争,此次战争中巴基斯坦海军"汉果尔"号潜艇取得了击沉和击伤印度护卫舰各1艘的巨大战果,创造了"二战"结束后常规潜艇作战的第一个成功战例。

当时,"汉果尔"号潜艇的任务是破坏印度的海上交通线,并寻机打击印海军舰艇编队。12月9日清晨,当"汉果尔"号抵近卡提阿瓦半岛南侧时,声呐兵发现,在东北方向有两个舰艇噪声。由于当时天色已亮,艇长决定把潜艇驶向孟买湾北部,潜坐海底待机。当日19时,"汉果尔"号浮起后,雷达再次发现印度海军舰艇编队。19时15分,"汉果尔"号驶向离印舰编队正前方约16海里处下潜接敌。19时57分,"汉果尔"号于水下40米深度、在距敌4500米处向印编队前导舰发射了第一枚自导鱼雷,可惜鱼雷没有命中目标。接着艇长再次发起攻击,下令向后续舰发射了第二枚鱼雷,正好命中印海军护卫舰"库克利"号的弹药库,引起大爆炸,该舰3分钟后沉没,包括舰长在内的194名官兵全部阵亡。印前导舰"基尔庞"号护卫舰发现后,全速驶向"汉果尔"号,准备反击,"汉果尔"号艇长当机立断,迅速发射了第三枚鱼雷。尽管印度护卫舰采取了规避措施,但最终被鱼雷命中,主机舱大量进水,完全失去自航能力。"汉果尔"号立即潜入大深度,高速撤离,躲过了印度海军的重兵围剿,安全地驶回了卡拉奇港。

338. 潜艇可以攻击陆上目标吗?

1991年1月19日,美海军部署在红海的"路易斯维尔"号攻击型核潜艇,在水下向伊拉克本土发射了1枚"战斧"巡航导弹,导弹经过土耳其领空,直接击中伊拉克北部的一个军事目标,由此开创了世界潜艇作战史上用核潜艇发射巡航导弹攻击敌陆上目标的先例。

使用潜艇发射巡航导弹对陆攻击具有两个优点和两个难点。优点之一是可靠近敌海岸或在距敌最近的海域内发射,等于增大了巡航导弹的射程,另一点是隐蔽,能对敌发动出其不意的攻击。难点是水下发射和在水下确定位置(定位),现在看来几个海军大国已解决了,但发射后暴露潜艇的位置这一难点是无法克服的,若潜艇发射导弹时附近有敌方反潜兵力,必然会迅速到达潜艇的发射位置对潜艇实施围剿攻击,潜艇将面临一定的威胁。

339. 能建造出像袋鼠那样的核潜艇吗?

弹道导弹核潜艇具有水下航速高、续航力大、武器射程远(可以打到世界的任何地方)、威力大等特点,但由于形体庞大、浅水机动性差,很不适合近岸作战。常规潜艇由于排水量小,不受水深限制,因而特别适合于近岸作战。但是它的航速低、续航力小,难以快速到达理想的远距离作战海域。为了达成两型潜艇战术性能的互补,英国宇航赛码公司提出了一种很好的构想——"梭子鱼"构想:用一艘弹道导弹核潜艇作为母艇,将另外两艘常规潜艇"背"起来,到达作战海域后,常规潜艇脱离母舰单独执行作战任务,即利用核潜艇的耐航能力派生出常规攻击型潜艇跨地域的能力,使其能秘密地进行近岸作战。

如果需要远程部署,弹道导弹核潜艇可在两舷侧加"鞍囊"式的支撑,将两艘"子"潜艇装艇航渡。携带的"子"艇可以大到英海军2400吨排水量的"支持者"级,但最理想的是排水量为1500吨的法国212型潜艇。携装的攻击型潜艇艇员,可在弹道导弹核潜艇上空出一个弹道导弹隔舱来作为他们的生活住舱。通过连接于前脱险口的连接通道,艇员可在两艇之间往来。

340. 美国正在研制的仿生潜艇是哪一艘?

金枪鱼具有平滑的线条、极快的游动速度以及在水中的高度灵敏性。为提高潜艇的水下机动性和隐蔽性,美国海军已经利用仿生技术研制出了一种全新概念的仿生潜艇——"金枪鱼"式潜艇。目前,一艘长2.5米的仿金枪鱼式的潜艇原型已经问世。

"金枪鱼"潜艇能够下潜到普通潜艇根本无法达到的深度,能在不被察觉的情况下悄悄地溜进敌方港口,轻而易举地进入海底深处的海沟和洞穴收集信息。

"金枪鱼"潜艇的行驶速度非常快,是名副其实的水下游动机器。这种潜艇由泡沫肋骨和成千上万个铝鳞片

海洋军事

组成,外面包有防水的氯丁橡胶。鳞片的设计符合水动力学原理,可使潜艇的航行更加灵活自由。潜艇的推进不是靠传统的螺旋桨,而是像鱼一样靠摆动艇体获得。艇体的摆动则是由贯穿艇体的弹性棒带动,利用两边的拖绳拉力周期性变化,带动艇体有规律地摆动,使潜艇"游动"起来。

"金枪鱼"潜艇既可以作为遥控的侦察潜艇,又可作为载人的攻击潜艇,既可军用,又可用于科学探索。

341. 什么是超导潜艇?

超导潜艇,就是利用超导技术研制的潜艇。

我们知道,超导体就是理论上没有电阻的导电材料,因此,在输电过程中就不会有电力损失,最大限度地提高有效功率。如果用蒸汽涡轮发动机工作,然后利用超导导线把发电机发出的电力输送到电动机,由电动机带动螺旋桨转动,就可省去复杂的减速装置,减少噪声,节省潜艇后部空间,增加武器的储存量,从而使每艘潜艇的武器杀伤力增加一倍。这种潜艇的性能将比核潜艇更先进。其外形尺寸可能只有现在潜艇的一半,但所载武器的数量将增加一倍,且航速将有较大幅度的提高,而噪声却大大降低。

342. 潜艇也能无人驾驶吗?

人们对海洋、海底进行一些特殊意义的探险、考察以及进行一些威胁人员安全的试验项目时,普通潜艇是无能为力的,这迫使人们进行无人驾驶潜艇的研制。另外,无人驾驶潜艇也可应用在军事上,使它能够在靠别的方式难以到达的海域进行诸如水雷侦察、电子战和情报收集等作战任务。

为达到无人驾驶的目的,这种潜艇将安装惯性导航装置,自动计算自己所在的位置,不靠母船支援便能进行活动。使用燃料电池,通过电解的逆反应从氢气和氧气中获得电。据报道,日本海军科学技术中心已经开始研制可横穿北冰洋的无人驾驶潜艇。该机构计划在 2002 年研制出能在水下 3500 米处以时速 5 千米的速度连续航行 800 千米的试验船,最终目标是建造可从白令海到格陵兰岛航行 5000 千米的无人驾驶潜艇,以用于考察海洋和海底火山等。

343. 能乘坐潜艇到水下观光吗?

你想乘坐潜艇到水下去探索观赏如梦如幻的水下神秘世界吗?目前,用于军事目的的潜艇还不能满足你的这一要求,但专门用于水中观光旅游的水中观光艇已应运而生。

水中观光艇分为全潜式潜水旅游艇和半潜式水中观光艇两种。潜水旅游艇是一种可变吃水、双壳体、轻合金制造的水中观光艇,它利用高压空气调整压载水数量的多少进行下潜、上浮;适航于水质清澈、基本无流或静止并经过仔细勘察的封闭式或半封闭式水域;它能在静水中完成进退动作,下潜深度不超过 100 米;艇内配备二氧化碳和氧气监测仪表、氧气再生药板、电罗经、水下电话、测深仪、水下电视、水下照明灯等,观察窗透光直径大、数目多且与座位相对应;采用全密封免维护铅酸蓄电池作为驱动动力，舱室容积大、装修豪华，舱内环境舒适。

半潜式水中观光艇是一种大吃水的水面船，可当做处于通气管状态的潜水游艇，适航于水深只有十几米的水域和沿海海域。它较潜水游艇的最大优势在于造价低廉，营运费用低，适宜许多旅游景点的水中观光旅游。中国武昌造船厂已经制造出40客位的半潜式观光艇。

344. 世界上航速最高、下潜深度最深的潜艇是哪一艘？

苏联建造的"阿尔法"级攻击型核潜艇，水下排水量3680吨，使用一台液态金属冷却反应堆，轴功率61000马力，最高航速达45节，是世界上航速最高的核潜艇。它采用钛合金艇壳，最大下潜深度915米，是目前世界上下潜深度最深的核潜艇。

345. 最早参加海战的潜艇有哪些？

最早参战的潜艇是美国的"海龟"号潜艇，1776年9月6日"海龟"号潜艇使用水雷对英国舰队实施了打击，但未获战果。

最早用于实战的潜艇是美国的"大卫"号。1864年2月7日，美国南北战争时期，南方邦联军一艘"大卫"号潜艇用撑杆水雷击沉北军一艘木壳轻巡航舰，"大卫"号也同归于尽。

最早用于布雷的潜艇是俄国的"蟹"号。该艇1904年研制，1915年正式服役。

346. 有私人潜艇陈列馆吗？

第二次世界大战时，纳粹德国先后建造了1171艘潜艇,创下了拥有潜艇之最,它也成了纳粹向世界人民犯下滔天罪行的真实写照。当然,将这些历史罪证集中起来建一座潜艇陈列馆似乎是情理之中的事。但有一座潜艇陈列馆却让观众感到有些意外,这个陈列馆的物品中没有潜艇和主要装备的实体。原来这是私人办的一个非营利性实体,因为没有国家投资和正常的经费来源,全靠自己的经费和社会捐赠建起来的。尽管它没有潜艇及装备等实物,但它办得又独具特色,它陈列的资料数量之多、范围之广,是世界上独一无二的。馆中还收藏有"U"型潜艇设计师克里斯托夫的设计蓝图手稿、军功章、军旗、信号旗、六分仪、水兵用的行李箱、餐具等。还有租借来的纳粹海军元帅卡尔·邓尼茨这个潜艇司令、元首代理人的海军军服。它每年要应答来自世界各地的3000多项咨询和迎送4000多位来访者及研究人员。

347. 潜艇在水下对人体有什么影响?

由于潜艇具有其他兵力无法比拟的优势,因而普遍受到了世界各国海军的高度重视。但是,作为一名潜艇艇员可不容易,他们的工作、生活环境是相当艰苦的。

首先,人体必须长时间承受高压、污浊空气的侵袭。潜艇潜入水下,艇员处在一个完全与大气隔绝的密闭状态中,呼吸、机器运转、烧饭、抽烟、蓄电池充电都会产生污染物,使空气变得污浊,同时使舱内压力增高。有些污染物仅仅令个人讨厌,然而有些污染物却具有不同程度的毒性,能引起永久性伤害。当然,为保证艇员的安全和健康,艇内装备了产生氧气、清除污染物的空气净化设

海洋军事

备,可将有害气体"消除"掉,而且有机会和条件允许,潜艇也可浮到通气管深度通风换气,但是,要想使艇内空气保持和室外空气一样新鲜则几乎是不可能的。

其次,艇员的工作、生活环境也十分恶劣。不分昼夜、连续单调的操作,几乎使人达到了麻木的程度;缺乏新鲜蔬菜的单调饮食和缺乏阳光紫外线照射,再加上拥挤不堪的小床铺,也不是任何人都能忍受的。就是在这样的艰苦条件下,伟大的潜艇兵们依然驾驶着蓝鲸,出色地完成着一次次任务。

348. 在水下可以直接从潜艇里出来吗?

潜艇在水下航行时若舷外的机械发生故障,而当时情况又不允许潜艇浮出水面,能在水下排除故障吗?若潜艇在水下失事,艇员能从水下弃艇逃生吗?上述两种情况显然都需要艇员从水下的潜艇里出来。那么,艇员能从水下的潜艇里直接出来吗?答案是肯定的。因为一是潜艇已经安装了水下出艇的装备和设备;二是潜艇艇员都经过水下出艇的训练,只要水深不超过允许的范围,从潜艇里直接出来没有问题。

艇员水下出艇的方法有两种:第一,借助深潜救生艇把艇员从潜艇里接出来,这种方法适用于潜艇失事时的水下逃生或专门接送人员执行特殊任务;第二,艇员自己从水下出艇。自力出艇时,必须解决两个问题。其一,艇员出艇前必须进行压力调整,使人体承压与外界压力平衡,否则一旦出艇,必然压坏人体的器官。调压是在专门的装置里进行的。出艇时潜艇所处的深度越深,人体承受的水压就越大。如水下200米深度出艇,就要将压力逐渐加压到20千克/平方厘米,出艇人员适应这种压力环境后才能出艇。其二,出艇人员必须使用专门的救生装具。为做到这一点,每个潜艇艇员都要学会使用装具出艇的方法。

349. 潜艇在水下发生破损怎么办?

潜艇因中弹、触礁或发生其他异常情况,可能导致潜艇在水下发生破损。发生破损后,若不能及时采取有效的管制措施,大量海水将涌入艇内,机械、仪器将无法工作,甚至使潜艇丧失自浮能力,沉入海底。因此,每艘潜艇都装有相应的堵漏、疏水设备和器材。

当潜艇在水下发生破损时,首先要发出损害管制信号,全体艇员立即各就各位,迅速封闭各舱室,防止海水蔓延到相邻舱室,并转换机械设备电源,准备水泵排水。发生损害部位的艇员则立即进行堵漏。由于水深越大,水压就越大,堵漏就越艰难,因此,艇长要迅速指挥潜艇上浮到离水面较近的深度(无敌情顾虑时可以直接浮出水面堵漏),以减小水的压力和堵漏的难度。同时加大航速,利用升降舵的升力作用平横舱内进水的重量,以防止潜艇下沉扎入海底。

350. 潜艇在水下失火怎么办?

俗话说水火无情,潜艇也不例外。潜艇在执行作战任务时,携带的导弹、鱼雷、水雷和汽油、酒精等易燃易爆品,水下蓄电池充放电、电解水制氧还会产生一定量的氢气,它们一旦遇到火花极易发生爆炸,苏联一艘潜艇就曾因氢气爆炸而沉入海底。因此,防火与灭火对保证潜艇的安全至关重要,必须慎之又慎,不可掉以轻心。

为了防止潜艇水下发生火灾,首先要注重防火,一是要妥善保管上述易燃易爆品;二是要切实杜绝因电器设备工作环境恶劣、绝缘低、猛关水密门等产生的火花;三是要有可行的灭火措施(潜艇上装备有可以扑灭各种火灾的灭火系统和器材)。尽管如此,潜艇因中弹或其他原因水下发生火灾的可能性还是有的。一旦水下失火,首先要发出损害管制警报,艇员各就各位,立即查明火源,搬走附近的易燃易爆物,迅速使用灭火系统、灭火器,并采取一切有效的措施灭火,限制火势的蔓延,同时还应对弹药进行防火技术处理(喷水降温等)。若火势较大无法扑灭时,要封闭失火的舱室,隔绝其空气来源,一旦氧气燃尽,火将自行熄灭。

351. 潜艇在水下是如何定位的?

潜艇潜入水下,在完全不能目视水面目标的情况下,是怎样走路的呢?

潜艇上安装有各种各样的导航仪器。罗经始终指示着潜艇的航行方向;计程仪(速度表)随时显示潜艇的航行速度和航程;潜艇的下潜深度由深度计显示;声呐系统随时探测、跟踪本艇周围一定距离范围内的水面及水下目标,并在显示屏上显示出来,艇长据此选择规避机动的方法,防止与目标发生碰撞。潜艇在水下航行时,关键要确定好自己的位置。潜艇水下位置的确定有以下几种方法:第一,根据航向、航速、航行时间,推算出潜艇的现在位置和将来某时刻的位置,这种方法要计算进潜艇所受到的海流流向、流速的影响并加以修正;第二,在一定的水深范围内,使用无线电全球导航定位系统测定潜艇的准确艇位。第三,潜艇浮出水面通过测定陆上目标、天上星体确定自己的位置。第四,使用自动导航仪确定位置。

随时确定潜艇的位置非常重要,否则不仅无法按要求到达指定地域,发射的弹道导弹也要偏离打击目标。

352. 潜艇在水下会不会翻转?

有人说潜艇的外形像鲸鱼,又像一只海豚,为什么要设计成这样的形状呢?这里面包含着科学道理。海豚是公认的游泳能手,体态就类似水滴形。实验表明,潜艇造成水滴形,具有阻力小、速度快、适合水下航行的特点。但是这种形状的潜艇在水下会不会发生翻转呢?当然不会。因为设计师在设计、建造潜艇时已经解决了这个问题。

重力就是潜艇本身的重量,它垂直向下作用于潜艇上。重力的作用点称为重心,重心的位置取决于潜艇上重量的分布情况,一般在潜艇的中船面附近。

浮力是作用在潜艇上水压力的合力,并垂直向上作用于潜艇上。浮力的作用点称浮心,浮心也就是潜艇水下容积的中心,它的位置取决于潜艇水下容积的形状。

由于潜艇本身符合水下稳定平衡条件:即重力与浮力作用在同一条铅垂线上,且重心始终在浮心之下,因此,潜艇具有一定的稳性。这样,如果潜艇在水下突然受到外力的作用,使潜艇发生倾斜时,潜艇也会像不倒翁一样依靠自身的扶正力量,使其恢复到原来的平衡位置,而不会发生翻转。

353. 潜艇在水下也颠簸摇晃吗?

航行在水面上的船舶,如果遭受狂风、巨浪或大涌的袭击,船体肯定要发生强烈的颠簸和剧烈的摇晃。那么,潜艇在水下也颠簸摇晃吗?在回答这个问题之前,首先让我们分析一下船舶颠簸摇晃的程度都与哪些因素有关。在船舶排水量一定的情况下,风越狂,浪越高,涌越大,船舶颠簸摇晃就越厉害;反之,船舶颠簸摇晃得就越轻。而在同等风浪情况下,排水量越大的船舶颠簸摇晃就越小;排水量越小的颠簸摇晃就越大。

潜艇水下活动时,除受海流、涌的作用外,基本可以免遭风、浪的袭击,因此,水下活动的潜艇其颠簸摇晃的程度比水面舰船小多了。而且,随着潜艇下潜深度的不断增加,颠簸摇晃的程度会越来越小。因此,有时潜艇为了防御台风的袭击,会潜入大深度躲避。

354. 世界上第一艘航空母舰是哪一艘?

日本于1922年底建造的"凤翔"号航空母舰,是世界上第一艘直接设计和建造的航空母舰。"凤翔"号1919年开始设计,该舰的飞行甲板右舷装有3个小烟囱,烟囱上装有铰链,飞机起飞时,3个小烟囱均可放倒。其火炮装备较少,可载机26架。"凤翔"号的出现,标志着浩瀚的大海从此出现了初步具备现代航空母舰规模的"海上航空兵基地"。

355. 世界上第一艘核动力航空母舰是哪一艘?

1961年开始服役的美国"企业"号航空母舰是世界上第一艘核动力航空母舰。该级舰计划建造5艘,后来因耗资过大而被取消。"企业"号航空母舰自服役以来进行过多次现代化改装,1995年7月又更新了反应堆芯以延长它的服役年限。

356. 世界上最大的常规动力航空母舰是哪一艘?

世界上最大的常规动力航空母舰是美国海军建造的"小鹰"级航空母舰。该级舰共建有4艘,分别于1961—1968年服役。其中"美国"号已于1996年退役,另外3艘在90年代初都进行过现代化改装,其中的"约翰逊·肯尼迪"号配属给了海军预备役部队,使美海军预备役部队首次拥有了航空母舰。

357. 目前世界上最小的航空母舰是哪一艘?

目前,世界上最小的航空母舰是泰国的"扎克里·纳吕贝特"号。该舰是一艘垂直起降飞机航母,是参照西班牙"阿斯图里亚斯王子"号航母的设计并在西班牙设计建造的,1997年8月10日服役。该舰编制舰员455人,空勤人员146人,可载6架AV-8S鹞式垂直起降飞机和4架S-70海鹰反潜直升机,是一种小型多用途母舰,主要用作灾难救援和人员运输。

358. 世界上最"牛"的航空母舰是哪一艘?

目前,世界上吨位最大、在役数量最多也是最牛的航空母舰是美国的"尼米兹"级核动力航母,其首制舰于

1975年服役。该级航空母舰满载排水量在9.1万吨以上,从第五艘起由于加装了几千吨重的装甲防护板,使其满载排水量增至10.2万吨,成为世界上有史以来最大的军用舰船。

359. 世界上最短命的航空母舰是哪一艘?

第二次世界大战前期,受"一战"中大炮巨舰思想的影响,几个主要海军强国都在建造"超级"巨舰,日本的"信浓"号就是"二战"中200多艘航空母舰中最大的一艘。

"信浓"号于1940年5月4日动工建造,1944年初具规模。由于战局急转直下,日本当局企图用它挽回败局,一再下令加快施工。该舰1944年10月8日下水,11月9日就编入现役。但此时美国大规模轰炸东京的迹象已非常明显,日本怕"信浓"号在港内遭到轰炸,就想把它调到几百海里外的吴港隐藏。11月28日中午,"信浓"号在3艘驱逐舰的护卫下离开横须贺,谁知次日凌晨3时就被埋伏在港外的美潜艇"射水鱼"号发现,一次鱼雷齐射就击中了它,使它燃起了熊熊大火。由于舰上官兵大多没有经过训练,几千人中几乎没人会使用消防设备,导致火势无法得到控制。熊熊大火燃烧到10时56分,"信浓"号就沉没了。就这样,这艘航母只挂了20天海军旗就结束了使命。

360. 美国的第一艘航空母舰是哪一艘?

"兰利"号是美国海军的第一艘航空母舰。该舰是美国于1922年将一艘运煤船("木星"号)改装的试验航空母舰,主要用作飞机操作试验、发展和评价平台。该舰由美国 MARE 岛海军船厂建造,1920 年 4 月 11 日命名为"兰利"号,在"二战"早期主要用作飞机运输。该舰于 1942 年 2 月 27 日在爪哇附近遭到日本轰炸机攻击,被数枚炸弹击中后失去动力,后被驱逐舰击沉。

361. 英国的第一艘航空母舰是哪一艘?

英国的第一艘航空母舰是"暴怒"号,是英国海军于 1917 年 3 月将其在建的大型轻巡洋舰"暴怒"号改装而成的,装有舰首和舰尾飞行甲板。"暴怒"号和它的另外两艘姐妹舰"勇敢"号和"光荣"号一起,组成了英国海军 1920 年到"二战"前的主力。

编后记

世界的未来是青少年的,而世界未来的希望在海洋。21世纪的今天,世界已经进入全面开发和利用海洋的新时代。

在我国青少年中全面、系统地开展海洋知识的普及教育,以适应国际形势变化的需要和未来人类社会发展的需要,是我们当代海洋科技教育工作者的责任和义务。有感于此,我们来自国家机关、高等院校、科研院所、军事机构等40多位海洋科技工作者,花费了三年多时间,精心策划并编撰完成了我国有史以来第一部海洋知识体系最完备、内容最全面的科普图书。

《海洋小百科全书》共20分册,300余万字,110个知识大类,总7000余个知识问答,几乎涵盖了海洋自然科学、海洋人文科学、海洋军事科学的全部基本内容。本书第一版由中国少年儿童出版社于2002年5月出版,2003年9月荣获由中共中央宣传部等国家7个部门委联合颁布的"第五届全国优秀科普作品奖科普图书类三等奖"。本书于2007年10月修订再版,现再次修订,由中山大学出版社出版。本次修订在保持原有知识体系和编写风格基本不变的情况下,除进行必要的知识内容更新外,又新增加了《海洋经济》分册,使《海洋小百科全书》的知识体系进一步完备,知识内容更加丰富。

本书自2002年5月出版至今,一直得到社会的普遍关注和广大读者的厚爱,在此,一并向曾经对本书编撰、出版、发行、修订等作出过贡献的人们表示衷心的谢意。

由于本书涵盖的知识内容宽泛,编写任务十分繁重,难免有知识遗漏和编写不当之处,欢迎广大读者提出宝贵的意见和建议。

《海洋小百科全书》主编:关庆利

2010年9月24日

《海洋小百科全书》分类目录
（20分册·110类）

1 海洋地理
　海洋地理大观
　世界海岛揽胜
　海洋地理趣闻
　奇妙海底世界
　海洋地质灾害
　神奇中国岛岸

2 海洋水文
　多姿多彩的海洋
　海水的自然神韵
　海洋与人类互动
　探测海洋的波脉

3 海洋气象
　走近海洋风暴
　探寻海洋天气
　感受海洋冷暖
　变换海洋风雨
　领悟沧海桑田
　俯观海气轮回

4 海洋探险
　古代海洋探险
　近代海洋探险
　现代极地探险
　环球海洋风采

5 海洋航运
　船舶千秋史话
　航海妙趣万千
　惊涛铸造奇闻
　中国航运今昔
　船运业务趣谈

6 极地科考
　挑战人类的环境
　不可争夺的领土
　南极人的生活
　南极生物奇趣
　揭开奥秘的考察
　北极世界的探索

7 海洋生物
　无限生机的海洋
　迷人的海洋奇葩
　璀璨的贝类明星
　威武的虾兵蟹将

微小的海洋居民
多彩的海洋植物

8　海洋动物
奇妙的动物家族
高超的生存技巧
神秘的自然之谜
复杂的生存关系
多彩的情爱生活
狰狞的危险动物
友善的人类朋友

9　海洋渔业
千姿百态捕鱼技术
海洋渔业发展史话
名贵海产品趣味谈
海产品美食与营养
海产品保健与药用

10　海洋化学
海水的趣味故事
海水的化学秘密
海水的化学资源
无尽的海底宝藏
流泪的海洋环境

11　海洋物理
妙趣横生海洋物理
威力无比海洋声学

奇光异彩海洋光学
探索海洋高新技术
四通八达海底电缆
准确无误导航技术

12　海洋工程
人类水下生活
探索海底世界
雄伟近岸工程
海上铸造希望
港口飞架彩虹
旅游方兴未艾
无尽海洋能源

13　海洋科教
著名的海洋科学家
世界海洋科技之最
重大海洋科学考察
世界海洋科研教育

14　海洋权益
蓝色的海洋国土
繁杂的海域划分
激烈的海洋争斗
独特的海运规则
严格的船舶管理
复杂的海事纠纷
神圣的海洋权益

15 海洋经济
　海商奠基帝国兴起
　追寻民族海商踪迹
　当代海洋经济概览
　日新月异朝阳产业
　夯实蓝色经济基石

16 海洋文学
　中国古代海洋文学
　中国现代海洋文学
　外国古代海洋文学
　外国现代海洋文学
　中外海洋影视文学

17 海洋文化
　海洋神化故事
　海洋语言文字
　海洋绘画名作
　海洋雕塑艺术
　海洋音乐经典
　海洋民俗风情

　海洋著作学说

18 海军兵器
　凶悍的汪洋猛鲨
　奇妙的掠波剑鱼
　神秘的龙宫巨鲸
　无敌的长空雄鹰
　未来的海战新秀
　难忘的千年风流

19 古今海战
　古代海战追踪
　近代海战掠影
　"一战"群雄争霸
　"二战"邪灭正兴
　现代海战大观

20 海洋军事
　海军兵力纵横
　海军礼仪风采
　海军名人传奇
　海军趣闻轶事